阿多諾美學論 第三版

雙重的作品政治

陳瑞文 著

五南圖書出版公司 印行

阿多諾美學有一種哲學家與作家兼具的革命性作為：應用作品的問題性超越美感研究，與極化語言超越語言學規範。陳述和語言之間的絞扭，就像走在兩旁沒有依附的山脊。它涉及雙重的作品政治（politique de l'oeuvre），一種前衛作品的否定性，另一種星叢語言的否定性，前者由後者表達，後者則以另一種前衛作品出示。

也是對此介面的觀察，得以捕捉到他思想的形成方式。清查阿多諾繁複的這些操作，並且觀察它們的變化地帶，是本書的中心主旨。

目 次

總論

阿多諾美學的核心問題：批判語言（langue）

阿多諾美學環繞在兩個哲學問題上：

1. 哲學家為何談藝術？或者說二戰之後的哲學，為何與藝術關係那麼密切？

2. 哲學家為何需要讓自己成為藝術家？或者說哲學家為何讓自己的語言形象化？特別是語言形象化，會讓語言從溝通性的表達轉化為不可溝通的表達，讓哲學離開真理的古典大廈，而流離失所。

前一個問題涉及十九世紀初浪漫哲學[1]的核心：絕對（Absolu）和藝術的同體設想，引出的三個困惑：

第一個困惑，從「藝術可幫助哲學開展新形態」的設想，引出哲學對藝術作品的論述，是否減損藝術作品的問題。此疑惑出自兩個方面。一方面從哲學角度言，藝術是哲學取得活力的橋樑，但哲學的藝術論述卻可能減損藝術作品。此問題出自主體哲學本身的特性。由於主體哲學本身是一種朝向自身的思想，一種從知識自身的動作取得完滿的世界觀的思想，所以具有將主體認知等同對象的特性，從而發生攫取對象的發言權問題。另一方面，以何種方式，哲學在藝術論述上盡情發揮，又不會造成取代藝術作品？

第二個困惑，什麼樣的藝術認識論，才可以達到呢？此困惑雖出自於耶拿學派和黑格爾之間的爭議，其實背後涉及十九世紀初思想家擺脫舊有語言系統，探索未知之域的時代課題。

耶拿學派和黑格爾都同意藝術的感性形式（forme sensible）具有「本體論的揭示功能」，可以從藝術發展出思辨知識（savoir spéculatif）。但前者認為再怎樣的哲學介入，藝術還是優於藝術論述，而後者則持相反的立場。前者遭逢的問題在於：如果藝術等同於哲學論述，或者說藝術本身的敏感性本是哲學所無法取代的，那麼藝術理論是否有存在必要？而假使藝術自身便是「思辨的真理」

1943 年阿多諾在洛杉磯

（vérité spéculative），那麼藝術理論要怎樣的作為才能達到有效性呢？黑格爾主張哲學的理性思辨可以豁亮藝術內的真理，此藝術論述比藝術更具威力，動機便是以改善耶拿浪漫主義美學困境為出發點的。

　　但黑格爾解決耶拿浪漫主義美學困境，自己也處在疑難中：如果藝術論述範疇屬於哲學思想疆域，那麼論述如何能夠使藝術成為其對象，既達到全面性，而不會只觸及藝術一小部分？《美學課程》為此留下兩個爭議性論點：演化的歷史主義和理念的藝術認識論。

　　第三個困惑由第二個困惑延伸而來。也是《美學課程》所丟出的潛在困惑。此困惑在於：黑格爾以絕對精神作為藝術與哲學的共同領域（如同謝林以「絕對」作為藝術與哲學的共同領域），然而在解決浪漫主義的問題時，自己的理論也陷入難以化解的矛盾，即藝術再現（représentation）屬於下層現實（réalité）的特殊反映，而哲學理性辯證邏輯屬於形而上的普遍性格，如何將理性思辨與藝術

經驗這兩種不同層面的活動結合一起呢？無論在論述上，或在藝術系統的部署上，《美學課程》明顯的並置了此兩種思維活動，然而卻沒有平息此兩種思維活動之間的矛盾。箇中最具震撼的層面不在於黑格爾並置矛盾，從而造就了人類史上首部科學的藝術哲學，而在於當黑格爾強力攪拌此兩種思維時，將語言表達推向類似「和解協議，介於事物和理解之間中介性的黏糊層」（EH 119）。

這也就是《美學課程》為了表達形上哲學辯證要求和形下藝術經驗兩大訴求，潛在地將語言從原本溝通功能，帶向顛覆再現（représentation）和敘述（narration）的傳統表達，一種黑格爾式的語言表現。

這種潛在地認為語義學（sémantique）的統一體乃表達者表達世界和邁向未知之域的障礙，黑格爾這種作為引出一個影響巨大的課題：此即什麼樣的語言可以避開語義學溝通層次，因為避開溝通便避開說話者的意識控制，而避開意識控制，便意味避開「我思」，唯有避開我思和語義學的限定，語言才能敞開給更多角度、更多不同類型的世界思考和跨領域可能。

語言如何成為敞開性的場域，既不受我思，也不為語義學侷限呢？

開展黑格爾所留下未完成的語言冒險，正是阿多諾與前衛藝術互動所面對的第二個問題：語言是否有可能成為表現自身？而當語言成為表現自身，將發展出怎樣的認識論、知識或藝術哲學形貌呢？更或者說，當語言成為表現自身，這將發展出怎樣對「人」的看法，此種「人」的看法和理性的、意識的人本主義之間的差異是什麼呢？

語言是否能成為表現自身？其實就是有「朝向藝術」的渴望。

語言「成為藝術」，無疑地直接促成西歐語言學（linguistique）轉到符號學（sémiologie），這背後其實有個對「語言」（langue）極

度不信任的時代背景。這種對語言的不信任原因，已經有別於耶拿
學派和黑格爾擺脫舊有語言系統，出自於世界知識視野和搜尋未知
之域的要求。二十世紀西歐的語言危機，既非完全是知識需求，也
決非齊瑪（Pierre V. Zima 1946-）所言由於「商業化、專業學門的
分工和意識形態紛爭」（Zima 1985:121）那麼單純。它深層觸及語
言本身的文化和歷史意識形態，與近代集權、種族主義、霸權、文
化中心主義和戰爭的關聯。

尼采全力批判形而上論述及其真理的不動性，便出自對「語
言」的文化和歷史意識形態的恐懼。

語言危機引爆「從語言出走」和「癱瘓語言另起爐灶」的問
題，可以說明近代前衛藝術運動、批判理論（阿多諾）、德國存在
主義（海德格）和法國後結構主義（德勒茲）共同的起源背景。例
如海德格致力於詞源學本體論來超越語言的文化和歷史意識形態，
而阿多諾則將理論重心放在前衛音樂、文學、戲劇和繪畫上，作為
因應之道。主要的工作，便是借用美學和藝術模擬領域，實施脫序
語言對語言學的概念思想的衝撞行動。

我要說的是，阿多諾拒絕系統結構，以及拒絕黑格爾那種歷史
的宏觀意群（macro syntagme），徹底讓語言形象化，由此實踐出顛
覆意味的非同一的星叢文體，賦予藝術和美學問題性角色，本身就
是以批判語言，全面抗擊歷史、文化、社會體制、霸權、種族主義
和管理世界等意識形態的舉措。

此啟明舉措乃阿多諾美學標的。

阿多諾美學的藝術認識論

阿多諾美學的藝術認識論因而必須從「批判語言」的語言否定
性與政治性角度來看，才能真正了解此藝術認識論所為何來。

語言否定性與政治性要求，體現在藝術認識論的便是兩個關鍵

性的措施：術語的認識論與藝術的問題性。前者涉及瓦解語言學，對歷史、文化、社會、知識、哲學和世界進行表態的手法；後者是被選定的，被選定的作品必需符合語言否定性與政治性的問題性（problématique）要求。換言之，由這兩種措施所形成的跨域的和破壞性的藝術認識論，並非是阿多諾的目的，他的目的主要是從前衛作品和語言實驗進行雙重的作品政治（politique de l'oeuvre）。

在術語認識論上，不能不承認這是阿多諾美學最令人嘆為觀止之處。他使用傳統美學術語——某種舊文字的獨特輪廓（configuration particuliere des mots anciens），進行歷史、文化、社會、各式理論和前衛藝術各範疇的詰問。術語策略，其實是一種「語言出走」和「癱瘓語言另起爐灶」的行動，但也面臨兩種危險：疏離具體的事物情狀與拋棄概念思想模式的虛無化。因此術語策略本身就是一種實驗和冒險。他解決的辦法便是將術語置入現實事物情狀、前衛作品與歷史之間。這些多重的操作，都以碎片方式環繞在前衛作品的問題性上，這些散狀的無數碎片並非真正像散沙般，其實都隸屬在各自隱約的、有某種部署的系譜上。這個以傳統術語為中心的重大實驗，便是體現在《美學理論》既區分又兼具交互作用的聯合手法（procédé associatif）：即利用傳統術語的獨特輪廓（configuration particulière）來揭示新真理。

我稱為阿多諾式的術語認識論（épistémologie en technologie）。它具有無政府主義和肉慾烏托邦特性，所以是否定性的、破壞性的，因為它是針對主客體二元認識論的知識、藝術、哲學等人類學而來。

至於在藝術問題性上，我認為這部份也是阿多諾美學的核心。對藝術的認知，阿多諾還是承繼了十九世紀初的美學那種二分法：所謂藝術不是過去的就是有待實踐的。也就是說藝術之所以是藝術，不應是理所當然的，它的起源必然以問題性為開始。實際而

1963 年阿多諾在法蘭克福

言，這只有作品視野，而沒有藝術視野。阿多諾的作品視野之所以有別於十九世紀初的美學，在於將作品視為衝撞社會體制或切斷社會體制的異質物角色，所以它不屬於私人的、純精神的東西，不類似黑格爾將藝術看成一種精神的形象，或將藝術作品看成是主體理念的再現（représentation d'Idée）。

　　這樣的作品問題性認知是重要的，因為這除了成為他關注前衛藝術運動，以及選擇特定的前衛作品作為論述對象的判準，也是他實踐語言否定性與政治性的依賴。換言之，非同一性的前衛作品問題性，將引爆語言實踐問題性的依據、偏離和繁殖，一切將由此而起，由此而發生，由此展示否定性與政治性的力道。

　　從上述複雜的動機和層次，我們看到阿多諾實踐了一個和美感分析、藝術詮釋無關，非常值得注意的藝術認識論。

　　它涉及科學的觀察和認識。觀察作品自身那一層表面膜的語言變異徵象，以及認識此語言變異徵象的來龍去脈，同時指出它在歷史發展進程的位置，乃至在社會體制的處境。前兩部份分別涉及形象自身的語言物質化和模擬的創作過程，屬於「作品自身範疇」；後兩部分則為「作品應用範疇」。這個龐雜的藝術認識論，擁有兩個特色相當特別：

　　1. 物的理論：以作品的語言變異和去美感化為問題的開展點，拉出作品否定性和模擬的創作過程等兩個論述場域。前者關乎到與固有的「藝術創作步驟」（demarches constructives de l'art）和「美感綜合原則」（principes synthétiques de l'esthétique）的衝突，這是聚焦在藝術物整體的反再現（anti-représentation）和反同一性（anti-identité）問題性上，問題包含：作品物質化症狀、感覺退化、技術變革等緣因考據。後者則涉及創作上一個身體、非意識、媒材和技術糾纏一起的奇特模擬過程。一個停留在藝術物本身，考證物的徵候緣由，一個是追索造成此藝術物變異的製造過程。

　　這樣的物的理論之所以超越 signifié 和 signifiant 符號學邏輯，在於開展兩種交錯重疊、相互扶持的論述場域：一種涉及到對無定形物理現象的科學觀察，以及對物質無定形與形式同一性、非再現與再現等衝突的感覺經驗的考察；另一種追索此藝術物語言變異的製造過程，——此奇特的製造過程已經不是拉岡（Jacques Lacan 1901-1981）遵循一種象徵結構的理想性，而是偏離社會要求，對體制的異議。這兩種論述場域，都讓作品以否定歷史文化社會的不可估量性敞開著。

　　2. 應用理論：此應用範疇建立在前述的「物的理論」上。它涉及對歷史、文化、社會體制和各種藝術理論的否定性檢視。由於是

屬於認識和連結的同時發生的思想動作，因而需要動機極大的創造性和敞開性。而之所以不會出現類似詮釋者在作品與感受之間造成裂縫，關鍵在於它應用兩種虛擬性（virtualité），將作品否定性和歷史、文化和社會批判緊緊地綁在一起，從而具體化作品的應用功能：

虛擬一，應用馬克思美學的下層結構與上層結構之間的交互作用，來擬造議題，例如前衛作品叛離固有的「藝術創作步驟」和「美感綜合原則」，乃對社會權利的凍結和否定動作；

虛擬二，前衛作品是一種逃離行為，其否定性是建立在歷史、文化和社會對人的框限，以及製造藝術變動的積極性侵蝕（ablation positive）之間的關聯上。

這兩種問題性的多重應用，都落實於術語與系譜部署上。一邊引出歷史的（哲學與藝術）思想進程，一邊作為描述前衛藝術的問題性，一邊連接相關的思想理論，一邊引出各種相對辯證。術語操作幾乎類似畢卡索的色彩、線條和造形，或荀白克音符的直接表現，探入一種碎片式的和場域性的語言部署。同樣也因為納入思想史、美學、藝術思想史、前衛作品和社會議題，讓場域內部流動著各式各樣的系譜，維繫著表現性語言不陷入完全的癱瘓。這是《美學理論》勾勒藝術認識論的兩種決定要素：碎片陳述與語言表現。

很難想像藝術認識論，是以「碎片陳述與語言表現雙重性」表達的。

它以本身也是疑難的方式呈現，因此這不是平常我們在大學課堂所上的藝術認識論，它是一個極度化的語言否定性的政治行動。

阿多諾與德勒茲：兩種當代美學範式

談到藝術創作問題，有兩位理論者是不能避開的。一個是阿多諾，一個是德勒茲。不只因為他們的哲學直接關係到「前衛藝術」

問題，而是他們的思想本身就是從書寫通向未知之域的探索行為。
這是非常不尋常的。

不尋常之處就是他們都有哲學家作家化的共同性。也就是他們
都不只是界定一些基準，去透視問題性的藝術，而是他們一生都和
「表達如何可能」這一課題有關。充其量前衛藝術都只是他們探詢
「表達如何可能」的橋樑，儘管它們是支撐他們美學不可分開的骨
架和血肉。也因為他們的美學混合著理論的藝術哲學和創造的藝術
哲學，既有理論和認識力面向也有藝術和表現面向，所以他們的美
學不是大學教授的知識層次的美學，而是以否定性或邊緣的創造之
姿，以不斷革命論或永無止境的離散論，直接碰觸到「人之所以是
人的理由」。這使得他們極為不合群，不合時宜。

因此他們的美學既不關乎解釋和欣賞作品，也不關乎實用的
藝術教育，不是像潘諾夫斯基（Erwin Panofsky 1892-1968）以繁
複、細膩、明確且準確的圖像分析，告訴我們杜勒（Albrecht Dürer
1471-1528）的《憂鬱》版畫作品是如何地精心布局、結構如何巧
妙。就像圖像學[2]要告訴我們，如何掌握作品的造形原理，如何通
向對作品最高風格原理、表現意義和內容意義，當中解釋者須具備
生活經驗、豐富的文藝知識和百科全書的世界觀等等。

更不關乎提示美學或藝術哲學（或藝術理論）的基本任務，在
於辨識、反思這個人類最珍貴的東西──藝術作品外在所無法完全
傳達的範疇，像十九世紀初黑格爾對浪漫繪畫所做的精深詮釋：
「人的自我藝術之普遍絕對，為浪漫藝術的內容核心，人性及其整
個發展皆為浪漫藝術取之不盡的材料。它含括兩個世界：一是個體
完滿的精神世界，在此世界裡，生死、復活的循環性，讓精神永遠
不死；另一是外在世界，它的形象，精神是漠不關心的，因為它對
精神的完滿與否並無關宏旨。外在世界只有精神滲透其內，它才
有真正價值，不過，內在精神是無法以外在形象傳達的。」（Hegel

1967 年阿多諾在法蘭克福住宅

1991:130-131）

　　他們的美學和美感分析、藝術詮釋無關，而是像八爪章魚般同時深入藝術問題性、歷史、政治、社會體制和人的處境，以邊緣性和否定性向語言、思想、藝術和知識遞出解構訊息。儘管彼此思想有很大的相似度，但操作手法不同，導致的結果也不盡相同。

　　首先，使用術語的策略不同。

　　術語的應用乃阿多諾和德勒茲美學最具特色之處。前者應用傳統美學術語，讓術語扮演類似織布機的梭子角色，穿梭於歷史、前衛藝術和各式各樣議題之間；後者則幾乎拋棄傳統美學術語，使用當代人文和自然科學的術語，包括醫學、詩、地理學、社會學、物理、數學、藝術理論等學門。阿多諾應用術語的殼子或輪廓，較集中在傳統與現代、意義與問題性、保守與敞開、附屬與自主等的相對性的營造上，尤其是無數的相對語群所疊合的兩大陣營，就像象

棋盤的紅黑對抗，探詢前衛性的起因至為明顯。

至於德勒茲所尋求的相對場域，較不像兩種疆域的攻伐，而較像黑白棋盤的無限性滲透和流動，雖也在凸顯前衛性的起因，但更為注重各式理論的對質和詰問的跨域性，乃至黑白滲透和流變，兩種力量的絞扭。

術語應用的策略，以及因術語操作不同而出現差異極大的論述場域，形成兩種不同取向的現代性主張：以前衛批判傳統，強調解構、啟明和否定的現代性，和以營造離散、奇觀和流轉的蒙太奇世界，從而以化身為前衛作品的現代性。

其次，瓦解歷史的手法不同。攻擊歷史是兩位理論者的核心課題。術語帶動前衛作品的論述，同時也扮演連結歷史的角色。在阿多諾處，被作品問題性所帶出來的歷史追溯，並非結構或系統性的，而是以片段的、檢視的格言句子出現，因此，這讓歷史以兼帶批判的萬花筒姿態展示於我們眼前。不同於此，德勒茲對待歷史的方式，則是將歷史陳述夾雜在「雜亂無章」、「前衛思想家、科學家和藝術家」、「表達的藝術化」之間，這予人一種未完成、藝術化或影像感覺。

這兩種對待歷史的方式，都讓閱讀者難以設身處地融入其中。無論碎片化或影像化，除了有瓦解歷史的蓄意，也都陷入疑難：如果「歷史」實質是出自國家或種族作為文化訓練之需求，也是導致集權、駕馭和戰爭的根本源頭，那什麼樣的「新歷史視野」可以瓦解歷史如影隨形的威脅呢？

最後，操作系譜的手法不同。系譜（généalogie）不是歷史，因為它沒有歷史的系統和結構性，充其量那是試圖拉出和歷史意識形態截然不同的另種歷史表態。德勒茲所拉出哲學軸線屬於表現哲學系譜：萊布尼茲、史賓諾沙、康德、尼采和柏格森，而阿多諾則傾向批判的本能系譜：康德、黑格爾、馬克思、佛洛伊德、尼采和

班雅明。相對而言，阿多諾的系譜具有複合、繁多、線狀和相對性，尤其具有疊合哲學、美學、社會學和藝術的特性；而德勒茲則是應用無數的相對詞彙，形成碎裂的、動狀的或蒙太奇的歷史影像感，較具有線狀系譜特性只有繪畫這部份。

　　歷史在此猶如一座原始叢林，他們各以自己選擇的前衛作品為依據，開闢系譜小徑，試圖揭開這座龐大的歷史檔案室的秘密。

　　對歷史的詰問和表態，並非阿多諾和德勒茲的專利，而是當代美學不可或缺的訴求。

阿多諾與海德格：兩個美學世代

　　海德格之於阿多諾的關係，就像康德之於耶拿浪漫美學的關係。我要說的是，海德格是耶拿浪漫美學轉換到當代中間的樞紐人物，一如康德是包姆加登、席勒到耶拿浪漫美學之間的樞紐人物。這涉及西歐三大階段美學革命的兩個關鍵性的中繼。所以撇開阿多諾對海德格的反感不談，我想討論阿多諾美學是避不開海德格思想的，這和阿多諾討厭海德格無關，否則從耶拿浪漫美學到阿多諾美學的思想落差——從理想性到否定性，將無從解釋起。

　　從康德美學過渡到浪漫主義美學（l'esthétique romantique），一如從「美感作為人的目的自身演練場域」過渡到「藝術如何可能」，是很難讓人適應的，因為這涉及對整個世界看法的改變。這個轉變關係到藝術身分（statut de l'art），以及為了實踐藝術身分的重建，而超出了包姆加登和席勒狹義的美學範圍：藝術美作為感性知識與藝術美作為真理兩個課題（以美感或藝術美為研究對象的美學）。箇中的轉換關鍵在於，康德從批判的認識論，將包姆加登和席勒的兩個賦予性的形而上美感美學，帶向認識論的哲學美學（esthétique philosophique）。

　　此認識論的哲學美學精義就是：以全新的角度，將美感視為主

1967 年阿多諾與夫人 Gretel

體目的自身的實踐場域，一處主體可以執行康德所賦予主體性的真實自由和自我創造。康德這個「人作為目的自身的創造主體」的革命性論點，讓耶拿學派得以從容地提出「人與藝術」同體，一個史無前例的「藝術人」設想。

沒有康德這個「人作為目的自身的創造主體」的革命性論點，會有耶拿學派的「藝術人」設想嗎？這是難以想像的。因為這涉及人類史上最令人驚嘆的對「人」的構思和期待：人的最高的層次如果是藝術，那麼藝術的創造行動將如何可能呢？此期待奠基在三種至高的藝術憧憬：1. 藝術乃人及其絕對的最高層次體現；2. 藝術提供觀看世界方式；3. 藝術乃從具體到抽象的途徑。

也因為有了耶拿學派的「藝術人」設想，才有接續謝林、黑格爾在藝術與哲學論述上的論戰。後者指出，如果「絕對」並非先前預定的，那麼藝術也將不會是預先定好的，接著而來的不僅「藝術將隨絕對性質的演化而演化」，同時需要一個科學的、哲學的理論

思辨和澄清「藝術面臨的變化問題」[3]。

　　因此，想了解海德格美學在當代的角色，應從耶拿學派的「藝術本身語言就是存在尊嚴；詩的性質等同哲學性質」主張，轉到黑格爾的「藝術作為哲學詮釋的對象」（藝術社會學），這個「思辨藝術理論」[4]（théories discursives de l'art）的發展軸線來理解。此問題就是，海德格美學與耶拿學派、黑格爾到底有何關係？他的美學處在何種位置，或者標誌了什麼樣新階段？

　　海德格美學最重要的工作，便是將耶拿學派的「藝術本身語言就是存在尊嚴；詩／藝術的性質同於哲學性質」發展到黑格爾的「藝術作為哲學詮釋的對象」（藝術社會學）的思想進程，硬生生的截斷。海德格重新以耶拿學派的課題──「藝術自身語言就是存在尊嚴」為起點。

　　這就是既撇開藝術詮釋學，也撇開叔本華─尼采美感主義，從認識論和表現兼具的物的理論（théorie de l'objet）和語言表現（expression du langage）另闢蹊徑。這是一種「思想不可能性」（la possibilité de penser）的全新範疇：一邊界定藝術作品的本體性質及其詮釋條件，一邊展示特有的詩化（poétisation）論述。前者避開浪漫主義的思辨藝術理論過度形而上的泥沼，後者從思想與詩的連結進行語言表現，延續浪漫主義者的「思想者─詩人」（penseur-poète）理想。我認為，海德格作為耶拿學派轉換到當代美學的樞紐人物，便在物的理論與語言表現兼具的認識論主張上。後者堪稱揭開了當代美學景觀的序幕。

　　不過這樣的美學主張，海德格是經過一番過程的。

　　什麼是海德格美學的發展歷程呢？扼要言之，海德格論詩／藝術與哲學思想的關係，是從《存在與時間》（Être et Temps）（出版於一九二七年）的「哲學作為詩的解釋」和「詩自身就是生存尊嚴」兼具的論點，到〈藝術作品的起源〉（L'origine de l'oeuvre d'art）

（寫於一九三五到一九三六年間）的「詩自身就是生存尊嚴」論點；此思想發展，恰和耶拿學派的「藝術本身語言就是存在尊嚴；詩／藝術的性質同於哲學性質」，到黑格爾的「藝術作為哲學詮釋的對象」的發展呈逆反狀況。

鮮明地，《存在與時間》延續了耶拿學派的美學主張[5]，而關鍵便在〈藝術作品的起源〉這篇論文。因為阿多諾美學的藝術問題性、物的理論和語言表現，可在這篇論文找到源頭，而這些已經超出耶拿學派的範圍。

海德格相當清楚他在做什麼。〈藝術作品的起源〉基本上是為「越界藝術」的時代而寫的。以梵谷的《農鞋》為例，它從生存（existence）角度，犀利的指出前衛藝術性質和時代形而上學之間的對抗關係[6]。藝術成為他「批判形而上學霸權」的終極理想。如同梵谷作品被他想像成一種「渴望還原」的真理見證，此真理如同一則活生生的生存實踐，一點也不依賴任何的形而上學。藝術因而就是起源：「每次一種藝術的偶然發生，——也就是藝術的發動，必然撞擊歷史：歷史便重新啟動」（CMP 87）。

尼采、海德格、阿多諾與德勒茲的起源論關係

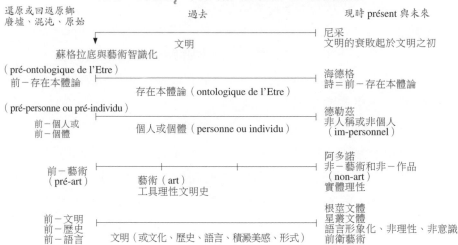

此種起源觀[7]（origine/ursprung），幾乎就是阿多諾「藝術問題性」觀念的翻版，具有坐落在文化的廢墟場景裡，以文化的悲觀主義，面向黎明的強烈訴求。它賦予藝術推動文明落幕的兩種創立希望：1. 藝術作品之所以是藝術作品，乃在於它扮演了開始、起點的角色；它既然是開始，就不以什麼為基礎，就不可能以理解、推論方式面對；起源含意了陌生、否定、非同一、差異和反記憶。2. 起源是一種「前詮釋歷史時期」、「前本體論的生存」（existance pré-ontologique）或新的人道觀的萌芽；藝術作品作為起源角色，具有可和歷史人道主義相對質的新的創立性。

〈藝術作品的起源〉的另一個論點：如果藝術與思想所講的是相同的東西，那麼決不可能接受由思想所引出的論點，因為思想所做的必然超出或不同於藝術本身。這個論點正點出當代美學在「論述問題性」範疇披荊斬棘的冒險性。阿多諾讓物的理論和語言表現混合一起手法，便根源於此。

然而海德格思想的功能，也僅止於「物的理論」和「思想不可能性」理論的雙重揭示。

這種中繼角色，儼如馬內（Edouard Manet 1832-1883）之於莫內、塞尚、梵谷和高更的啟發。馬內終其一生瞧不起印象派畫家，更不必提到他所無法想像的後期印象派繪畫，甚至二十世紀更為暴烈的各種前衛藝術運動。

我們雖然不知道海德格是否瞧不起阿多諾，然而有一點可以確定，即使他提示了：思想者須站在藝術作品的處境，既然藝術作品作為「去遮蔽」之物──對抗時代形而上學，那麼思想也必然越出時代形而上學之外，成為「非遮蔽狀態」的思想。但我估計如果海德格看到阿多諾實踐的脫序語言──幾乎難以閱讀的星叢文體，應該也會像馬內拒絕參與印象派畫展吧。

這不能勉強。畢竟在思想層次上，阿多諾與海德格分屬兩個美

學世代。

阿多諾與丹托：歐陸美學與英美分析美學

閱讀阿多諾美學或丹托（Arthur Danto 1924- ）美學，會有一個深刻印象，即美或美感問題不再如過去那樣具有關鍵地位。儘管阿多諾美學的術語操作，還可以看到美或美感議題的鋪陳，但那還是以負面形象出現，更不必提到丹托美學完全排除美或美感議題。

從他們論文找不到對美的概念的貢獻，倒是可以找到一堆反對以美的概念作為美學議題的理由，甚至揭發往昔美學投注於美和美感研究是錯誤的。

為什麼美或美感問題令當代藝術哲學家厭煩呢？為何大家公認美已失去作為一種活的範疇，它只出現在古老的著作裡？為何更細膩、更複雜、更無限和更牽連到非意識的人類學的美學卻出現了呢？其實這只需要常識判斷即可。你想想，大概沒有人不喜歡觸摸古物，觸摸的渴望常是不由自主的，既出自人對物的好奇，但大部分則是受到古物自身久遠的時間感的牽引，這中間複雜的奇特情境真的不是十八世紀的美感概念負荷得了。從這個極為簡單的常識，就可了解往昔美學投注於美和美感研究，並非真實在研究美和美感，而是被當作本能範疇的一種象徵假想。過去美和美感研究，其實都是附屬性的，時而附屬於公民教育要求，如包姆加登的「美感知識」，時而附屬於主體自由設想，如康德的美感判斷力，時而附屬於本能範疇，如席勒的「藝術的美感教育」主張。

美學對象從美的概念到藝術物的轉移，與其說是認識對象的轉移，不如說是世界變動與知識變動的要求。或許轉到藝術物的研究範疇，初期也是附屬性的——即附屬於知識問題上，但透過實踐，美學範疇被帶到無疆界的人文科學範疇，藝術物的人文暗喻（métaphore）從一個領域王國被轉移成各式各樣的思想圖式，這出

現了反客為主的情況：原本意圖從藝術物問題性解決人文科學知識方法論的困境——包含語言、知識和哲學的困境，沒想到卻因此實踐出以藝術物問題性為核心的多樣認識力，以及至為深沈的思想和知識形態。

　　阿多諾美學與丹托美學堪稱反映了這個巨大變動的兩種藝術哲學形態。但這不是說前者足以代表整個歐陸藝術哲學的複雜性，包括批判理論、現象學、後結構主義和圖像學等，或後者可以代表英美分析哲學如吉福（Paul Ziff 1920-2003）、魏茲（Morris Weitz 1916-1981）、瑪柯里斯（Joseph Margolis 1924-）、迪基（George Dickie 1925-）和戈德曼（Nelson Goodman 1906-1998）等，整個聚落從維根斯坦（Ludwig Wittgenstein 1889-1951）的「邏輯的經驗主義」（empirisme logique）和「語言遊戲」延展出的藝術哲學形態。而是說從他們美學的異同點，例如攻擊藝術概念（此藝術概念以美感為本體）為他們的共同訴求，能談論關於自十七世紀經驗論和理性主義以來的方法論分歧。

　　分歧的關鍵：丹托美學將世界看成待解譯的結構體，認識此結構體的方式，取決於分析每個時代的語言（langage）。在此前提下，丹托美學便以前衛藝術物為操作對象，將前衛藝術物放入由古至今藝術相關的語言世界，進行歷史分期的語言分析。前衛藝術物和整個語言世界詰問、對質和比對之過程，此過程便等同於世界、等同於知識。丹托美學仰賴經驗論的實證和統計的科學方法，堪稱是精準的幾何學家。

　　此間最大的特色是（也超越了維根斯坦批判語言學的侷限）：丹托將分析對象（前衛藝術物）和分析語言（論述）分開來，將前衛藝術物問題性當成整個藝術的語言世界的擾動者，從而成功地避開了思想遭形而上語言纏繞的危險。這是關注於前衛藝術物問題性（越界的藝術問題性之語言），對由古自今藝術的語言世界起了什麼

樣的作用，而非相反。具體而言，必須避開價值哲學（axiologie）[8]，避開腦中的一切，才能科學的進行前衛藝術物與由古自今藝術的語言世界的詰問，而為了更科學的進行理解，他必須將前衛藝術物當成世界轉變的象徵，由此發揮認識力，以另類視野發動分析。

箇中成功與否的關鍵在於，他必須在越界的前衛藝術物和再現系統的符號世界之間，建立溝通所需要的語言修辭。因此對所挑定的前衛藝術物的問題性，必須要「誇張」（hyperbole）地對前衛藝術物之問題性，在綜合前衛藝術相關論述中，提出具有感染力的語言修辭。這個針對前衛藝術物問題性的認識力動作，會形成綜合性的和具美學感染力的認知方式，然後再將此認知科學地帶入由古自今藝術的語言世界進行詰問性的認知。換言之，丹托美學最震撼之處，便是發展「由藝術所實踐的世界認知方式」與「由科學所實踐的世界認知方式」之間的關聯，使得原本處在兩個極端卻神奇地疊合一起。

丹托美學的魅力便在此，然而，它是否符應理論者所生活的爭端世界呢？它是否符應諸如創作活動和藝術反思的藝術家經驗呢？這個十七世紀經驗論以來的思想罩門，正是阿多諾美學（和歐陸美學）的特質所在。

因為如果從克利（Paul Klee 1879-1940）所說的：「作品不是法則，它超出法則之外。作為噴發，作為現象，這是有開始與範圍的有限物。但它像無限的法則，在其有限裡隱藏不可估量的東西」（Klee 2003:54）來看，丹托美學只觸及作品的一半含意，另一半關於藝術家複雜的媒材處理和美學態度則闕如。藝術家複雜的探尋問題，顯然是丹托美學所顧忌的部份，因為這對分析哲學家「去除主體哲學」的總綱領是相互牴觸的。丹托所強調的認識力和科學性，並非藝術家複雜的探尋問題，而是作品問題性及其相關論述在藝術世界的效用上。它使用的「表現」，不指藝術家的表現，而是作品

及其相關論述在藝術世界的表現性。換言之，丹托美學所避開的藝術家的媒材處理和美學態度，卻是阿多諾美學發揮認識力的重點。

我們看到，阿多諾美學和丹托美學都建立在反主體主義上，但實踐方式真的是南轅北轍。主要的分歧有兩點，都和歐陸美學和英美分析美學方法論上的基本矛盾有關。

第一個差異：引出作品問題性的方式不同。丹托美學的作品問題性，不是直接從作品自身引出，而是透過作品在藝術世界的影響力所整合出的獨特性，然後將此獨特性放入由古自今藝術的語言世界進行詰問。這樣的作品問題性建立在兩個階段上，首先作品與藝術世界之藝術論述的對質，由此提出作品殊異觀點，此階段是轉換作品為語言的階段；接著，將此作品殊異觀點放入由古自今藝術的語言世界進行詰問，此階段的問題性出自前衛論點與歷史論點之上。

不同於此，阿多諾美學的作品問題性，直接出自對前衛作品外貌、媒材處理和美學態度的參與式觀察。問題性主要從創作、技術、媒材、訴求、社會關聯、政治處境和歷史認知引出，具有繁多性特色。此繁多問題性的論述不只是為了建立「作品自身範疇」而已，也同時放射狀地連結歷史、文化、社會和各式理論進行對質、詰問和辯證。在問題性輻射範圍上，丹托美學較傾向於藝術學門的擴張，而阿多諾美學則是跨域性的，目標是政治的。

第二個差異：語言表達方式的不同。丹托美學建立在可觀察到的文獻世界。它雖強調實證和科學，但透過藝術世界的文獻分析、歸納、比對和剪裁過程，既放縱地讓摘錄與摘錄、分析與詰問、歸納與比對，乃至評論與藝術史、美學與哲學等間隙釋放交互作用的繁殖性，也特意營造一個多重觀點交鋒的思想場域。我們可以讀到非常節制的語言表達，但同時在文獻處理上又極度豐富和活潑。

丹托美學真的非常適合作為大學研究所的藝術教學（pédagogie

de l'art）讀本。相對於此，阿多諾美學則建立在非常具創造性的語言部署上。它應用術語，穿梭於歷史、文化、社會和各式理論之間，尤其阿多諾自身生活經驗和烏托邦憧憬在術語操作上扮演著關鍵性作用。語言部署不涉及科學問題，而是一種行動，整個語言部署所引發的認識論諸多問題必須由此來衡量。

　　一個是完全不去找尋它所感覺到的，導致找到它所尋找的總缺了什麼……；另一個則是找尋它所感覺到的，卻在尋找過程不斷丟出否定信息……。

　　儘管兩者在方法論上存在著難以化解的矛盾，也各有處境和不同的回應方式，不過在世界知識視野上，主張開放性的語言表現，以及反對中心和單一則是一致的。

壹

理性物化與新美學範疇

倘若哲學領域已無能為力去思索縈繞腦際的現
實災難，那麼應該挖掘另一種使我們看清楚的
媒介的時候了，此即現代性散文。（Mais s'il est
vrai que la pensée philosophique est bloquée parce
qu'elle est incapable de penser la catastrophe qui
l'obsède, il est temps de découvrir l'autre médium qui
permet de voir clair en nous-mêmes, à savoir la prose
de la modernité.）（Bürger 1995:15-16）

一、緊密的學術歷程

阿多諾（Theodor W. Adorno 1903-1969），一九〇三年出生於
法蘭克福一個富裕的資產階級家庭。父親是已歸化德國社會的猶太
人，母親為略有名氣的歌者，出身於法國科西嘉的貴族，祖籍義大
利熱那亞。母親的音樂素養是阿多諾日後最常提及，對他終生研究
音樂及音樂理論有決定性的影響。《美學理論》討論二十世紀前衛
音樂家荀白克（Arnold Schönberg 1874-1951）和史塔文斯基（Igor
Stravensky 1882-1971）佔了相當大的篇幅，可以看出前衛音樂在阿
多諾思想裡的地位。他自己就說過：「我研究哲學與音樂。並非有
所謂孰輕孰重的抉擇，我是將整個生命投入這兩種分岐的領域，尋
找相同的東西。」（Wiggershaus 1993:66）

阿多諾承認家庭的藝術氣息與政治敏感，是促使他往後義無反
顧地投入當代文化、政治與哲學論戰的主要因素。

中學時期，在《從卡利格里到希特勒》（De Caligari à Hitler）
作者克拉科耶（Siegfried Kracauer 1889-1966）的導讀下，研習康
德的《純粹理性批判》，此時期的古典哲學閱讀，對他影響甚大。
一九二三年，他認識以後也是法蘭克福學派的重要思想家班雅明。

一九二四年取得法蘭克福大學哲學博士學位。同年，結束在音樂家
澤格爾（Bernhard Sekles 1872-1934）的鋼琴與作曲學習，離開法蘭
克福，前往維也納，投入貝格（Alban Berg 1885-1935）和史托耶
曼（Eduard Steurermann 1892-1964）門下，同時參與荀白克音樂活
動，打開更宏觀的文化與藝術視野。他真正投入前衛音樂的研究，
要等到一九二八年到一九三一年間，參與《裂隙》（Anbruch）雜誌
工作。逐漸的，他踏入了更激烈的思想前端，察覺到現代社會的文
化理論已為工具化的理性所淹沒，理性物化導致納粹及法西斯等極
右民族主義有擴展的社會條件。

　　一九三一年，時年二十八歲，阿多諾以《齊克果》（Kierkegaard）
論文通過法蘭克福大學講師資格，標誌了他哲學生涯新階段。合邏
輯地，他的猶太出身，他的激進，他的自由訴求，並不能見容於納
粹，就在一九三三年出版《齊克果》的當日，被逐出大學，流亡海
外。

　　流亡第一站是倫敦，四年之後移居美國，參與普林斯敦的社會
研究工作。此階段是他在社會科學研究的豐碩期，成果體現在他與
霍克海默合作的《理性辯證》，部份論文則發表於著名的《社會研
究期刊》。

　　一九四九年（四十六歲）阿多諾回到德國，著手重組法蘭克福
的社會暨語言研究院。由於經歷過美國工商技術新社會體系，他已
體認到歐洲哲學失去反思現實能力的癥結，來自於語言概念陷入選
擇性的親緣關係，解決辦法是打開哲學向度，廣泛地涉入人文科
學、語言學、繪畫、音樂、社會學和精神分析等領域，做綜合性的
橫向與縱向研究。

　　五〇年代末期，阿多諾積極參與德國高等教育改革，當時最
重要的哲學事件，便是與社會學家卡爾‧波柏（Karl Popper 1902-
1994）就實證主義性質的論戰。六〇年代末，投入大學生社會運

動，認為德國社會需要結構性變革，主張結構性改變應該側重思想革命範疇，而非如馬克思主義倡導的暴力社會革命。

可以看到阿多諾一生的思想演變，都和三〇到六〇年代重大的歷史事件及社會運動有著密切關聯。雖然他的思想源於馬克思，但對五〇、六〇年代正統馬克思主義的無產階級專政論調，乃至社會寫實主義藝術觀點（例如盧卡奇）的批判卻絕不手軟，也從未被史大林的馬克思主義的歷史實踐所懾服。

一九六九年八月阿多諾心臟病去世，留下兩部未完成的論文：《美學理論》與《貝多芬》。

二、《美學理論》啟開新範疇

《美學理論》出版於阿多諾去世後一年，這本著作見證了西歐從美學自治性（autonomie de l'esthétique），轉折到美學政治性（politique de l'esthétique）的激烈過程。不同於黑格爾《美學課程》（*Cours d'esthétique*）理念的藝術認識論的肯定與建構，《美學理論》的藝術認識論堪稱匯集所有二十世紀藝術、思想和理論疑難於一身。它的意圖包括：

1. 以批判唯心主義美學為起點，重建新的藝術觀，賦予前衛藝術至高地位；

2. 效法前衛藝術模擬性格，擬造橫跨文化、知識和社會領域的文體，兼含評論、並置和格言等三種語言形態，另闢哲學蹊徑。雖然比格（Peter Bürger 1936-）悲觀地認為：「作品的異質性和概念的不準確性，幾乎不留任何希望給現代性美學理論」（L'hétérogénéité des oeuvres et l'imprécision du concept ne laissent pratiquement aucun espoir à une théorie de la modernité esthétique）（Bürger 1995:390），但阿多諾身體力行，留下標榜非概念論述的《美學理論》，儘管這部論文艱澀難以閱讀，他終究將唯心主義美學期望外貌與真理合為

一體的夢想具體化了，更把尼采啟開的酒神野性世界的歷史進程，往前推進和深化；

3. 透過二十世紀的藝術、思想、理論、存在、美感和自由等深層問題，進行全新的文化論述。尤其視前衛藝術為社會產品、實體理性（raison substancielle）和烏托邦憧憬，扮演普遍（universel）和個別（particulier）之間的橋樑。

《美學理論》給人的震撼，不只來自獨特的歷史追溯和不定性的理論範疇，還在於語言的綜合表現。這是因為它一方面直接析論前衛藝術作品，有縱橫於美學史、社會經濟史與哲學史的宏觀，也有極為細膩的藝術評論，而且不侷限在單一學門上，涉及到藝術、哲學、科學、生產技術、社會學、精神分析等範疇；另一方面則是非傳統的書寫，由格言的片斷文體、沒有段落的獨立章節，組成龐雜的星叢文體。

所謂格言的片斷文體，就是運用一系列跳躍的、光彩奪目的格言句子，組成仍可意會其主旨的小團塊，然後這些小團塊與小團塊，組成更大的團塊。不過，閱讀這本《美學理論》最大的困難，還不是由於格言的句子，而是團塊的書寫風格。作者使用非常抽象，而且不穩定的術語，冗長的句子。此種團塊特色是，很少有次序的論述，常常會有從這個句子涉及的領域突然跳到另一個領域，或從一個問題突然跨到另個問題，不同性質的句子或語意相反的句子並置一起，使得所要傳達的觀念包裹在含糊不清、模稜兩可的語意裡。

《美學理論》的晦澀文體，乃語言被推向表現層次所造成的。語言不再隸屬於溝通功能，而是自身就是表現。將語言從溝通功能裡釋放出來，這是阿多諾論述前衛作品的重大哲學課題。

阿多諾的藝術認識論，便是被包裹在這層藝術語言的薄紗裡。或者說藝術陳述與語言表達之間的極度扭絞運動，使得整個處在起

作用當中，乃這部藝術認識論的最大特色。無疑地，《美學理論》解決了自浪漫主義以來的疑難：1. 以語言自身的藝術表現，解決藝術哲學對藝術作品的簡化問題，藝術論述不只讓哲學取得未來型態的可能，而且也將藝術作品提到社會文件的至高地位；2. 從前衛作品引出的藝術認識論，不再讓藝術認知與社會生活隔著一道無形的牆；3. 語言不再停留在溝通層次，而是論述者深層的世界表達。

是否西歐美學理論都承擔著如此哲學問題的任務呢？確實，從包姆加登（Alexander G. Baumgarten 1714-1762）提出以美學知識（美感知識）彌補理性知識的偏頗，似乎就開始了這樣的傳統。

康德與黑格爾也延續這樣的思考模式，而且更為激進。前者宣揚主體精神，不只讓第三批判美感判斷力，承擔知性與理性兩個領域的統合，更以其目的自身的創造力，指出通向未知之域的可能性；後者則將美學（理念的藝術認識論）當成科學知識論的實踐場域，從而開啟詮釋學序幕。至於尼采，美學在他思想裡既是對抗理性哲學的利器，也是模式化的虛構理論（théorie des fictions schématisantes），更是另類的世界想像，如藝術生理學。

阿多諾雖也繼承了美學解決哲學困境的傳統。不過，他的美學已和上述充滿理想的美學形象無關。

這是因為以近代前衛藝術為對象，美學需要得為廣泛地探觸時代科學、知識、思想和藝術的衰退、沒落和危機，乃致捲入高漲狂熱的種族主義問題。對他而言，前衛藝術代表著體現社會的現實視域，哲學設想是他反歷史、反文明的思想視域，而政治立場則是他在瀰漫納粹、法西斯等政治蒙昧主義氛圍裡的經驗視域。這三者的親密化，讓美學從原來的理想形象，轉換為強烈顛覆意味的藝術認識論。

此藝術認識論因而不能只視為單純的藝術理論。因為它對知識、哲學、歷史、文化和社會都提出尖銳的看法。尤其特別揭發西

歐哲學陷入同一性或主體性泥沼的危機，以及國家、權力、行政和
體制的支配性問題。

這是為什麼《美學理論》晦澀的語言表現——模仿前衛藝術的
語言變異，緊緊扣住反對資本主義理性的社會體制，傳達衰亡、異
化、否定、危機、解構等觀念的原因。它的目的無非針對理性和意
識的人道主義，提出反制的思想，讓被排斥的非意識納入議程，成
為新的人道視野，重啟人類歷史。

三、藝術自治性與社會行為論題

《美學理論》被視為政治美學的代表著作，核心的論點正在
於將前衛作品看成否定性。箇中關鍵須指出藝術模擬（mimésis
artistique）所形成的作品自治性（autonomie），同時兼具「當代問
題的表態」（engagement）（TE 288）。

然而，什麼是前衛藝術的自治性特徵？自治性語言屬於什麼樣
的性質？如果自治性本身是絕對的，又如何具有社會性呢？這些
麻煩的問題直接關係到阿多諾美學的核心問題，尤其涉及最具開創
性的「作品自身範疇」這部份。以下兩節旨在闡明其論述方式，揭
示此作品自身範疇的內含。

（一）前衛藝術的自治性問題：阿多諾與班雅明

什麼是前衛藝術之自治性特徵呢？既然是自治的，又如何和現
實世界發生關係？

阿多諾承認，藝術模擬形成的外貌，「具有難以形容的特質，
會阻礙自治性與社會意圖之聯繫。」（TE 140）。然而既然認為前
衛外貌擁有絕對自治性，如何又說它屬於社會行為呢？在《美
學理論》裡，阿多諾應用既區分又賦予的方法。即一方面區分
（différenciation），將前衛作品的自主性和其社會性分開討論；另一

方面賦予，即承認前衛藝術的自治性乃社會行為。

在自治性的論述上，除了藉用十八、十九世紀美學的理論成果外，阿多諾的重點主要討論作品媒材的事物化問題。此一層次是自治性被賦予社會行為的主要論據。

如同我們的理解，在西歐傳統的美學理論裡，作品自治性其實是非常形而上的，講白一點就是賦予性的。對阿多諾最大的考驗在於以何種角度將發生在現實裡的前衛藝術作品，尤其媒材和技術之事物化問題，看成是自治的。因而不例外地，作品事物化和自治之間的討論並不是那麼清晰，許多的解釋經常拖泥帶水，甚至不清不楚。這種模稜兩可的析論，最經常出現在，一邊強調「前衛藝術的自治性有自為的整體感，並不直接複製社會事件」，另一邊又凸顯「新藝術造外貌的反，造成所謂靈光消逝或去藝術的現象，乃作品趨向事物化所造成的」，同時又指出新藝術因回應現實越出藝術習性，但仍不是完全「事物化」（chosalité）（TE 139），它仍具備自治性的虛擬性。

這是將作品事物化和作品自治性問題，以一種擺動的過程，不擔心雜碎的整個呈現出來。這種過程性的論述，顯然是有意的，因為也是以這種含糊的書寫，挾帶著「前衛藝術的事物化乃造成藝術危機的主因」，乃至「現今藝術迷戀幻影的犯罪感」之訊息：

　　針對靈光之變態反應，今日沒有藝術可以避免，它和無人性（inhumanité）並沒有差別，而這種藝術正散播著。像不久以前發生的物化；藝術作品之退化是由於它以粗野（日常物品）直接呈現，而被列為首要的美學事件；加上迷戀幻影的犯罪感，全部這三種情況是交錯一起、亂成一團。一旦藝術作品對純粹性起了戒心，以狂熱方式發展自己甚至不知道和想都沒想過的，轉入非藝術領域——如繪畫和音樂，如此藝術表現成為自己的敵人，便合乎邏輯了，當然也就

切斷了直接的和虛假的理性之目的性。這種思潮，把藝術導向事件
性格。造外貌的反，同時又視它的幻象性格為合法啟示，又希望美
感外貌遠離泥沼，這樣的觀點彼此是混淆不清的。（139）

　　上述摘錄內容，無疑是將自治性討論，放在自治性／靈光與去
自治性／靈光消逝之交纏的問題場域上，讓疑難和矛盾，包圍著所
要透露的「藝術事物化造成靈光消逝，但仍保有自治性」之立場。
也就是應用混搭的表現語言，來包裹觀點，導致觀點隔著一道紗網
或一道圍牆，這種奇特的表達法，多多少少是站在班雅明觀點上的
改造，後者認為：去藝術的前衛運動是以解開自治性，而具有自由
解放與文化衰敗雙重意義。雖然兩個人在延伸觀點上不盡相同，
但在藝術事物化造成靈光消逝或去藝術上立場則是一致的。也因
此，在《美學理論》裡，凡是動搖到「藝術自治性」，阿多諾都相
當敏感。對他而言，一旦自治性之最後關卡不保，藝術所以是藝術
的根本便全部不存在了。也正是基於「非藝術也是另一種藝術」、
「非藝術也是一種自治性」以及「需要獨特語言表述這個複雜的現
象」，阿多諾採取有別於班雅明「批判靈光」（Benjamin 1991:144）
的非藝術觀。這個差異就是堅持前衛藝術的事物化，在怎樣拆除藝
術與生活界線，它仍具有自治性格。

　　在《巴黎：十九世紀的首都》（*Paris-Capitale du XIXe siècle —
le livre des passages*）裡，班雅明從工業社會日常生活之商業街頭、
廣告、攝影、電影、技術等新興事物論起，認為藝術和日常生活的
結合，必然出現破碎難看的事物化作品，從而遠離靈光。在他看
來，前衛藝術之靈光消逝，除了象徵民主世紀的來臨，而且也徹底
將藝術逐出了那個封閉的、神秘的自治世界（Benjamin 1989:559-
578）。

　　班雅明拋棄藝術所以是藝術的自治性，為的是正面看待前衛藝

術的世俗化及其啟蒙性格，指出涵意自由與醒悟之現代性，這是抵抗法西斯之政治美學化的最佳武器。然而阿多諾卻極力拯救它和捍衛它，他相信前衛藝術精髓之處，便是那個具有虛構、自治的「假象」（pseudomorphose）（Adorno 1995:33）。

　　阿多諾明確地說，班雅明「自好幾年來，是從消滅藝術（liquidation de l'art）觀點，得到美學啟示。」[1]也就是說班雅明的前衛作品之「消滅藝術」，其自由與醒悟之現代性，是建立在對抗法西斯政治美學化的動機上；然而阿多諾對前衛作品的「應用」並不在此，而在於從前衛作品的「新自治性」，以及從他針對前衛作品的外延性表現性書寫，進行更具縱深的歷史、文化和社會，乃至語言和知識的批判。

　　換言之，如果班雅明直接將前衛作品應用在政治和社會批判，那麼阿多諾的批判則拉到形成法西斯的整個西歐理性文明層次上。寄望從前衛作品的自治性及其延伸的否定性，開展的星叢文體扮演此任務，而自治性則是延展否定性不可動搖的基礎。是否阿多諾已意識到德勒茲所說「哲學無能為力對抗權力，只能進行一種沒有戰鬥的戰爭，一種和這些權力沒有可溝通的、離散性的游擊戰」（P 7）呢？如果《美學理論》那麼極力論證前衛作品的非藝術也是藝術，再怎樣的事物化也是自治性的，乃至讓自己的論述語言趨向類似集成電路（circuits intégrés）自我流轉的星叢文體，確實很容易如此聯想。

　　《美學理論》捍衛前衛作品的自治性，可謂極盡所能了。

　　阿多諾捍衛前衛作品的自治性，集中在〈外貌與表現〉上，論述程序分兩個階段。第一個階段，抽掉前衛藝術外貌之歷史時空定位，以「一種超時間之現象」（un phénoméne supratemporel）（Bürger 1990:187）界定，指出前衛藝術造外貌的反，並不偏離掉藝術性之主軸，仍會從所屬社會因素自我蛻化成新的自治性外

貌，具有「象牙塔」（tour d'ivoire）（TE 140）特質的「存在自身」
（être-en-soi）或「純粹自身」（pur-en-soi）身分。

　　第二階段從極權社會或民主社會都不歡迎它的優越性出發，
指出前衛作品的「存在自身」，本身就具有對抗工業社會科技理性
和社會體制的憂鬱性與邊緣性特質，其威力出自其緘默的「自治
性」。

　　此自治性往往流露著吶喊、唐突、不安、邊緣、混亂、憂鬱和
落寞等氣質：「象牙塔的憂鬱味，是一種正義感的意識，超過說教
的和直接回應社會的藝術作品。後者的退化，類似正經八百的粗魯
教訓，只為了傳達訊息。這也是為什麼激進的前衛藝術，雖遭指責
太直接涉入現實政治的利害關係，但所以前衛，不僅在於它的真
理內容，而且也在於它發展出自己特有的語言形貌」（140）。卡夫
卡（Franz Kafka 1883-1924）、荀白克、梵谷（Van Gogh 1853-1890）、高
更（Paul Gauguin 1848-1903）、畢卡索、貝克特（Samuel Beckette 1906-
1989）和布萊希特（Bertolt Brecht 1898-1956）等便是如此典型的前
衛藝術家。

　　不過，此兩個階段充其量論證了自治性的粗略輪廓。他必須
重新建構此自治性的「表現」觀點，有別以往。就此，阿多諾應
用傳統的形式藝術與現代性的非形式作品的相對範疇，指出前衛
的非形式，通常拒絕熟練，而且趨向平庸，恰恰是形式語言的秩
序、協調和完美的反面，他說：「可靠作品透露真相，所以必須棄
絕（美的）外貌。現代激進的作品，是以瑣碎、日常事物之獨特性
拋棄（美的）外貌，使其世俗語言更鮮明。這便是藝術作品所謂
的表現」（141）。此表現涉及身體與媒材的語言模擬（mimésis）過
程，一種逃離社會的另類社會表態：它「不模擬人的激情，也不模
擬外在事物」，「只使相似於自己」（148）。「表現」由此不再是為
了經營生動形式，而是涉及藝術家深層的「模擬衝動」（impulsion

mimétique）：一邊潛意識染有現實情愫，另一邊放棄現世之掙脫
行為。

　　整個自治性論述，最大的特點是將表現看成「模擬」。它成為
阿多諾宣示前衛藝術之絕對的自治世界地核心，既對質於現實，又
不是現實：「這意味模擬為藝術運轉關鍵，〔…〕但模擬會淹沒於自
治性中，而批評使之呈現。」（148）

　　從上述可以看出，自治性雖名為自治性，但實質又兼具社會行
為，此種矛盾的說法，主要基於「不應去除藝術自治性與世俗生活
之間的界線」而來的。就算作品極度異質和物化，阿多諾以一種
「激進的自治性」（autonomie radicale）捍衛前衛外貌，這不只因為
需要全新的「自治性」觀，作為「美學中心」（144），其實也是構
築對抗工具理性的實體理性所需。

（二）自治性作為謎、晶體等問題性

　　為了構築對抗工具理性的實體理性，阿多諾策略性地將前衛作
品的自治性，設想成一個完全敞開的問題性思想場域，他稱之為
謎、晶體或萬花筒。

　　以謎、晶體或萬花筒作為問題起點，攻擊傳統和僵化的藝術教
條，乃至批判歷史、文化和社會。這不是從作品語言屬性的邏輯性
歸納，也不是從表現本質的推論，而是從語言和表現的問題性，到
外延的連結，討論引起問題性的諸多因素、條件和動機的細膩追究
過程，正如荀白克的無調樂和孟克（Edvard Munch 1863-1944）的
神經質筆觸，乃是遠離傳統自治性的結果。

　　問題的外延連結，會因作品的殊異性，對抗的對象和時間空間
狀況，而有著各式各樣的變形、嬗變和偏移。因而自治性作為謎、
晶體等問題性，不只在於本身的絕對精神之表現，而更是針對對抗
的對象的一種延伸討論。所以自治性作為謎、晶體等問題性，帶來

的是自由與固定、擺脫與同一、離散與內聚、破碎與統一等無數疊合的相對塊面。謎或晶體等問題性，其實類似德勒茲與瓜達里在《千高台》裡所說的中繼站、震盪器或同步器（MP 406）。這種應用性的論述模式，奠基在：社會什麼樣，藝術也必然回應那個樣；社會幹下滔天罪孽，藝術也必然不矇著眼睛。所以阿多諾提到：「藝術作品具雙層的反思意義，一為作品本身自治之絕對存在，另一為作品與社會之雙向關係。藝術的雙重性，其溢出和結晶，加上自治外貌本身流露的矛盾、曖昧和不安於位等張力，兩者共同達到現實化之文化意義。」（TE 289）

也如魏默所言：「前衛作品以醒悟和自由形象，扮演它在工業社會裡的啟蒙角色」（Wellmer 1990:257）。《美學理論》裡的自治性與社會表態兩者之辯證，最令人印象深刻的是多角度的討論，導致此自治性輪廓處在謎、晶體等問題性狀態。儘管如此仍可歸納出其內涵：

1. 現代作品構築的自治世界，類似某種想望的、像完美又似未完整的形貌，其中，作品流露出來的人文感情，除了記錄個體與現實社會之經驗外，同時也烙印著個體對社會的觀感。

2. 藝術參與社會，關鍵不在於直接告知或單純的傳閱，而是以自治性之中介方式抵制社會。當中，藝術回應社會變遷，批判過往慣例、僵化教條和美學觀，而獲得活力。前衛藝術擁有各自的自治性，在詮釋追加冠冕之前，僅以朦朧不清的形象倖存。優異的藝術作品，雖然在歷史大廣角之下，它的成果只在於某個時空，但它那曇花一現的追求自由，必定可以和當時社會相對質，對質時迸發的火花，便是作品的歷史價值之依據。

無疑地，以問題性顛覆一切，基本上就是認定前衛作品的自治性乃事件本身，此自治性不需要詮釋。同樣，這種外延的議題開展，本質上也不是要取代藝術作品，而是相信作品乃人對世界的希

望空間，存在世界啟示，有必要以完全敞開的場域，透過跨域或各種思想使之豁亮開來。這強烈具有藝術主權觀。

換言之，自治性作為謎、晶體等問題性，涉及前衛作品和已知知識、習性或規則的對立關係，其問題開展具有強烈的探索和實驗性。此種論述因而不是翻譯，而是涉及將前衛作品當作視窗，穿越歷史、文明、社會和知識，檢討理性和意識的人類學問題。

四、啟蒙與救贖論題

（一）啟蒙和救贖理論作為作品自身領域

界定前衛作品的自治性問題，其實也就是啟開過去藝術哲學所沒有過的理論範疇：作品自身及其主權。阿多諾的最後動作，便是論證作品自身的啟蒙和救贖。這個論述採取的手法，涉及前衛作品與兩大思潮的疊合、對質。一條叔本華—尼采的美感主義和救贖觀，一條則是馬克思的「現實就是真理」，藝術具有醒悟與啟蒙功能。

這種對質是潛在性。因為它是以一種藝術主權觀點來呈現。例如《新音樂哲學》對荀白克無調樂的論述，便潛藏著啟蒙和救贖雙重性：

　　藝術技術之重要性，關鍵在於提出全新方式，創造從未見過的形貌。今日，源於物化的藝術技術之稠度，重要性超過作品內容。可以說，在荒誕的時代裡散播新媒材技術，不僅是費解的衝擊，而且打翻了一切；但它們卻照亮了我們所看不到的世界意義。正是在這裡，新音樂所投入的。它烙印著世界所有的黑暗和罪惡，它從承認不幸中搜尋幸福，從禁制美感外貌追求美感。不管個人或群體，沒有人接受得了這種新音樂。它斷氣、不悅耳，欠缺共鳴感。（Adorno 1962:141-142）

荀白克（Arnold Schönberg 1874-1951）：現代音樂之開創者，他的無調音樂超越十七世紀以來古典音樂的藝術本質。他的音樂斷氣、不悅耳，卻照亮我們所看不到的世界意義，這是它的啟蒙性。

　　從上述的說法，可以看出，阿多諾藉由作品的物化，批判美感外貌，進而提到荀白克無調樂烙印世界所有的黑暗和罪惡；另一方面則將荀白克無調樂當成非─意義、非─作品和非─符徵以兩個面向，進而申論反常規、反體制。前者涉及前衛音樂家「從承認不幸中搜尋幸福，從禁制美感外貌追求美感」的創作追求，可以讓人聯想到叔本華救贖的藝術觀傳統，尤其是藝術具有將「個體還原為人」的功能這部份。後者涉及前衛音樂家，接納十二音體系或音列（Serie）的無調性問題，違背固有的「藝術創作步驟」（demarches constructives de l'art）和「美感綜合原則」（principes synthétiques de l'esthétique），從而造成「斷氣、不悅耳，欠缺共鳴感」，這直接觸及馬克思的反常規和反體制之藝術啟蒙性傳統。]

不過，這種連結其實可以看出是一種變形動作。

因為在叔本華—尼采藝術觀裡，藝術救贖還是純屬於形而上的設想。例如叔本華設想人乃生活於物質空間的感形存在，本屬於宇宙自然生成的意志力量，要不被人類龐大知識所矇蔽，唯有進入藝術的宇宙的想像和心醉神迷的視野。他稱這種可以將社會化的個體還原成「人本樣」的救贖狀態為「一種純粹感知主體」（un sujet purement connaissant）（Schopenhauer 1992: 230; § 34）。尼采進一步深化叔本華「貶抑 Logos 哲學及其知識」觀點，這是他確認「生活乃是活在一種自我否定和自我摧毀，以及不停地自相矛盾上」，而藝術美感救贖的生理學作用，則可以導出力量意志，從而超越虛無主義。叔本華—尼采救贖觀之所以是西歐美學上的重大事件，在於轉換了從柏拉圖到黑格爾理智的藝術認知。

無疑地，阿多諾在論荀白克無調樂時，已將這樣的救贖傳統觀念，變形為「它烙印世界所有的黑暗和罪惡，它從承認不幸中搜尋幸福，從禁制美感外貌追求美感」，某種進入媒材的冒險中所涉及的紓解、叛離和擺脫。這樣的引用和變形，基本上構成阿多諾的藝術模擬觀不可或缺的部份。

這樣的觀察，說明了叔本華和尼采美感否定性的形而上藝術認識論，轉到阿多諾藝術否定性的藝術認識論，關鍵在於他們之間的前衛藝術運動，以及人文和社會的重大轉換。正如魏默的看法：「物化趨勢，從上層——理性的選擇媒材及佈置，到下層——非理性的模擬，全面異化了藝術表現，並且摧毀了審美範疇的美感意義」（Wellmer 1990:259）。

至於反體制之藝術啟蒙性裡，雖是應用了馬克思美學的下層結構與上層結構之間互為會出現新穎議題手法，但論點上也是一種變形。阿多諾基本上拋棄了馬克思認為藝術是社會的上層結構，反應一定的社會形態和經濟結構的僵化論點，而只贊同藝術是個體社

會實踐之工具，它「作為客體世界之行為，是人文現實之示威」
（Marx 1954 III:118）。因而，這種變形是從「否定美感綜合，乃藝
術形成的原則」（TE 201），將荀白克無調樂的物質化和去美感化，
看成是站在「幾乎沒有落腳處之山脊上」的冒險行為，此冒險行為
本身乃是去神秘的「世界醒悟」的啟蒙性。

　　阿多諾花相當多的篇幅，討論模擬與啟蒙在前衛藝術裡的複雜
作用。他把模擬界定在「面對現實之一種感性立場，位於主體與
客體之對立面上」（TE 148），啟蒙則涉及「佈置作品媒材方式之能
力」（94）。啟蒙源於藝術家佈置媒材的能力與強烈創新的意圖，
相對的，此啟蒙的威力也涉及到模擬中的感性、忘我和非理性的
態度。「模擬〔…〕可稱為技術狀態之濃密度」（152），它的靜默
性，也是它的威力所在。

　　如果說馬克思的藝術觀傾向積極的現世面，那麼叔本華則消極
而且出世。藝術與美感沈思是後者擺脫意志的唯一法門，沈思意味
停止一切想望，停止想望就是斷絕現實世界之痛苦根源。它真正的
意涵：避難、逃亡和退卻，不只具有取消、放棄及否定現實的頓悟
性，更有改變「意志」的積極面。不同於叔本華的全然放棄，阿多
諾仍保有參與社會的現實情愫，仍強調在啟蒙與模擬之間一種想望
的烏托邦憧憬；也不同於馬克思反映理論（théorie du reflet）的直
接性，阿多諾從前衛藝術看到某種非現實的、自為的自治性。

　　此既非完全的馬克思，也非完全的叔本華，而是在擺渡兩者之
間，賦予前衛藝術兼具自治性和社會行為。

　　便是從這種啟蒙／理性與救贖／模擬兩者糾纏現象，阿多諾成
功地讓前衛作品環繞自治性和社會行為之問題性上。而「此問題性
之所以成為有效性」，關鍵還在於從問題性開始，編織的環繞和放
射的交錯網絡，能否營造出具張力非美感論述平台，從而成就作品
自身領域。

這種對歷史裡的重大思潮之延續和變形，構成阿多諾非美感論述的有效性。

然而，問題是啟蒙屬於理性層面和作為非理性層面的救贖融合一起，難道不矛盾嗎？阿多諾認為此矛盾，恰是前衛作品的特徵。他稱為「妥協的外貌和不妥協的精神」：「就表現之撕裂、不妥協而言，藝術是真實的。當藝術統合分歧，並將之界定為不妥協的性格時，真理已形成於藝術裡。荒唐的是，藝術以其妥協的外貌，證明它不妥協的性格」（TE 217）。而面對前衛藝術如此的荒謬現象，最佳的方式，就是揭開荒謬感的暗示，他說：「面對藝術的荒謬感，不是要我們去肯定它那支配作品整體的形而上之實體性，或是去肯定它的外貌性格；藝術最終是外貌的，但其前提不能避開荒謬的暗示。」（200）

今日來看，《美學理論》還是一本令人嘆為觀止的著作。因為啟蒙與救贖論述，確實犀利地直指一種越界的藝術問題性身分。因為只有這樣才能將美感否定性拉到文化、社會、歷史和社會層面，無限加大藝術否定性的實質關聯，追索整個前衛藝術的起源問題。

（二）非美感論述的效能：越出藝術學門

不管怎樣，非美感論述的有效性與否，關鍵仍在所選定的前衛作品。

《美學理論》的文學範例為卡夫卡，戲劇範例為貝克特，音樂範例為荀白克，視覺藝術則集中在二十世紀初的前衛繪畫上，特別是達達作品。儘管有極大的寬廣度和代表性，也儘管因論述的藝術種類之知識結構差異，而出現差別性內容，但以非美感論述建構「作品自治性」和「估高此自治性」的操作手法則幾乎一致。也是在此，有必要進一步了解此非美感論述，其顛覆力量或否定性，超出藝術學門的問題。

超出藝術學門的規範是鮮明的，問題在於此顛覆力量或否定性振幅達到何種程度。

阿多諾論達達主義的作品，散佈在《美學理論》，其實也非常零散（TE 50, 233, 447），不過卻足以衡量其否定性論述所達的範圍。這論點就是「達達主義擺脫了藝術的整合（intégration）公設」（參閱 TE 50-51），其核心問題就是達達拋棄了此整合的美感主義，後者如同符應於主體之同一性作用。

當藝術家的創作不遵循一個明確目的計畫，幾乎無視組構觀念，也一點也不需要或不願意有一個中心點時，當作品會聚了地鐵票、購物收據、廢棄木頭、鐵片和瓶子等日常實物時，當藝術家幾乎不管美感、協調和結構問題，放任各種雜七雜八之日常材料胡亂地拼湊一起，任憑身體與媒材之互動時，阿多諾的否定性便直接提到「達達和共產黨、畢卡索、荀白克一樣，從主體性據點走出，想建立新世界，但同時也陷入無法實現的困境」（51）。

這鮮明地從困境、疑難或虛無，勾勒新藝術之否定性質，進而指出主體性的假象或幻滅。

我要說的是，阿多諾的非美感論述，建構「作品自治性」和「估高此自治性」的操作手法，其否定振幅涉及以「原始主體性」攻擊「社會化主體性」問題，實質都指向西歐的理性文明病徵。如下兩段摘錄，可以清楚說明，阿多諾的非美感論述整個效能，都和拆解同一性哲學或主體哲學有關：

　　藝術愈脫離任何成規，愈根本性地回到陌生和遙遠的現實所發生的，換言之，它回到純粹主體性狀態，此純粹主體性存於每個人，且是抽象的。此回返原始的藝術思潮，從表現主義到達達，其暴烈性可以想像。不過，導致表現主義的沒落，不只因為缺乏社會迴響，還在於無法停留在反成規上；實際上，任性隨意、拒絕全部

便會擱淺於全面的困境、吶喊和無奈的姿態裡，這全部出現在達達裡。（50）

達達的虛無，某種「客體的喪失和主體的貧乏」（51），成為阿多諾所指的藝術對世界的全面拋棄。這種對現實世界的不信任感，正是阿多諾對貝克特的《等待果陀》的基本論調：「現實世界的過度，意味著現實世界的沒落，它消滅了主體，同時也消滅了自己。此沒落過程便是整個反藝術的藝術性格所在」（52）。

這便是說只有非美感論述，才能觸及達達、貝克特、荀白克等作品的反藝術，所以偏向偶然、非意識和非理性的緣由；才能指出前衛藝術家不再迷戀目的性和理念，而是要求更多的解放與自由。藝術家不再有任何束縛，他玩弄媒材，身體與媒材相互滲透、相互接納，自娛其中。理性選擇媒材，是為了參與社會生活；而忘情於模擬中，則是在功利社會中求取自我世界的一份完滿，一種救贖和幸福，那怕只是片刻。

以問題性和否定性所形成混搭的非美感論述，因而構成阿多諾藝術認識論非常獨特的美學經驗。雖然由啟蒙與救贖混合而成的混搭觀點，如同出世與入世，如同現實與超現實之結合，但其實真正的綿延不絕乃在直接與前衛作品進行對質、交鋒上，這讓阿多諾美學得以展示某種起作用的未完成狀態。

事實上，《美學理論》自一九七〇年出版後，批判言論紛至沓來，最大的責難不約而同地集中於阿多諾所論及的前衛藝術家不全面，只憑某些前衛作品就論斷藝術對文明、歷史和社會否定，像魏瑪批評阿多諾「否定美學，以刻板僵硬做結束，不只由於疑難論說太不自然，更由於它太概括性」（Wellmer 1990:250）。

阿多諾論及的前衛藝術家確實不全面，但如果想到他的美學深刻映射，十九世紀的理性規劃到二十世紀的非理性前衛運動之深層

文化轉折，魏瑪的批評就顯得微不足道。對此，吉姆內茲（Marc Jimenez 1943- ）的評價是中肯的：「《美學理論》統合了衰亡、異化、否定、危機和解構等二十世紀最敏感的現象，藉前衛藝術的擺脫束縛，具有強烈要求顛覆一切系統的否定精神，事實上它所釐定的藝術理論面向，首度允許我們理解和談論前衛藝術。」（Jimenez 1986:19-24）

換言之，在啟蒙與救贖的雙重強調裡，阿多諾依靠的是前衛藝術反社會的否定力量，他說：「幸福允諾意味社會實踐會阻礙幸福的獲得。要想取得幸福，拋棄社會實踐是必要的。但藝術作品所涵意的社會否定力量，卻去除了幸福與社會實踐之間的區隔。」（TE 29）模擬狀態拋棄現世，所以動人心弦，正因其文化上的叛逆性與衝撞性，這是前衛藝術獨有的「社會實踐」：「面向束縛之外，『我』所需要的，並非消遣，而是一種退卻的強烈激情，那是最極端的張力。」（311）藝術的這種魅力，確實兼具叔本華的「反Logos」和馬克思的「社會批判」兩種現代性價值。

阿多諾以「前衛藝術的反社會」的否定力量，將物化／啟蒙／現實和模擬／自由／救贖之鴻溝消除掉。這種理論模式，兼具經驗和超驗兩種思維特質，如同「世界之可鄙與歪曲，全融化於救世主光輝裡」（Adorno 1980:230），也如同魏瑪所言：「阿多諾以啟蒙和救贖之一體兩面的意識，打開了藝術自治性的密碼」（Wellmer 1990:262），而這個理解任務，則落在每一位面對前衛藝術的觀者上。

貳

評論[1]：通向星叢文體的途徑

> 評論反思喜歡的和討厭的，而非將精神展示
> 為擴張虛無的創造，或無限加工為道德典範
> 〔…〕。評論不回溯亞當夏娃，它從所要講的發
> 動起；評論由對象激出論述，中斷於沒什麼好
> 講之時。（NL 6）

在啟蒙時期，狄特羅（Denis Diderot 1713-1784）以承擔公民美感教育之時代課題為己任，從繪畫和雕刻作品出發，結合哲學、政治、美學和社會觀點，鋪陳出一個史無前例的思想世界，首度建立藝術批評（critique d´art）的目的、性質和功能。在浪漫主義時期，施勒格爾（Friedrich Schlegel 1772-1829）將批評本質推向資產階級意識型態的自我反思領域，他視藝術批評為語言與知識世界的總體表現，從此讓藝術批評越出了狹隘的文學體裁和當時的民族主義思潮，成為獨立的表現形式。而阿多諾的評論（essai），比起狄特羅和施勒格爾有過之而無不及，藝術批評不再只是藝術批評，而是進到更激烈的歷史、文化和社會批評層面，其評論的語言激進化涉及二十世紀的思想大變動。

我們不能低估阿多諾評論的語言激進化，對當代思想界的影響。阿多諾評論所流露的反抗情愫，近因出自一個錯亂的納粹時代，遠因則涉及歐洲文明的理性物化問題，兩者互為因果，正如他在《最低限道德》（*Minima Moralia*）的表白：「我們不能把Auschwitz 與希臘城邦的摧毀看作相同事件，解釋為單純的恐怖，從而對此無動於衷」（MM 218）。對他而言，世界進程已錯亂，為了強化反抗，激進將是終結時代荒誕，重建世界的手段。拉開觀看的角度，激進的不只是阿多諾，我們很容易地從沙特（Jean-Paul Sartre 1905-1980）、德希達（Jacques Derrida 1930- ）、巴特（Roland Barthes 1915-1980）、布希亞（Jean Baudrillard 1929- ）和傅科（Michel

Faucault 1926-1984）等二十世紀思想界檯面人物身上，嗅到雷同的反抗氣質。因此理解阿多諾的評論視野，有助於揭開二十世紀思想變動的起因面貌。

本章旨在探討阿多諾的評論觀和操作方式，重點如下：1. 阿多諾評論的思想動機與發展，以及和班雅明、瓦雷里的關係；2. 比較阿多諾的評論與笛卡兒的四個知識原則；3. 阿多諾評論與黑格爾辯證法的差別，以及評論的具體性、機動性和任務；4. 以《美學理論》的〈死亡的模擬與和解〉為例，分析阿多諾評論的星叢文體的特色和目的，並且列舉新一代學者批評阿多諾的觀點；5. 歸納阿多諾的評論特色。

一、評論的思想視野與發展

（一）評論作為語言與思想危機的哲學出口

不同於十八世紀啟蒙時期狄特羅呼應公民美感教育[2]的藝術評論，也不同於十九世紀初黑格爾理念的藝術批評，阿多諾的評論（essai）結合前衛藝術，發展非概念的、多重並置的文體，主要是因應二十世紀語言與思想危機，以此作為哲學出口。對他而言，評論為顛覆的思想行為，其對立面就是系統和結構，本身便具有反概念和拒絕理性中心主義（logocentricisme）的特性。後者的問題，乃是自我合理化、自我精煉成狹隘的系統，無能為力捕捉對象的真實本質。評論能自由地結合日常語言、前衛藝術、當下思潮和社會事件，讓文字和文體表現納入多方活水，呈現敏銳且開放的思想場域。

從阿多諾的思想發展來看，《文學評論》的〈評論如同形式〉（"Essai comme forme"）（寫於一九五四、一九五八年間[3]），以異端（hérésie）或「對正統思想準則之違抗」（NL 29）角度，視評論為精神最高級表現和最敏銳的思想形態，是勾勒評論視野的重要論

文。此文重要性，如齊瑪所言：「允許建立語言廢墟與意識形態爭端、科學的分工和交換價值之關聯」（Zima 1985:110）。《文學評論》雖是阿多諾全面勾勒評論形態，以及探討星叢文體的主要著作，不過還不是最早的。

最早提到以評論面對語言危機，是青年時期的〈哲學之現實性〉和〈哲學家語言之論題〉兩篇論文[4]，而具體地將評論推向「星叢」（constellation）語言觀念（Adorno 1995:154），則是一九三〇年取得法蘭克福大學講師資格的著作《齊克果》（*Kierkegaard*）（出版於一九三三年）。

至於真正付諸實踐，要到晚期的《否定辯證法》和《美學理論》。這兩本著作，阿多諾實質達成他的兩個思想訴求：無限制之知識性質與碎片（fragment）思維（或非同一性思想）。

也就是《文學評論》雖是《齊克果》和《美學理論》之間的重要過渡，但在它之前還有一個環節是決定性的。

這就是和阿多諾流亡美國，見識到大眾消費文化的混搭體系有關。因而應該從三個面向來看《文學評論》，才能真正理解此書各篇評論複雜的思想發展。第一個面向，流亡期間體認到西歐哲學失去反思現實能力的癥結，來自語言概念陷入選擇性的親緣關係，解決辦法是打開哲學的向度，廣泛地涉入人文科學、語言學、繪畫、音樂、社會學和精神分析等領域，做綜合性的橫向與縱向研究。其結果促成《理性辯證》（一九四七年出版於紐約，與霍克海默合寫）的主張：「拯救同一性精神，應從客體汲取非同一性」（Habermas 1971:249）[5]。第二個面向，《文學評論》裡一九五四到一九五八的五篇評論，將《理性辯證》所主張的課題，整合在現代文藝的語言表現案例上。而在現代文藝的語言表現案例上，陸續連結上貝克特、卡夫卡、瓦雷里、布洛斯（Ernst Bloch 1885-1977）和班雅明思想，將星叢文體的實踐問題一一釐清，此為第三個面

向，即《文學評論》所收入一九五八年之後的十九篇評論。因此，這個複雜過程的關鍵在於如何評論？從何種角度評論？用什麼方式可以無所限地的進行跨域評論？乃至進行實踐的問題。

如何評論呢？從何種角度評論？用什麼方式可以無所限地的進行跨域評論？〈評論如同形式〉對這些問題都有深度的見解。在這篇評論裡，阿多諾以極含糊和跳躍語句避免定義評論，除了指出評論鼓勵「知識的自由」（liberté intellectuelle），此自萊比尼茲（Gottfried Wilhem Leibniz 1646-1716）、維科（Giambattista Vico 1668-1744）和狄特羅的啟蒙時期以來，已經不再有進展之外，也指出評論具有反映時代的機動性特色，它起自中間，止於中間，沒有固定疆界，保有對當下議題的高度敏感而永不枯竭。同時做了一些比較和區隔。這些比較，包括提到評論與美感自治性（autonomie esthétique）有某些相似，都強調營造獨特情境；也提到評論和藝術不同，因為評論以文字概念為中介，得拋開美感沉思，進行社會—個體—藝術—真理之間的交叉論辯。

至於區隔，則是這篇評論的重心，也相當程度凸顯了評論的性質。第一種區隔是針對評論和詮釋的。它提到，評論重要在營造多元交鋒的活潑場域，它決不會陷入當代詮釋學的主體詮釋。後者的理解力（compréhension）有著去蕪存菁的篩選特性，會剪掉和主體無關的異質[6]。所以評論不是詮釋：

拒絕製造科學的結論，評論致力於體現原初的自由精神，沒有顧忌地使之發亮〔…〕。評論反思喜歡的和討厭的，而非將精神展示為「擴張虛無」的創造，或無限加工為道德典範〔…〕。評論不回溯亞當夏娃，它從所要講的發動起；評論由對象激出論述，中斷於沒什麼好講之時〔…〕。評論既非從主要元素講起，亦非朝向最終標的。其詮釋既非加固，亦非語文學上深思熟慮、反覆斟酌之講

究，而在自己的方針裡，詮釋乃是超越詮釋的。（NL 6）

　　第二種區隔，則針對評論與實證主義。它主要指出評論不會陷入客觀的實證主義原則（maxime positiviste）。理由是：1. 評論不談美感問題，也不限於「藝術作品的自治性問題」（7），所以排除了主體性問題；2. 評論主張客體優先，強調各式各樣知識的齊聚一堂，關注藝術作品的非美感層面，它涉及討論前衛作品在知識世界的位置，既不減損現象或對象的獨特性，又能自由地、綿延地穿梭於所有學科、範疇和理論之間，且無所限制地發揮創造力；3. 評論乃是對客體之展示施以估高（surenchérir），此點隔開了客觀的實證主義所強調的客觀性，後者專注客體內容之描述，無視客體之臨現[7]（présentaton）範疇。

　　〈評論如同形式〉凸顯的是，評論之所以超越實證主義的客觀原則和當代詮釋學的主體限制，乃在於它能有效地回應客體在時間和空間裡之問題性，進入看不到和思想不到的領域。那麼要如何才能進入看不到和思想不到的領域呢？對此，稍晚出版（一九六四年）的《可靠性的脫序語言》（*Jargon de l'authenticité*）進一步提出了辦法，這辦法就是仰賴客體之問題性影像與其概念的衝突，引出各式各樣議題，讓語言進到無限制狀態，進行思想的跨域延伸、擴張或偏離，從而在各種論點的辯證中「詆毀意識形態」（Adorno 1989:147）。

　　評論所選擇的客體，不是別的，正是現代性文藝。所以〈評論如同形式〉提到，評論之所以能朝「可靠性的脫序語言」發展，進行跨域論述，依賴的就是現代性藝術，以及看重日常話語（parole quotidienne）[8]。

　　至於進行實踐的問題。就星叢文體從理論到付諸實現的《美學理論》而言，阿多諾讓評論真正進入社會經驗和歷史的人道主義之

反思場域，則是在連結歌德（Johann Wolfgang Goethe 1749-1832）、
赫德林（Hölderlin 1770-1843）、貝克特、卡夫卡、瓦雷里、布洛斯
（Ernst Bloch 1885-1977）和班雅明等思想之後的事。因為阿多諾是
在論述上述文藝作家和理論者，思索自己的社會經驗和歷史的人道
主義之同時，取得星叢文體的語言部署手法，從此才真正開始進行
多重並置（parataxe）及其含糊不清（équivoque）的文體實驗，也
才深入〈評論如同形式〉所提到的「系統性科學所看不到的」，以
書寫「解放潛伏的力量」，「將空間、時間限定的內容具體化」（NL
28）。

　　關於這點，《文學評論》的〈並置〉[9]（「Parataxe」發表於一九
六四年）做了交代。後者提到赫德林的詩之並置形式，最大特色在
於詩人幾乎不管詞句銜接問題，甚至特意佈置詩自身的晦澀和抽象
形象。而詞句的形象自身之龐大能量，讓詩人意圖顯得無關宏旨，
卻暗示了一個另類的感受空間[10]，原因在於語言並置放任詞句的漂
流和衍生，儘管讓閱讀者的「聯覺」無法發揮作用，卻能創造模稜
兩可的謎樣意象。此藝術手法乃開啟語言邏輯意群之外的東西之關
鍵：

　　應用含糊不清（équivoque），並非隨便，也並非不知道科學主
義（scientisme）反對含混不清，而是為了讓批評含糊不清受挫，
其成功正在此。〔…〕也是在這點上，評論觸及音樂邏輯（logique
musicale）；由嚴謹但卻非概念的藝術，可啟發評論語言的某種東
西，後者在思辯邏輯下是看不到的。（NL 27）

　　無疑地，〈並置〉所提到的語言表達，出自詩人不加修飾地將
自己的社會經驗，放在歷史人道主義上的感想。這是主張評論應扮
演歷史、人道主義、社會和藝術等的思想平台，不忌諱留存論述過

程的渣滓或矛盾,不從單一原則或角度做推論,也拒絕以孤立的觀察做歸納。

就此,很明確地,《文學評論》不僅從現代文藝作品找到讓文字處於無限敞開的並置方式,而且也實際以此作為歷史、人道主義、社會和藝術的跨域操作。所以它扮演的是《齊克果》的星叢觀念與《美學理論》的星叢文體實踐之間的橋樑角色。或許也是這個原因,籌備《美學理論》和書寫《文學評論》幾乎同時。

正如〈理解《終局》〉(發表於一九六一年)指出貝克特作品有種不言明的批判,很能說明「語言自身類似啞劇」(pantomime)的批判特性,他說:「非抗議性地展示世界退化,恰是抗議屈從於退化法則的世界狀態,後者是那麼奴顏婢膝,沒有任何概念足以對抗。」(NL 209)。以客體為優先,使得阿多諾的評論極端壓抑自我,而模仿前衛文藝作品之語言模擬特質,則讓阿多諾的語言表達如野馬脫韁般走在沒有依靠的山脊上。

《文學評論》確實有如《美學理論》實踐星叢文體的草稿。

這當中,對實際語言表現的問題,應該要特別提到班雅明和瓦雷里(Paul Valéry 1871-1945)兩位先行者的影響。

(二)班雅明批評觀的影響

在談班雅明和瓦雷里之前,須先提到阿多諾年輕時期所閱讀過的盧卡奇兩部著作《小說理論》(一九二〇年出版)與《階級意識與歷史》(一九二三年出版),當中的反思浪漫主義評論形式。儘管,盧卡奇一九五七年回到匈牙利,美學思想轉向更直接的社會現實主義(réalisme socialiste)、非美感的客觀主義(objectivisme anesthétique)、實證性(positivité)與反映理論(théorie du reflet),和阿多諾的新馬立場相衝突。但盧卡奇早期的評論形式對他的啟發是極大的,這可從〈一種強奪的和解〉("Une réconciliation

影響阿多諾極深的班雅明（Water Benjamin 1892-1940），兩人結識於 1923 年。

extorquée" 發表於一九五八年，收入《文學評論》）得知。

　　至於班雅明的批評觀，對阿多諾理論的影響程度，則不容小覷。如果說《文學評論》、《否定辯證法》和《美學理論》裡的多重並置之跨領域評論，包括閱讀歌德和赫德林的角度，均與班雅明理論有直接的關係都不為過。同樣也是班雅明，引起阿多諾對瓦雷里、普斯特（Marcel Proust 1871-1922）、達達主義（dadaïsme）和超現實主義（surréalisme）等法國現代文藝的注意。阿多諾並不避諱地在〈瓦雷里的偏離〉（"Les écarts de Valéry"），直接提及「班雅明美學對他的幫助遠勝任何人」（NL 127）。

　　班雅明的評論思想散佈在《神話與暴力》（*Mythe et violence*）、

《德國浪漫主義的美學批評概念》(*Le concept de critique esthétique dans le romantisme allemand*)、《德國巴洛克悲劇起源》(*Origine du drame baroque allemand*)和《詩與革命》(*Poésie et révolution*)等著作裡。其中,班雅明所念茲在茲的語言問題,可謂預見二十世紀最重要的哲學轉折之一:語言學轉折。此轉變從班雅明開始,經阿多諾到哈伯瑪斯,經奧斯丁(John Langshaw Austin 1911-1960)到德希達,無不尋求語言具備投射過去、當下情感與未來希望之能力。對阿多諾評論思想的影響,主要集中於三個觀點上:

1. 書寫者的模擬權能:反對索緒爾(Ferdinand de Saussure 1857-1913)的語言學理論(théories linguistiques)和結構語言學(linguistique structurale),班雅明認為語言決非單純溝通工具,也非意義之承載體,「語言應被視為一種表現」(Benjamin 1971:80),主張在語言、事物和他者之活潑關係中,書寫者的模擬權能應扮演主要角色。此活潑關係不在溝通方法的順暢與否,而取決於書寫者在對象與他者理論之多元聯結,以及書寫者在現時(présent)、過去與未來之間無限敞開的表現要求。

2. 高度政治性:聯結形而上學、神學、藝術、政治和歷史唯物論,班雅明接納時代給他的一切,夢想一種能解放理性獨裁(dictature du rationnel)的批評文體。此批評觀念,建立在揭示藝術作品之真理含量,其「高度政治性」比浪漫主義「迷途的和沒有終點的藝術批評」(Benjamin 1986:180)更具體、更有變化。這涉及將啟蒙時期維科融合社會和歷史的「人文事物」(affaires humains)之批評精神[11],具體地帶到哲學、藝術與社會之混搭的、包容矛盾的、沒有界定和游移性的思想場域裡(參閱 Benjamin 1985:195)。

3. 語言表現:反對藝術批評停留在啟蒙時期狄特羅的公民教育上[12],班雅明主張藝術批評的獨立知識性格。批評的真實能量,不在溝通和教育,而在營造語言和文體的繁殖張力,此為「時代之經

濟、政治、形而上、宗教思潮的全面表現」（Benjamin 1990:31）。
換言之，透過多向度的書寫中介，語言被帶向諸眾（multiplicité）
的、混搭的含糊語境中，直接以正起作用中的變化文體呈現，這
類似前衛作品之形象緘默性。此影像文體，將以「喚醒」（réveil）
的方式，衝撞歷史、文化和社會，「顛倒整個歷史進程」（Jimenez
1995:67）。

在書寫、政治性和語言表現當中，班雅明影響阿多諾評論最核
心之處，應在於「以敞開的藝術批評檢討哲學性質，搜尋哲學定
位，以及引出新的哲學形態」上。

也是在這個關鍵性的藝術批評課題上，可以清楚地看到德國的
阿多諾和班雅明，法國的德勒茲和德希達等，共同地在語言表現問
題上連結一起。我要說的是，阿多諾從班雅明的藝術評論課題所發
展出來的非意識（inconscient）和無理性（déraison）的星叢文體，
其實涉及的是對西歐思想界在十八世紀啟蒙運動理性主義缺憾，和
十九世紀初理念論疑惑的回應。如吉姆內茲所言，阿多諾和班雅明
的藝評課題，證實了法、德啟蒙運動與浪漫主義運動之間的關聯性
（Jimenez 1995:60）。

班雅明對阿多諾的影響，還不只思想的直接影響，尚包括引介
法國文藝作家，其中最重要的是瓦雷里。

（三）阿多諾評論的德法混血特徵

廣泛參照瓦雷里的文字，《文學評論》（雖然某些摘錄不見得恰
如其分）與《稜鏡》（Prismes）是最明顯的，此外《美學理論》最
重要的論點之一：藝術自治性及其社會行為[13]，也與瓦雷里有直接
的關係（瓦雷里也是班雅明批判浪漫主義批評的思想來源）。

事實上，阿多諾得以超越傳統馬克思主義的「藝術為社會實踐
的工具」之論點，主要就是從瓦雷里的藝術自治性的角度，進行藝

術具有社會訴求的評論。所以《美學理論》提出如下重要的見解：
「藝術的社會牽連或社會暗示，乃是由藝術角度詮釋它與社會關係
而獲得，而非以社會角度說明藝術內容」（TE 296）。甚至《美學理
論》所主張的模擬、表現和評論，也可以在瓦雷里的〈Tel quel〉和
〈Rhumbs〉裡看到與等幾乎雷同的看法。

　　例如關於作品完成之後便遠離作者原初意圖之模擬觀：「我們
總是，──如同在散文裡，主導和強迫寫我們不想要的，違背當
初的意圖。」（Valéry 1960:551）；「作品改變作者原意。每個運動
均使作品遠離了作者，作者意圖遭受竄改。完成後，作品還會抵
抗作者。那裡產生了形塑作品的東西。可以說它建構整個創作實
踐，它就是虛構。」（673）。例如作者只是執行作品意志的工具的
評論觀：「我所感興趣的──不是作品，不是作者，而是引出作品
的原因。每件作品均是自外於作者的」（629）；「當作品顯現，作
者之詮釋便不再有任何價值，我的意圖是我的意圖，作品是作品」
（557）。例如作品愈越出作者意圖，愈能產生影響力等關於藝術表
現之觀點：「作品所以存活，那是它有能力顯現作者加諸之外的東
西」（561）。

　　最引人注目的，無疑就是在《文學評論》裡的〈瓦雷里的偏
離〉，對瓦雷里的高度評價，以及承認自治性受其影響。論文一開
始便讚賞瓦雷里「觀看藝術作品內部之才能」無人能比：「美學傾
向擬古香味已有一些時候，瓦雷里的敏感性無疑是首度紀錄如此另
類東西的開始」（NL 102）。接著，將他視為繼承馬拉梅（Stephane
Mallamé 1842-1902）之後的右翼波特萊爾路線，與藍博（Arthur
Rimbaud 1854-1875）和之後的超現實主義之左翼波特萊爾路線
（103）分庭亢禮。同時阿多諾也注意到，瓦雷里一邊強調思想的變
幻無常、游牧和過渡狀態，另一邊強調天賦理念；一邊主張美感自
治性：「美感主體應回返自身，它只汲取自身最深刻的東西，不企

求任何客觀性」（107），另一邊以文字的狂喜、偶然、偏離和非同
一性，來擺脫理性，使之具有歷史、文化和社會的叛逆性。這些影
響了他對現代藝術的看法，他說：「我們喜歡提問，形式的天馬行
空之虛構觀念如何與莊嚴並存，然而卻是此形式虛構誕生了莊嚴思
想。此為瓦雷里有別於德國思辨思想之處」（133）。

　　阿多諾因為班雅明而注意瓦雷里，而似乎從瓦雷里與班雅明之
關係，看到德法混血對現代思想轉折起的關鍵作用。尤其他又發覺
瓦雷里與尼采的關連性：「客觀化的藝術作品有其時間性；倖存之
烏托邦那麼無能為力和致命；瓦雷里實踐了尼采的美學和反形而上
學」（130）。

　　能不能說是由於瓦雷里和班雅明，促使阿多諾意識地融合法國
文藝思想（尤其是藝術為藝術和美感主義思潮）、德國式真理、猶
太的神秘主義、馬克思和尼采的反形而上學，共同將迷亂的多重能
量，全然轉載入一種獨特的評論？答案是肯定的，因為如果將德國
的黑格爾和馬克思之理性因質，自《文學評論》和《美學理論》拿
掉，確實瓦雷里的偏離、變幻和波特萊爾的流動之鮮明形象便躍然
於紙上。

　　多虧瓦雷里的引導，阿多諾體認到自治性的重要，並得以因此
發展出評論的思想核心：即前衛藝術並不是非理性主義的辯護詞，
而是工業社會（工具理性）的自我批判。

二、評論的新知識範疇：阿多諾的評論與笛卡兒的知識原則

（一）評論的模擬性格與反推論步驟

　　提出含糊不清的評論，主要是為了避開明顯（évidence）和確
實性（certitude）的推論步驟（démarche discursive），不過，含糊不
清的評論雖然意在避開推論邏輯，但它並不是非邏輯。它仍然服膺
某種自為的內在邏輯，有其自身的內在運動整體，異於笛卡兒的我

思（Cogito）主體性。在理性的笛卡兒知識與思想原則之外，阿多諾意圖新的知識與思想範疇是明顯的。他說：

> 評論乃是痛苦地針對清晰察覺與去除疑惑不決的可靠性等理想之挑戰。整體而言，應該將評論詮釋為笛卡兒的《方法論述》四個原則之異議，後者建立於西歐現代科學與理論初期。（NL 18）

阿多諾批判笛卡兒四個知識原則，因此成為建構評論合法性不可或缺的基礎。《方法論述》（*Discours de la méthode*）出版於一六三七年[14]，出版時遭到耶穌會嚴厲的批判。當時濃厚的經院哲學氛圍，恰顯出笛卡兒從數學和物理學形塑新的知識方法的革命性。作為「現代哲學的真正啟蒙者」（Hegel 1991:47），笛卡兒以數學方法延展出一套人類知識之操作模式，最基本的要點便是它能讓人類理性（raison）發揮正常功能。《方法論述》的中心標的，就是描述精神以數學方法思考的步驟和原則，這被公認為現代思想和現代知識之起點。但對阿多諾而言，以數學為理性思維原則，雖然因此得以讓人擺脫神學糾纏，但將世界邏輯化和單純化的知識模式，卻有簡化世界之嫌，不僅去除主體感性參與對象的神秘成分，也忽略人與客體世界之於歷史、文化和價值更迭的反應。以下逐條討論笛卡兒四個知識原則和阿多諾的評論之差別。

笛卡兒的第一原則，「決不以真實衡量事物，而是我以明顯如本樣認識它：也就是儘量避免急促[15]和成見；除了我的判斷，再沒有別的。它在我的精神裡是那麼明顯和清晰，我絕不對此有任何疑惑。」（Descartes 1992:69）此原則要求思想和知識的清晰與確實，不允許模稜兩可，同時提到造成知識的晦澀（obscurité），來自於「過去認知之追憶」（69），因此，為了避免認知陷入追憶，「我思」必須嚴守分際於所看到的客體，主體整理過程也必須清晰明確，不

拖泥帶水。相對於此，阿多諾的評論側重主體與客體、主體與客體的歷史、主體與客體的文化、客體與社會之間的複雜關係，不只是客體內容的直接描述，也不只是單純的「我思」而已。

阿多諾為何那麼不信任客體的已知材料呢？對他而言，和主體不發生作用的知識認識論，所形成的知識也會只是一種「已注定的通告」（avertissement fatidique）（DN 148）。他也反對單純的「我思」，畢竟主體不應只是客體已知材料的歸納者，而且主體除了需實際觀看和自我批判外，更能越過主體的同一性思維習慣，進入知識世界延展更多的議題。當中最關鍵的便是既非主體亦非客體的模擬（mimésis）實踐。在《否定辯證法》的〈客體不是已知材料〉[16]（"Objet n'est pas un donné"）裡，阿多諾細膩地提到模擬過程引起的主體毀滅（ruine du sujet），以及由此毀滅引出評論兩個特質：其一、要求客體優先，然後從客體問題性徵候激出歷史、文化和社會之議題，營造開放、激烈的論辯場域；其二、進入模擬狀態，得以介入主、客體所看不到、觸摸不到和非知覺的陌生範疇。

（二）評論的反思性格與抗拒科學實證

笛卡兒的第二原則，「區別我所要檢視的每個困難，儘可能縮小，達到容易解析的要求」（Descartes 1992:69-70）。此原則草擬了知識分析法，其精神在於將客體基本元素視為分析對象，也視概念秩序為語言結構，統合且以之為客體全部。相對於此，評論視野最不能容忍「從全部出發作純粹的發展，從某時刻出發妄圖全部」（NL 18），它相信事物的客觀性會聚著「事物之非同一性與從屬於生產條件之人，彼此陌生且作用的連接關係」（DN 152），因此不能如笛卡兒般孤立客體，畢竟事物本身牽涉複雜的因素。所以阿多諾說：「客體的客觀方面，是不能將之精神化的，我們只能從主體目的分析角度看待客體，主體優先在此是明顯的」（153）。換言之，

評論將重心放在主、客體之間的糾纏空間，不放過從歷史、文化和社會衍生的每個問題，它渴望從多重論述，展現主客體之外的新鮮視野。

笛卡兒的第三原則，「以秩序引導我的思想，從最單純的客體和最自然的認識，一步一步慢慢提昇，直到最複雜的知識[17]」（Descartes 1992:70）。然而阿多諾的評論，並沒有明確的秩序或準則，可能從最繁複，也可能從不可思議的多重角度介入，與笛卡兒的第三原則完全南轅北轍。可以想像得到，當評論不從常識性的或所看到的著手，而較從難弄的、辯證的，渴望將事物轉化為思想光芒時，那確實如同「大學生探索令人印象深刻的困難範疇之天真，比成人賣弄學問來得正確」（NL 19）。評論強烈的探索性，關鍵是必須越出既定認知，依賴非準則的隨機和跨領域的啟示，來打開複雜的世界真相。但笛卡兒單純的知識發動原則，卻只會阻礙認識過程與現實社會、其他領域知識交鋒的各種可能。

笛卡兒的第四原則，「平均地全面列舉，普遍地檢視，確定我沒有疏漏」（Descartes 1992:70-71）。此原則在流行於十九世紀末和二十世紀初的實證主義身上展露無疑，主張「蒐羅全部就是真理」，認為客體深藏無限觀點，惟主體進行知識總清查可以取得，此主張也是目前新世代學者指責阿多諾的評論不全面之依據。當中所謂「普遍性的檢視」觀點，基本上預設了視野上不具擴張可能的框架。然而，視野的限定和客體疆域的明確，卻容易停留在數據歸納和分類上；而孤立對象和全面列舉原則，則只能使客體在簡化（déductions）之系列中展示，陷入單一和同一裡。換言之，對阿多諾而言，人無時不處在理解事物的慣性，習於以既定觀點套用事物整體，一邊如同科學實證將衝突的複雜現實，變成簡化型式，另一邊如同思想慣性將現實置於主體單純邏輯考量。所以評論被逼於第一時間，以一種反同一性的「思想自我反思」（autoréflexion du penser）（DN 121），講究思想越出或偏離的獨創性，直接參與事物複雜情境，直接介入現實恩恩怨怨，比任何思辨邏輯（logique discursive）更靈活、更激烈。

（三）評論方法於過程中形成

阿多諾藉批判笛卡兒知識原則的我思故我在（je pense donc je suis）主體哲學，意圖在主客體之外，勾勒新的認識論是明顯的。關於這個訴求，阿多諾明顯受到瓦雷里論笛卡兒「我思」理論成果[18]的影響，魯道夫比格（Rudolf Bürger 1938-）提到：「瓦雷里對於笛卡兒 Cogito 內含自我批判的非理性成分之詮釋，隱含一種新主體性的創建動作」（Rudolf Bürger 1993:66）。此種創建動作便是阿多諾評論的主要目的，即在主體的現代哲學」（philosophie moderne du sujet）之外，進行新的認識論冒險。

從西歐主體哲學的發展史來看，笛卡兒知識原則的「我思」[19]，無可爭議地為主體哲學和現代知識理論起點。然而，相對於之後主體哲學的發展，它較不是認識力動作，而是一種意志動作（acte volontaire），無法解釋認識力如何可能，而只有激勵功能。也就是它的表達方式，自我教育層面（auto-éducation）強過於知識層面，傾向一種認知倫理的公式，它建立的認識論規範性和紀律性極強。如果跟隨笛卡兒的知識原則，結果必然是雙重的：其一，笛卡兒知識原則的我思故我在，藉由質疑，自我激勵或自我樹立勇氣時，道德發展是全面且單線的。其內在道德原則，最終將與客體世界的非道德性發生矛盾；其二，上述矛盾將衍生自我縮收，它必然造成「科學思想不能超過主體思想」的宿命。換言之，在主體要求下，最終會犧牲客體性，來造就主體性。如魯道夫比格所言：「沒有摧毀客觀化，就沒有主體理論」（67）

為了避免最後以摧毀客觀性，來造就主體性，阿多諾的評論重

構了認知方式：即評論方法只能於評論過程產生，而非如笛卡兒預先設定方法論。《美學理論》在最後章節〈方法論、二次反思和歷史〉對此相當篤定：

> 實踐合法化方法論，它禁止方法論於論述前便預先設定。如果美感客觀性是作為抽象的普遍原則，置於客觀性實踐之前，那麼它將沒有系統支撐，陷於不利之境；此種客觀性真理應在發展過程，從經驗中建立，而非先於經驗（non a priori）。（TE 454）

《美學理論》堪稱是阿多諾實踐評論之集大成。它最大的特徵，便是直接將評論視為美學理論，對評論／美學理論作為第二反思和現代藝術性質之關係，有相當犀利的見解[20]。從評論出發，阿多諾批判笛卡兒的知識原則，集中火力於其方法的規範性和專斷性，除了指出一個全新的知識與思想範疇，也在於回應詭譎多變的消費社會之挑戰。他們之間的差異，如下圖：

笛卡兒的知識與思想原則	阿多諾的評論之知識與思想性格
明確 （évidence） （第一原則：不允許不明確的東西存在）	含糊不清 （équivoque）
確實性 （certitude） （第二原則：區隔每個問題，使之為獨特問題，適合解決之）	溢出或偏離 （plus et écart）
推論邏輯 （logique discursive） （第三原則：秩序地引導思想，使之從最單純到最複雜）	非準則、隨機、偶然與流變 （non-règle、contingence、hasard et devenir）
全面性與普遍性 （totalité et généralité） （第四原則：全面列舉客體已知材料，檢視每個解決辦法的元素，確保我們正確解決之）	獨創性與獨特性 （originalité et particularité）

三、阿多諾的評論與黑格爾辯證法

（一）反對主、客體辯證的抽象性

阿多諾與黑格爾的思想關係至為密切，無論專論《黑格爾的三個研究》（*Trois études sur Hegel*，出版於一九六三年），或《最低限道德》、《否定辯證法》、《美學理論》的評論實踐均說明了這種情況。可以說，他的評論「抓住黑格爾邏輯不放」，卻又避開黑格爾辯證法以「全體性真理排除獨特的判斷力」（NL 23），傾向於視獨特性和非同一性為真實，並且更激進的讓「非真理成為一種事實」（24）。尤其他使用世俗的、非同一的和非概念的日常語言進行評述，一種類似前衛藝術解構的脫序形象，而和黑格爾辯證法的「先驗上不變化的結構」（structures invariantes a priori）和「穩固性」[21]（solidité）（37），有著本質上的差別。以下討論阿多諾評論與黑格爾辯證法的差異。

相對於評論的多重視野、非系統性，黑格爾辯證法則遵循一定的秩序和邏輯。黑格爾辯證法首先假設主、客體之間的獨立性：

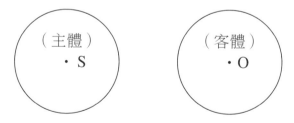

黑格爾認為，主體、客體只有在彼此發生關係時，才具有意義。沒有客體的主體和沒有主體的客體，是同樣抽象的，惟有另一個可以使另外一個獲得界定。它們的對立關係，則是各自擁有各自範疇和不同屬性。主、客體的認識論，除了承繼西歐理性主義和經驗主義的二元世界觀之傳統，其源頭也可上溯自古希臘。《理性辯證》對此有極為清晰的描述。它指出主、客體辯證在「荷馬史詩裡

已發展完備」（Adorno et Horkheimer 1989:31）[23]，其特徵在於「將每個形象以文字解釋」（41），但此辯證語言—概念，也「剝奪了其他的解譯可能；唯一剩下的只是一些中性符號」（39）「這種思想形式自認不受虛幻之侵襲，卻也付出代價」，此代價就是主體支配客體「轉而損及主體思想本身，只徒留永恆不變的我思。主體與客體於此變得虛無」（42）。

《理性辯證》批判黑格爾辯證法的主體至上論，而《否定辯證法》進一步提出兩個角度的哲學議題[24]，重新認識主、客體的內容和關係。其一，從「客體優先」（DN 146）和客體內容映射主體內容：

> 依據中介概念內部的差異，主體進入客體的方式，完全不同於客體進入主體的方式。儘管客體只能透過主體思想展示出來，但仍總是主體之外的東西；然而主體——以其特有形態，也已經是客體。在思想中，從主體撤出客體是不可能的，觀念也如是；但我們可以從客體撤出主體。何為客體，乃屬於主觀性面向的責任；但何為主體，則不是相同的方式屬於客觀性面向的責任。（146）

其二，從技術、交換價值和物化角度出發，正面地指出主體異化的新徵象：

> 於技術過程中被物化，導致去意識的主體性，便免除了神話思想曖昧及一切意義之污染，因為理性本身已經成為含括全部的經濟機器之助手了。（Adorno et Horkheimer 1989:46）
>
> 交換價值對人類的全面支配，先驗地阻止了主體作為主體，將主體性貶低為純粹客體，並且把強調主體至上的普遍性原則流放到非真理（non-vérité）裡。先驗主體之越出，便是經驗主體之貧乏。（DN 143）

最後，阿多諾認為，消費社會裡的「主體毀滅」（ruine du sujet）（150）或經驗主體的貧乏並非負面的，因為「主體性讓位給偶然的遊戲邏輯，為的是更大的自由」（Adorno et Horkheimer 1989:46）。此觀點將在爾後結合前衛藝術，創造敞開的星叢文體，徹底擺脫主客體二元論，讓思想進入跨領域的社會、文化和歷史批判，對人、藝術、哲學和世界提出全新的看法。

（二）反對辯證法的全面性與概括性

相對於阿多諾評論與前衛藝術的關聯，黑格爾辯證法的主、客體認知，基本上出自「知性劃分」（division d'entendement）（Bruaire 1985:62）。即知性在整個辯證法中扮演主導角色，首先它限定主、客體為對立面，也設定「我」在好奇心驅使下，會於第一時間棄主體而就客體；接著，讓重心短暫地集中於客體，並督促「我」返回主體進行重整和確認。從主體跳到客體，又從客體拉回主體，如此持續往返，就像蹺蹺板不間斷的擺動。此種知性認識運動，是有時間持續性的，也是黑格爾辯證法關鍵的知識之「直接性原理」（doctrine de l'immédiateté）（NL 37）：

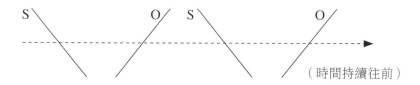

（時間持續往前）

值得注意的是，黑格爾將知性的蹺蹺板運動，歸因於思想（le penser）行為。此思想行為，在黑格爾辯證法裡，指的並非既定的思想習性，而是能擺脫思想習慣，恢復清明的直覺（intuition）。直覺堪稱黑格爾辯證法的啟動點，阿多諾稱為「最單純的反思」（réflexion la plus simple）（DN 37）。它的功能在於暫時的自我剝除，進行觀察客體，以及恢復我思，當中「面對客體，主體至上確

實是不容置疑的」（37）。阿多諾指出，此主體至上，兼有個體主體性包裹與神學意味，強烈地具有追求純粹性，將世界化約為普遍概念的特質，「這是在敵人缺席下，贏得勝利〔…〕；這一方面同康德、費希特並沒有不同，雖然黑格爾指責他們是抽象的主體性擁護者」（37-38）。事實是，真正符合現實狀況的主體性，必然糾纏著客體性[25]。

此蹺蹺板運動於何時中止呢？它終止於兩端的平衡力量。換言之，主、客體的平衡，意味彼此互惠互利地各讓一步。這種主、客體的平衡，需要主、客體之外的第三點。此為辯證法最具象徵性的點。黑格爾稱為概念、理念、觀念、絕對知識或絕對精神[26]，等同於現象、真實、現實或真理（參閱 Hegel 1995I:152-158）：

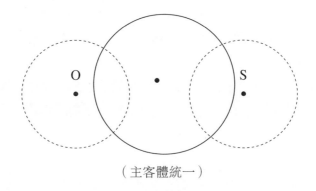

（主客體統一）

黑格爾以主、客體的平衡，作為事物之全面性或同一性的解釋，而這全面性或同一性又無法真正映射現實真相，更無法真正體現個體的特異反應（idiosyncrasie）。由於無法澄清個體處境是否受到環境限定，因此它無能為力讓個體意識到自己的行為、價值和意識等走向。與此不同，評論的靈活性、跨領域與社會參與，可以回應當下激烈變動的現實問題，又能傳達人在消費社會的處境。阿多諾指出：

在評論思想行為裡，其輕盈的靈活度，促使評論比起思辯思想更激烈，因為評論不盲目地、無意識地進行，而是每個時刻得自身反思。〔…〕它借助概念，深入概念所進步去的或顯露不出的。〔…〕評論介入之處，為所有組織性科學所看不到的。評論將心思集中在透明處，解放潛伏其中的力量。評論致力於將空間與時間所限制的內容，予以具體化；評論建構鱗蓋疊狀的概念，後者觸及客體緊密性。」（NL 27-28）

換言之，評論所促成的星叢文體，本身就是一種藝術行為，它避開了語言對對象可能的減損問題。就藝術論述而言，也避開了語言對前衛作品可能的減損問題，此舉不僅不再讓藝術哲學停留在美感與美感經驗的傳統議題上，也超越海德格聲稱作品不能由語言表述的看法。

由於評論具有停留在第一時間的認識層次，拒絕出現第二時間的活躍主體的特性，所以它其實是通向未知之域和從新事物（尤其是前衛文藝）取得啟示之鑰。就此而言，阿多諾的評論近似於德勒茲的艾甬時間（aîon），都強調跨域的「活潑現時」（le présent vivant）（LS 13），都游移於社會、歷史、哲學、科學和藝術各種問題之間，拆解僵化的知識結構。

（三）評論的任務

阿多諾的評論與黑格爾辯證法最大的不同，乃在於前者的機動、跨域和游移性。以游移性改變黑格爾在個別與普遍的統一邏輯，恰顯出評論是以個體獨特的殊異反應與去疆界化為宗旨。作為延續啟蒙運動理想的（擬想性的）主體哲學，黑格爾無法實質介入個體與社會關係，乃至於無法意識到社會勞動、政治管理、行為合法性等複雜的限制系統，更無法應對越界的前衛藝術現象。

　　這也是為什麼辯證法無法展現外向批判效能，更不能幫助人反思自己思想與環境的限定關係。也就是說，黑格爾辯證法應付不了，在消費社會質變的溝通系統裡的主體異化處境。

　　這個詭譎的消費社會是什麼呢？它是個體行為、性質和價值之全部，同時也是個體之否定：

　　由經濟所決定的社會朝向（永遠支配人之身心結構），令個體擁有存在自主安排之手段發生萎縮。自從思想成為分工的一個領域，有權利的專家和領導者之打算，便是讓個體規劃自己的幸福，成為多餘。那麼，對個體而言，因馴服和就就業業的適應現實而引起的非理性，則成為比理性更合乎情理。（Adorno et Horkheimer 1989:211-212）

　　便是在這意義下，阿多諾認為，黑格爾辯證法呈現的只是全面性和同一性，然而這全面性和同一性相對於現實社會卻是不真實的；黑格爾想要藉辯證法認識真實世界，然而這真正的世界卻與辯證法下的真實世界，相距甚遠。他們思想上的差異如下：

	邏輯精神	語言特性	意　圖	功能	知識性質
黑格爾辯證法	穩固性同一性	概念	主體性真理	否定（擬想的自我啟蒙）	普遍性全面性
阿多諾的評論	游移性非同一性	非概念	新認識論世俗真理	否定（歷史、文化和社會批判）	特殊性通向未知之域

　　知識本身或思想本身，本不應排除人在現實中的失敗、苦難或退化。這一點恰可以解釋為何阿多諾看重前衛藝術，以前衛藝術作

為評論場域。正如奧地利學者齊瑪所觀察到的：阿多諾美學是憑藉前衛文學和前衛藝術的新語言形式，作為評論語言的發展依據，作為批判傳統主體哲學的論據，他把前衛藝術看做社會語言學（參閱Zima 1985 :110-111）。這是從前衛藝術越界的問題性，擺脫學門區分和編年學（chronologisme）的時間限制，向書寫、文體，乃至向哲學身分、知識問題和藝術哲學方法論丟出一連串全新的訊息：

1. 評論以客體優先，伴隨隨機和偶然的多重視點方式，擺脫主體哲學的侷限，重啟新的思維可能與新的知識領域；

2. 評論以客體優先，越過主體至上，真正傳達人與社會的交鋒實況；

3. 評論以客體優先，它的質疑性、模擬的表達方式，意味著本能的解放。這是以經驗的我（moi empirique）為中介的；

4. 評論以客體優先，穿越客體情況，因此有可能偏激或發生錯誤，例如最常出現越出客體之外的表現性評述。阿多諾的辯護詞為：即使爭議性的評論，都是人擺脫束縛、渴求自由的表現。

四、阿多諾的評論操作模式：瓦解概念

（一）評論引出星叢文體

《美學理論》乃是由大小片斷組合而成的書。大小片斷有各自議題，每個片斷幾乎就是一個世界。在這個激進的非概念或碎片論述中，之間的連結仰賴的是存在於多重視點內部，奇特的疊合空間中的同言反覆（tautologie）。

為了實質瞭解評論越過同一性、系統和理性中心主義的操作模式，我摘錄《美學理論》的一章：〈死亡的模擬與和解〉（"Mimésis du mortel et réconciliation"），作為分析對象。為什麼這一章？答案很簡單，《美學理論》乃由片段章節組合而成，每個章節雖互有關係，但自成小世界，相對於其他章節，〈死亡的模擬與和解〉較集

中在討論前衛藝術性質上，其中的核心論點——模擬與和解，堪稱為阿多諾美學主軸。我的目標有三：其一，透過句子和句群聯結方式之分析，理解阿多諾如何進行非概念、非系統、非同一和非理論的文體；其二，透過語意分析，理解評論的對象、範圍和內容，從含糊不清的多重視點，整理出他對前衛藝術的認知態度；其三，討論阿多諾與新世代美學的關係。

〈死亡的模擬與和解〉譯文如下（為了論述需要，我將整個章節分成五個句群，分別標以ＡＢＣＥＤ，以及十八個主要句子，分別標以①到⑱）：

Ａ①不過，「真理內容」這說法，就作品言，乃是否定現實的。談論藝術作品所以越出，唯一方式在於闡揚「這是怎回事」，使之達到光彩奪目狀態。藝術形而上學激烈要求與其來源——宗教區隔開。②猶如藝術作品本身是一種絕對，後者也確實體現其中。因為藝術作品具有絕對性質，導致盲目，使得內涉真理的語言晦澀不堪；也因為語言內涉真理，藝術作品同時具絕對和不絕對。Ｂ③在朝向真理的動作中，藝術作品需要概念，但避免以真理為名。④此動作不依賴藝術，而是以否定性建立範圍，或者說否定性便是真理。⑤透過客觀化法則，藝術作品先驗上是否定的；藝術作品會消滅客觀化的東西，擺脫與生活的直接性。藝術作品特有的活力仰賴死亡。⑥此觀點是界定現代藝術品質之衡量點。⑦現代作品模擬地眈於物化，眈於死亡原則。避開死亡，建立藝術虛幻時刻，自波特萊爾以來，藝術試圖擺脫虛幻，但不任憑令藝術成為事物。現代藝術之先驅——波特萊爾、波耶，皆為第一批如此的技術專家。沒有毒物附加物、活力東西之潛在否定，藝術針對文明壓迫之抗議，將只是無能為力的慰藉。Ｃ⑧從現代藝術之初以來，假使藝術吸納陌生事物，並融入形式法則，而沒有全部變動，那麼藝術模擬——達到蒙太奇剪接程度，便陷入藝術對立面。⑨這是社會現實強加於藝

術引起的。⑩雖然反社會，但藝術仍然沒有直接批判的能力。藝術只能藉對抗同一化，而成功地反社會。這便是波特萊爾進入天真和幼稚的邪惡內涵，完全超越資產階級的道德批判。如果藝術以直接方式，對抗嚴密的社會系統，那麼會尷尬不已：這是為什麼──如同貝克特《終局》的典範手法，藝術應以去藝術，本能的攻擊社會。D⑪藝術唯一介入社會的方式，乃是死亡；在此，藝術同時是批判和形而上的。藝術作品透過成形事物，類似透過技術過程，其起源就是由事物界而來；藝術作品沒有那個部分屬於這世界，也不是事物界之摘錄，它是付出死亡代價的。此乃按照死亡特徵，藝術作品參與了和解。⑫同時藝術作品繼續依賴神話。每件藝術作品皆有各自的埃及特徵。為使曇花一現的事物得以永恆，作品事實上摧毀了它。基於如此原因，我們在作品的統一體裡，在此作品類似古代儀式場所擁有治療創傷的事實，找到和解觀點。⑬讓藝術作品成為統一體，──即使作品仍為解體狀，而放棄參與現實──同時斷絕現實的控制，理性就此取得某種純潔的東西，雖然仍可在此偉大的藝術統一體裡察覺社會暴力之回聲。但放棄現世，精神也成為有罪。⑭在藝術作品裡，模擬動作與傳達中斷，不僅給無個性的自然帶來損傷。美感影像乃是迷失於渾沌自然之焦慮的反作用。⑮多樣的美感統一體，顯示它並不曲解多樣，而是取自多樣。這正如統一體，──歷來是分歧的，與和解相近。E⑯在藝術作品裡，神話破壞的暴力減弱了，此種再述說的獨特性，神話發揮於現實中，透過最接近的關注，將作品推向與眾不同。⑰在藝術作品裡，精神不再是自然的主要敵人。精神自我克制趨向和解。藝術不再像古典主義所要的和解；和解指的是藝術感受非同一性的態度。精神不能識別非同一性，而是精神與非同一性合為一體。藝術憧憬自己特有的同一性，這事實使它同於非同一性；此建立了模擬本質之當前階段。今日，和解作為藝術作品之態度，正發揮在作品形式迫使它放棄和

解觀念的情況下。在形式裡，這種不可和解的和解，其條件為藝術非現實性。⑱藝術非現實性一直以意識型態威脅藝術。但藝術不陷入意識型態中，而且意識型態不是指責──就此認為藝術排除了整個真理。在藝術真理裡，在經驗現實拒絕和解裡，藝術為意識型態共犯，而且使人相信和解早存在那兒。由於先驗性，藝術作品屬於有罪背景的一部份。藝術作品成功超越錯誤，而被迫付出代價，原因在於作品語言傾向於緘默。貝克特稱之為一種緘默之非神聖化。（TE 175-176）

　　從上述摘錄的〈死亡的模擬與和解〉便可看出阿多諾為了瓦解概念、避開系統和反對同一的傳統敘述法，所呈現的評論文體，特色如下：

　　1. 聲音邏輯：不管章節長短，從第一個句子到最後一個句子，所有句子完全不分段落地擠在一起。可以強烈感受到，聲音是阿多諾文體另類的語言思想（pensée du langage），當然此並非指真實的音樂的聲音，而是從如其所是的聲音角度，彰顯句群整體的聲音形象，避開理性中心主義的語言思維，讓文體處在抽象的還在發生和正起作用的未完成感。

　　2. 星叢（constellation）：句子與句子之前後關係，既不太利用連接詞，也不建立在因果關係上，更不見得一定有直接關聯，而是一種並置（parataxe）（NL 307）或並聯式的組合。此文體是在「說」（dire）和「已說」（dit）之間，創造非思想（non pensée）空間，如同星座與星座共同組成神秘深邃的夜空。此種文體阿多諾稱為星叢。

　　3. 格言式句子：每個句子呈獨立狀態，類似格言。阿多諾應用格言句子到另一個格言句子之間的聯結關係，並認為那裡有形成新意義的可能，此種新意義不依賴前後因果關係。這種表現方式，相

當程度善用格言形象或文字形象，避開給予明確的論點，傾向於利用謎樣形象和某種語境，讓文體處在作用之中。阿多諾堅信，凡語言太直接傳達意義或觀點時，必然減弱句子和文字自身的能量。

4. 晶體（cristal）：並聯的句群或章節，不管彼此是否矛盾，而依賴彼此語意的同範疇關係，交錯形成類似晶體的多面語意。密集的思想運作，可比做地毯編織和某種陌生語言的初次嘗試，以此越過了熟練、專斷和單一。

5. 運動狀態與瓦解概念：策略性地使用傳統美學概念，諸如藝術、精神、統一體、真理、意識、虛擬、主體、客體和客體性等，置入前衛藝術論述場域，在多重論證和日常用語對質中，將概念逐出居所。這是透過並置的星叢文體，製造非界定的、脫序的、擴張的運動狀態，拆解概念的固有內涵。

6. 同言反覆（tautologie）：經常出現同言反覆的情況，似乎每次的反覆，會因句群的論述議題，而產生因時因地而加深觀點的深層與細膩表達。阿多諾利用同言反覆來呼應或聯結各個章節。

7. 無法翻譯的文體：由於欠缺系統和推論邏輯，也由於太多的跳躍和突然，語意不明成為文體的特色。

8. 晦澀：以片斷、多點和不完整性勾勒思想輪廓，從而流露不穩定性和不確定性。如果不瞭解西歐近代美學和哲學的演變與議題，面對如此碎片、晦澀、幾乎失去溝通的評論文體，是無法閱讀的。儘管如此，文字基本上還是跟隨著論述的內在運動，它有其獨特的行進路徑；而此緊張的文字鉸接模式，不能忽視背後所承載的社會張力與時代課題。

9. 多點批判：以多點批判歷史、文化和藝術問題，形成三稜鏡式的變幻和流動，避開二分法、整體概括和因果關係。評論是沒有方法的方法，它趨向於探索，憧憬烏托邦。

10. 理論與其書寫風格彼此是不可分開的。

11. 系譜史觀（藝術史、思想史與社會史）：整個章節提及的藝術或藝術作品，指的是活躍於十九世紀下半與二十世紀下半的前衛作品。《美學理論》主要論及的現代藝術家大約在三十位左右，儘管所論的藝術家不全面，但卻以這些藝術家，作為批判過去藝術史、美學參照點，拉出一條獨特的、系譜性的藝術視野。

（二）評論引出新的藝術認識論

A和C段重要的論點有三：1. 從藝術作品汲出真理內容；2. 此真理內容傾向於否定社會；3. 藝術作品並非完全是絕對性質。

這三個論點涉及到阿多諾對現代作品的評價，此評價建立在前衛作品兩個相互關聯的否定性上：一邊衝撞社會藝術價值觀的否定性。指前衛作品結合現實事物，經過客觀化或物化過程，導致出現非藝術形態，從而背離時人的美感習慣與藝術認知。此階段的否定性，出自藝術家與工業社會複雜的衝突關係。另一邊，非理性模擬的否定性。指前衛作品為媒材、意識和非理性身體的模擬過程，在阿多諾眼中，它是一處避難的精神掩體。衝撞社會藝術價值觀的否定性，涉及藝術的現實化或平凡化，抗拒的是社會、歷史和文化整個體制；而非理性的模擬——異質並置的語言部署，則涉及藝術家轉化異質物，擺脫與生活的直接性，忘我地沉迷於想像世界。此兩種否定性便是阿多諾心目中的真理內容，以晦澀的方式隱匿作品中。

也因為前衛作品兼具自治性（自為的語言）和社會行為（以自治性對社會表態），所以現代作品已越過絕對，不再是形而上的東西。

B段與A段有部分重疊，例如第①③④句，主要內容是由模擬衍生出死亡（第⑤句）與技術（第⑦句）兩個新觀點，並且進一步指出評論的角色：1. 評論（詮釋）、藝術否定性與真理之關係；2.

現代藝術性質、模擬與死亡之關係；3. 從模擬觀點，標示前衛藝術的表現（expression）與古典藝術的再現（représentation）之差別。

評論的重心在那裡呢？阿多諾揭示作品真理的方式，並非內部的美感或意義分析，而是直接把作品看成真理，看成社會、歷史和文化批判。這種外延或環繞方式，就是以作品問題性，作為拆解資本主義社會、歷史架構、文化習性的論據。因而作為理論場域的星叢文體便格外重要。在此，前衛作品的問題性和星叢文體的敞開性，前者為理論動力，後者為跨域的交鋒場域，乃阿多諾批判理論不可或缺的要件。這是為什麼他會說：「透過客觀化法則，藝術作品先驗上是否定的」（第⑤句）的理由。

至於所謂死亡，乃阿多諾對前衛作品的去主體或非我現象的說法。也就是不管藝術如何地越出傳統的作品原則，如何地世俗化，阿多諾深信前衛作品依然是自治性質的。不過，它異於古典藝術的地方，在於前衛藝術家經營作品的過程。古典藝術家以延續創造作品，強調繼承、重複和記憶，而前衛藝術家則是摸索、不確定和冒險。此搜尋性在於經歷媒材、技術和非理性之模擬過程。這個兼具虛構、物化和非理性的複雜模擬過程（不同的藝術家擁有不同的模擬手法和過程），類似大熔爐，將所有非同一性的元素轉化、拼裝。整個搜索性過程，阿多諾稱為去主體或非我的死亡。

也是由去主體或非我的死亡觀點，阿多諾指出前衛藝術是表現的，有別於古典藝術的再現。死亡、模擬和表現，構成他的現代藝術認知：其一、前衛藝術既不事物化，也不眈於心靈慰藉；其二、它不虛幻，而是以獨特方式遂行「文明壓迫之抗議」（見第⑦句）。

D和E段評論了死亡、和解、神話、精神、統一體、非神聖化和古代儀式場所等的關聯性。此段第⑪句完整地說明了藝術從吸納現實事物，經挪移和形塑，到光彩奪目的自治世界，當中藝術家的意圖也隨著模擬而發生轉變——去主體和死亡，最後作品越出現

實世界，不再是這世界的摘錄。第⑫句以古代神廟具有療傷止痛的慰藉功效，形容作品統一體（unité）。經過模擬形成的作品自為體，為藝術家與社會的和解象徵。這便是阿多諾著名的和解觀點，最後他說：「此乃按照死亡特徵，藝術作品參與了和解」。

值得注意的是，作品如其所是的自為體，雖然斷絕和現實的關係，但仍會留下非同一的痕跡，流露「社會暴力的回聲」。所以在第⑮句，阿多諾將自為體定位在不具共相的範疇，換言之，作品自為體是形形色色的、分歧的（大多數呈解體狀），由藝術家自己認定，此見解說明了現代藝術與古典藝術的和解，在本質上的截然不同。同樣均具有精神避難性質，前者的和解夾雜著現實的恩恩怨怨與矛盾，後者的和解則是形而上的感性妝扮。

現實化與避入模擬世界，乃是藝術對現實世界不願和解的表態，而它在模擬中獲得宣洩或紓解，最終以世俗化（非神聖化）的語言緘默呈現。從這樣的角度，阿多諾將前衛藝術推向一個由含糊的星叢文體下的不可和解的和解（第⑰句）的藝術性質。〈死亡的模擬與和解〉雖然字量不多，但已展現一個前衛的藝術認識論的雛形，後者包含三個核心範疇：作品自身範疇、創作過程及其延伸論述範疇和前衛作品與社會之關係性論述範疇。阿多諾便是透過此三個範疇，鋪陳批判性的工具理性系譜、藝術語言暨社會系譜、藝術理論系譜。此新的論述領域，如下圖：

星叢文體的含糊世界：「不可和解的和解」的論述場域

現實的物化世界（藝術根源）	物化／客觀化／現實化 不可和解 關注與貼近日常現實 非同一世界 （世俗神話） （藝術作品與現實之關係論述）	前衛作品的世俗化／非神聖化之緘默性（真理內容）
模擬過程 死亡 表現	語言或媒材的玩弄 虛擬 去主體、死亡 自為的語言 本能、直覺、偶然 （創作過程及其延伸論述）	
敞開與自為體（現實真相或分歧的外貌）	和解 非現實性世界 分歧的藝術形態 （緘默） 自治性 （非神聖化） （作品自身）	

（三）阿多諾評論引出的美學論戰

與阿多諾的評論性質相近的思想家，首推德希達。雖然他們的論述方式差別極大，但從前衛藝術模擬現實獲得啟示，進行拆解理性中心主義，強調論述的獨特性和表現性，共同面對語言危機的時代背景，卻是相似的。由於德、法文化差異，他們各自採取不同的批判模式。阿多諾將唯心主義慣用的概念，諸如：真理、主體、思想、精神、統一體和美感等，拿來與現代藝術、世俗語言進行對質，從而讓概念在多重評論中瓦解成開放的運動狀態，但付出語意晦澀、溝通疑難的代價。而視概念為形而上殘渣（résidus métaphysiques）的德希達，則以語法學（grammatologie）進行哲學、理論和系統的解構。一個用中止（suspension），另一個用差異（différence）和延異（différance）。他們的激進思想在八十、九十年代達到發展高峰。但同時批判他們的理論也風起雲湧，直接促成當代美學論戰。

針對這個美學論戰，已去世的法籍學者羅斯里茲（Rainer Rochlitz

1946-2002）將這些文章收集在《後阿多諾的美學理論》，並且加入
精闢的評論。下面的分析，便是出這些文章和羅斯里茲的評論。

　　我認為，儘管羅斯里茲指出論戰集中在阿多諾的《美學理論》
兩個核心論點：1. 藝術自治性與社會意識為一體兩面；2. 以前衛
藝術的非理性表現，外延地進行歷史、文化、社會和哲學批判。
但引爆此論戰的根本源點，其實來自哈伯瑪斯（Jügen Habermas
1929-）一九八五年出版的《溝通行為理論》（*Théorie de l'agir com-
municationnel*, TomeI, II）的區分（différenciation）觀。

　　在哈伯瑪斯看來，類似阿多諾將前衛藝術看成社會與歷史批
判，無疑是將可區分的領域學科（藝術、批評、法律、社會、政
治、道德、語言、科學和哲學等）全部混雜一起，阻礙了溝通
（communication）效能。他認為，能準確抓住前衛藝術本身的問
題，惟有前衛藝術本身的演變過程及其學科本有的現代理性，才
有效。他批評阿多諾將藝術推向社會，不只忽略作品感受問題，而
且模糊了藝術獨特的知識性格。將哈伯瑪斯如此的想法，帶入前衛
文藝的接受領域，便是參與這個論戰理論者的中心思想。這個論戰
其實也不是論戰，因為針對的沒有反駁可能，已去世的阿多諾，儘
管後期加入一些捍衛阿多諾的理論者如吉姆內茲、羅斯里茲和齊瑪
（Pierre V. Zima 1946-）。

　　這批美學家姚斯（Hans Robert Jauss 1921-1997）、比格（Peter
Bürger 1936-）和博萊（Karl Heinz Bohrer 1932-）為文學評論者，
另外比普納（Rüdiger Bubner 1941-）與魏默（Albrecht Wellmer
1933-）則為哲學家身分（前期較持正面態度的只有魏默）。他們認
為，假設前衛藝術具有社會意識或真理意味，是過度估高的，尤其
阿多諾視前衛藝術為實體理性，以之抗拒工業社會的工具理性優
勢，這樣的論點，既違背前衛文藝的多元性，也不對哲學發展有實
質的幫助。因此他們主張：藝術歸藝術，哲學歸哲學，社會歸社

會，歷史歸歷史不應全部混為一談。前衛文藝如果存有文化歷史的起承轉合暗示，那是有心人的過度聯想，文藝作品自有其感受性，而非應用到歷史領域、社會領域或哲學領域。如果哲學面臨瓶頸，應由哲學的方式解決，而不是讓不同質材表現的藝術代勞。

這批理論家與阿多諾的衝突，說明兩個不同世代的理論家基於本身所處環境的不同理論課題。阿多諾屬於現代性領域的主要理論家，主要著作《否定辯證法》、《美學理論》對於西歐整個哲學、美學及文化型態的質疑，清楚地形象出法蘭克福學派面對極權思想及工業社會不妥協的批判精神。這批中生代的理論家，則屬於現代性顛覆思想過度泛濫的後工業社會。他們的理論主要表現在，一切思維、價值、審美準則解體下，如李歐塔（Jean-François Lyotard 1924-）所說的思想廢墟的「後現代情境」，要求一種可溝通的對話精神，希望以較正面的感受，接納不斷挪移、具地域的、更私密的和異想的現代、當代文藝。這個美學思潮，主要呈現在三個基點：

其一、以溝通及協調，取代現代性充滿顛覆情愫的批判與質疑，作為美學理論的思維基點。在亟盼喘息及嚮往秩序的後工業社會裡，阿多諾式的不斷革命論就被視為是堵塞同歷史及現實對話的禍首。這些理論者在不反對現代性的批判精神前提下，重新提出被阿多諾視為失效的概念思維：語言邏輯及語言溝通原則。

其二、主張更開闊的美學經驗（expérence esthétique）。改善阿多諾第二時間的歷史、文化和社會批判，認為美學理論應該回到語言有效的溝通力，而不是阿多諾星叢文體那樣破壞語言機能。對他們而言，阿多諾眼中的前衛藝術家（卡夫卡、荀白克、貝克特、梵谷、布萊希特和畢卡索等），在整個豐富的現代藝術史裡僅是部分的而已，理論者應包容現代和當代各類型的藝術作品，接納它們的形式、想像力或美感等，正面地串連作品與歷史的銜接關係。從歷史解釋現當代作品形式的變動情愫，進行交流。這種開闊的美學經

驗，並非傳統美感經驗的孤立和愉悅，而是強調跨領域和多角度的美學經營。

其三、反對藝術有所謂真理的設想。美學理論應該扮演現當代作品與文化歷史的溝通橋樑，而不是一昧將藝術作品當作真理顯現，用菁英或尖子角度衡量。

儘管主張開放的方式接納現代和當代文藝，但這個新思潮卻只停留在反對阿多諾美學對藝術作品的應用[27]上，而令人覺得有點空泛。不過，這個批判阿多諾美學的思潮，卻實質揭示了所謂政治美學的特徵。這讓我們有進一步了解的動機。

（四）比格、博萊、姚斯和齊瑪的批評

比格、博萊、姚斯和齊瑪批評阿多諾美學，主要集中在四個議題上：

第一個議題，從美感理論出發，質疑阿多諾評論的估高（surenchère）行為，將藝術作品看成歷史、文化和社會的顛覆文本。這方面的批評以博萊為代表。

傾向於叔本華的美感主義，博萊反對阿多諾美學的藝術真理之估高理論。他認為「不應有所謂的正確知覺，也不應有所謂符合客體的主體表現，既然主體與客體乃兩種絕對不同的範疇，只有從另一個角度看待之，這就是一種美感態度。我們只能以自己進行美感判斷，而不應透過推理。」（Bohrer 1990:159）

這種以純然忘我的感覺主義接近藝術作品，本質上仍有別於叔本華的美感沉思，因為後者不完全是為了進入解脫狀態，而是以朝向普遍物種之理念和感知主體為最終標的。

博萊對阿多諾美學的批評，允許我們進一步理解，阿多諾之所以側重啟蒙和救贖的論證，將藝術問題提到馬克思的社會批判，以及某種超越性的理念層次，不是出自馬克思或叔本華理論的啟示，

或自己想當然耳，而是和前衛文藝以衝撞美感範疇展現問題性有關。換言之，如果美感理論在《美學理論》還佔有位置，那絕對是作為前衛作品的問題性而言的。博萊所主張的美感的美學性質，恰是阿多諾所反對的：美學在於捕捉作品的實際情況，同哲學思想會合，共同對曇花一現的作品作適切的揭示，讓我們瞥見藝術性質的變動問題（參閱 TE 456）。

第二個議題，批評阿多諾所引出的真理—否定—死亡—和解的藝術體制，具有反前衛的傾向。這方面的批評以比格為代表。

在比格眼裡，阿多諾美學捍衛自治性，並以之為和解象徵，乃是基於一種現代性立場，此立場違背前衛主義致力於消除藝術與日常生活之界線。在〈阿多諾美學的反前衛主義〉裡，他說：阿多諾的現代性「明確地在藝術與生活之間劃上界線，無論是強調美感的純粹觀念，或主張思想能把作品抗議內容彰顯出來；至於前衛主義，則在於超越藝術與生活界線。現代性和前衛主義本質上的不同，出自於彼此分歧的立場，如現代性反對文化工業或普羅藝術的立場，這是基於保護藝術自治性，而前衛主義則強調世俗化，展示與生活的聯繫」（Bürger 1985:89）。換言之，基於藝術與日常生活的前衛發展角度，比格擁有較遠的距離，指出前衛藝術之核心精神乃以去藝術為目的，這和藝術現代性以啟蒙和和解之主張大不相同。

比格並不質疑阿多諾應用現代性藝術的問題性，對質於「傳統美學理論範疇」（主要是唯心主義美學），乃至以此作為歷史、文化和社會批判的理論方式，而是不贊同阿多諾以和解詮釋現代性藝術[28]。他認為阿多諾夢想看到藝術經驗與美學理論可以相互輝映，並由其中檢視既有美學理論範疇，如此的做法確實取得珍貴的成就（參閱 Bürger 1990:173-174）。不過，比格不贊同阿多諾以現代性藝術為論據，將康德美學的目的自身和黑格爾理念的藝術認識論

看成是抽象理論，尤其把唯心主義的藝術觀理解成形而上，從而做出美學這一概念不適合用來討論前衛藝術的結論。在比格看來，唯心主義的理想藝術觀和藝術哲學設想，仍可用來解釋前衛藝術的裂斷和抗議問題，特別是席勒（Friedrich von Schiller 1759-1850）的自治性美學，可用來解釋藝術與物化的關聯性。有別於阿多諾全盤否定的方式批判傳統，比格主張應接受前衛藝術的裂斷（rupture）性格，並透過裂斷問題來轉化和擴張傳統美學。從比格較強的觀察性來看，恰可看出兩個世代，面對歷史前衛運動的不同立足點，一個「陷入批判資產階級個人主義不可自拔」（Habermas 1990:247），一個則身處李歐塔勾勒的後現代，對歷史、文化和社會持溝通的立場。

第三個議題，批判阿多諾美學缺乏社會溝通功能。這方面的批評以姚斯為代表[29]。

姚斯批判阿多諾美學的立基點，建立在現代作品的社會溝通功能之要求上。此功能在阿多諾美學是缺席的。

對姚斯而言，面對現代藝術時，感受力所以能在作品、歷史與社會之間發揮溝通作用，那是必須拋開藝術—真理—否定的單義認知才有可能。姚斯認為現代與當代藝術的創作基本上是一種遊戲行為，一種想像力的感性發揮，儘管其天馬行空特性與工業社會講求實效彼此不協調，但它的價值是功能性的，不應該像阿多諾硬拉到社會、文化和歷史的顛覆上。他主張，現代文藝可以讓觀者進入當下認知、作品效果及美術史的辯證中，以及取得知識的自我提升和擴張，正在於作品自身憧憬新奇所表現出來的行動意志；觀者是從作品的行動意志，發揮自身的認識力，將作品效果、藝術史與自己的認知聯繫起來。因此如果現代文藝真的含有真理，那不是出自哲學預設，而是出自作品本身的行動意志及其藝術史訴求。整個這樣的認識力涉及態度、感覺及詮釋等複雜作用，姚斯稱為可無限擴張

的文藝溝通（communication littéraire）：

> 就康斯坦茨學派而言，美學功能，是出自藝術作品對於現代社
> 會之否定性質或批判性質，而護衛了現實視域，美學功能便是透過
> 作品的現實視域，而使美學經驗擺脫愉悅，進入社會的溝通功能。
> （Jauss 1981: 1128）

姚斯的文藝溝通，實質就是發揮感受、知覺、連結和判斷諸能
力的綜合美學經驗。由於強調感受力的敞開和認識力的擴張，已經
遠遠超出康德的主體目的自身。

姚斯認為阿多諾把現代作品看成歷史、文化和社會否定，不只
是一種預設行為，而且也簡化了文藝作品的複雜性，以及人對藝術
的殊異感受。每個人的感受力會因不同的藝術作品發生擴張作用，
其情節將是因人而異的，如何剖析此複雜的交往經驗，以及如何賦
予哲學解釋，才是尊重多元的現代作品和人之差異性應有的態度。

那麼如何進行姚斯所謂的文藝溝通呢？他提出三個階段論：
「第一階段為知覺視域，第二階段為反思視域，第三階段為歷史參
照與重建」（Jauss 1988:357）。此三個階段論具有藝術—真理—感受
互為的敞開特性[30]，不僅有助於人的感受力與認識力的擴張，也能
直接影響社會。

第四個議題，批評阿多諾的非概念、非系統和非同一的星叢文
體（評論）之偏頗。這方面的批評以齊瑪為代表。

他認為《美學理論》的星叢文體傾向於句子並置，從而形成晦
澀含糊的語意，乃是受到賀德林（Hölderlin）的影響，不過卻只強
調越出傳統因果關係、系統和邏輯句法的傳統敘述法這部分，而略
去賀德林作品由並置取得的豐富意向。阿多諾所稱並置的分裂邏輯
（logique de la désintégration），其實只為了符合自己設定的哲學和

思想訴求。齊瑪說:「雖然阿多諾並置文體有其細膩和洞察入微的特色,但評論的角度並不擔保對事物之獨立性格的尊重。仔細閱讀《文學評論》的〈並置〉和〈賀德林稍後的抒情詩〉,會有種印象,認為阿多諾歷史和批判詮釋是那麼片面和簡化,類似德國存在主義學者海德格論述的保守與愛國」(Zima 1985:113)。

齊瑪指出阿多諾為了達成自己的思想要求和獨特語體的需要,不惜排除賀德林其它的詮釋角度,正如同海德格誇大賀德林詩中的日爾曼和基督教元素一樣。同樣的情形也發生在他評論超現實主義。阿多諾過度強調超現實主義和表現主義,在於同極權和蒙昧主義作搏鬥,卻視而不見「布賀東(André Breton)與超現實主義團體的暴力主張」(115)。

另外,齊瑪認為阿多諾避入並置的語言世界,不只產生晦澀而已,而且也陷入某種語言物化(aliénation du langage),對大部分的閱讀者,不管是德語或其他語言譯文,大都有無法順暢閱讀阿多諾論文的問題。

在這種情況下,為改善阿多諾的語言困境,他提出如下補救辦法:要求文字的貼切、分類和條理,作為基本的敘述結構,因為文字表現和其對象必須具備可相互對話的溝通可能,才能有效發揮文字效能(121)。齊瑪的批評,很能反應歐洲批評者對《美學理論》有某種「不可原諒的含糊」(114)之專斷性的普遍看法。

不過,法籍學者吉姆內茲(Marc Jimenez)則從星叢文體的表現性駁斥齊瑪,他認為阿多諾評論所統合的否定、異化和解構,來自於回應時代的必要策略。他說:「非邏輯的、模擬的和非意識的反向方針,是齊瑪所痛斥之處,但那是他將批判理論定義在矛盾外貌上。阿多諾的反向及造成晦澀文體,實應看作戰略選擇,一種表態和反擊方式,也就是《美學理論》作為當代問題之表態和晦澀文體,皆為拒絕現狀之手段。如同並置的文體,切斷推論性的意群,

肯定模擬，乃是反擊虛假客觀性、假的透明和虛構普遍性之因應之道」（Jimenez 1986:132）。

上述的正反觀點，只是《美學理論》出版以來，圍繞在阿多諾評論風格的美學論戰部分。確實阿多諾評論的非概念文體及其跨域性，是一切批判言論紛至沓來的導火線。我們發覺，上述評論者都是阿多諾著作之忠實閱讀者，所持的批判論據，也可在阿多諾理論找到原點，其方式有點類似拿阿多諾的左手批判其右手。

儘管如此，諸多批評形成的思索範圍，有助於世人理解阿多諾脫序語言與跨域藝術評論的訴求：以新的認識論深層回應知識、歷史、人的價值、思想和藝術危機的時代問題。

結論：評論通向問題性的星叢文體

作為哲學、社會、歷史和藝術各種問題的交鋒場域，此評論最終通向具問題性的星叢文體。這是由兩種力量的扭絞所造成的：

1. 脫序的語言表現：以不斷變化和起作用的文體，介入那看不見和非思想的陌生領域。由於文體並不在意所謂切題與偏離的差別，而是在意是否多視點、濃稠和厚度，議題是否能自由出入，因此整個場域是徹底開放的；也因為強調多視點、濃稠和厚度，含糊晦澀、類似迷宮、充斥相互矛盾的觀點和隱匿便成為其特色。這讓文體會處於不斷變化和起作用中。

2. 碎片狀的陳述：星叢文體格言式的碎片句子，乃屬於非我現象，對抗的是個體的主體（sujet individuel）。阿多諾將藝術、歷史和各種陳述，置於某種無政府主義（anarchisme）和某種肉慾的烏托邦（utopie sexuelle）狀態，由此減弱「理性之我」的征服慾，但也造成同言反覆、語句間不融合性，以及放任語意與觀點懸而未決。雖拒絕了理性、意識、計算和推論，但也造成陳述的碎片狀。此疑難在於：排除了傳統主客體的認識論，還算是認識論嗎？而避

開了意識性的歷史主義，讓陳述進入破碎的表達狀態，還算是表達嗎？

第二個問題涉及星叢文體本身就是以打破「理性之我」的框限，獲取無限敞開的書寫行動，它為訴求一個更為綜合、更為開放的認識論來取代主體（我）認識論，讓認識問題陷入懸置狀態。第一個問題涉及星叢文體本身就是語言極度化的結果，它為訴求語言從語言學出走，讓語言陷入物質化狀態。

就此而言，與其說星叢文體是展示敏感、憂鬱和希望，強調游移於各式理論，散發動人思想潛能之作，不如說是以自身的疑難對當代問題作出表態。

我之所以拿來對照笛卡兒知識原則和黑格爾辯證法，並且列舉當代學者對阿多諾美學的批評，主要是為了有足夠的前後距離，審視這個激進的思想行為。

最後，我的看法如下：阿多諾同時將哲學、前衛藝術、社會思潮、歷史文化、烏托邦憧憬和世俗世界等觀點併入評論裡，以類似稜鏡多面之星叢文體，強調「語言表現之潛能」（potentiels d'expression langagière），遂行瓦解概念、系統、規則和同一性，直指一個映射時代脈絡的語言表現範疇。

此種先鋒態度，在於將十九世紀以來的分工的現代性，推向跨領域和眾聲喧嘩的多元解放時代。猶如一面鏡子，阿多諾所啟開的反體制模式，堪稱是繼尼采之後，針對工業／後工業社會理性體系最具警覺性的思想典範之一。

參

前衛藝術的模擬語言：
世界轉變徵象、異種芬芳與系譜

藝術之為藝術只以激進潛能表達;在它的語言
和影像裡,那是廢除日常用語的世界散文。
(L'art ne peut exprimer son potentiel radical qu'en
tant qu'il est art ; dans son langage et ses images, qui
infirment le langage courant, la prose du monde.)
(Marcuse 1973 :165)

自尼采(Friederich Nietzsche 1844-1900)開始,歐洲思想界開
始懷疑「概念的論述」(discours conceptuel)[1]。這個被稱為符
號的三元結構[2],從柏拉圖(Platon 427-347 avant J.-C.),經盧梭
(Jean-Jacques Rousseau 1712-1778)和黑格爾,到索緒爾(Ferdi-
nand de Saussure 1857-1913),已累積成一個嚴謹的思維系統。法國
大革命與工業革命之後的政治、經濟和社會結構大變遷,這個理性
和意識的思維體系與複雜的人文狀態便出現扞格情況。反概念的解
構運動在二十世紀達到高峰,最具代表性的四大思潮,包括現象學
(phénomènologie)、批判理論(Théorie critique)[3]、法國後結構主
義和英美分析哲學。除了英美分析哲學以語言自身的調查(如維根
斯坦的語言遊戲),指出概念之普遍或概括定義是不可能的,以及
現象學探索知覺(perception)的問題性之外,如齊瑪提到的「排除
對象內涵,將論述推向表現層次」(Zima 1985: 103),最具代表性
的不外乎分屬批判理論和法國後結構主義的阿多諾和德勒茲。

巧合的是這兩位思想家思維模式極為相似,都是從前衛藝術作
品出發,開展表現的論述(discours expressif)。儘管西歐學界討論
兩者語言表現問題的現有文獻,沒有誰先誰後的紀錄,但以年齡而
言,阿多諾生於一九〇三年,經歷納粹、流亡和戰後的重建,德勒
茲生於一九二五年,屬於一九六八學運的催生者,彼此明顯分屬不
同世代,加上星叢文體代表作《美學理論》出版的年代(一九七〇

年），正好是德勒茲和瓜達里（Félix Guattari 1930-1992）著手文體實驗的起點，很容易產生阿多諾的星叢文體影響德勒茲的印象。

是不是這樣，需要更多的論據。不過現在看來，德勒茲的根莖文體在許多層面和前者的星叢文體有分庭亢禮之勢，倒是不爭的事實。同時，從他們與前衛藝術的密切關係，也見證了符號徵候學（sémiotique）取代語言學（linguistique），和觸覺繪畫取代視覺的再現美學（esthétique de la représentation），這兩個革命性運動不分藝術界和理論界，都一致地涉及意識不受控制的非理性範疇。

有別於德勒茲開展非人稱（impersonnel），阿多諾更直接以批判，深入意識不受控制的非理性範疇。其具體的作法，便是避開作品內在分析，全力關注外貌（apparence/appearance）徵候，一邊討論藝術和作品性質的轉換，一邊將此問題性應用到社會體制、歷史和文化之批判上。這種操作模式，打開了以往藝術哲學從未碰觸的區域：作品自身範疇與應用範疇（外延範疇或連結範疇）。整體而言，無論勾勒新的藝術討論方式，或進行連結、批判，其核心都在於將前衛作品，看成歷史和當代的理性主義（rationalisme）／工具理性的對立面：他稱為「實體理性」。

換言之，阿多諾勾勒實體理性的終極標的，不只是以前衛藝術拆解主體哲學的理性和意識概念（思辨的、推論的和計算的）而已，也進行一種語言離開母體的流亡動作。追根究底，此語言的流亡動作，乃出自對語言（langue）背後的歷史和文化硬核的恐懼，這種恐懼說明白一點便是──語言乃種族主義、極權、戰爭等近代一切惡質之罪魁禍首。所以實體理性的批判，是雙向的：不只應用前衛作品的外貌徵候（語言錯亂）進行歷史、文化和社會批判，更以瓦解語言學的激進星叢文體，反省在歷史、文化和社會框架下人的處境。

這就是為什麼阿多諾將選定的前衛作品，喻為「美人魚歌聲」

（chant des Sirénes）（Adorno 1974: 48）的原因。前衛作品如同具誘惑力的美人魚歌聲，會對「最近之過去引發遐思，挑動人內在之情感和慾念」（48）。

為何前衛作品會挑起人的慾念呢？這就涉及前衛作品的非理性、偶然、身體、遊戲和去主體等交融一起的模擬語言（langage mimétique）。

原來阿多諾從前衛藝術的語言徵候，發現藝術家的表現（expression），已非過去的支控性的再現現實，而是回應現實的結果；同時，也發現前衛藝術叛離傳統藝術原則，造成外貌危機（crise de l'apparence）的原因，乃出自於對世界的極端失望。這就是說，前衛作品非常私密的模擬過程之游牧語言，給了阿多諾將語言帶離溝通功能之外，實踐非概念論述（discours non-conceptuel）的啟示，來因應時代的語言危機和思想危機。

一九五九年起稿，一九七〇年出版的《美學理論》，便是在這種思想背景下，發展出爭議性的評論、格言與並置（Zima 1985: 103）三合一的表現文體。

將語言逐出其文化歷史母體，除了廢除語言背後的歷史和文化的意識型態，更重要的是出自對語言的另一種期待：即唯有避開我思的限定，語言才能敞開給更多角度、更多不同類型的思考和跨域性。所以當阿多諾視論述如前衛作品的模擬語言時，將語言從溝通功能轉換為癱瘓性的晦澀文體，其實就是一種思想訴求。正如德勒茲和瓜達里的《反伊底帕斯》（*L'Anti-OEdipe*, 1973）的非意識（inconscient），也正如德希達的《書寫與差異》（*L'écriture et la différence*）所凸顯陌生流動（étrange mouvement），秉持反擊虛假客觀和普遍性，除有鬆動藝術、意義、真理和學科固有疆界的動機外，更是為了在主體認識論二元框限之外，勾勒具跨域、擴張、流動、未完成和搜尋特性的新認識論或新知識理論。

　　便是從對抗之姿和詆毀文化母體的激進視野，阿多諾深入十九世紀中期到二十世紀六十年代的現代文學、戲劇、音樂和繪畫的外貌變異問題，所討論的藝術家或作品大至集中在：作家波特萊爾（Charles Baudelaire 1821-1867）、普魯東（André Breton 1896-1966）、福婁拜（Gustave Flaubert 1821-1880）、歌德、雨果（Victor Hugo 1802-1885）、易卜生（Henrik Ibson 1828-1906）、卡夫卡、馬拉梅（Stéphane Mallarmé 1842-1898）、普魯斯特（Marcel Proust 1871-1922）、瓦雷里、左拉（Emile Zola 1840-1902）；劇作家貝克特、布萊希特（Bertolt Brecht 1898-1956）；音樂家貝多芬（Ludwig van Beethoven）、蕭邦（Frédéric Chopin 1810-1849）、馬勒（Gustav Mahler 1860-1911）、莫札特（Wolfgang Amadeus Mozart 1756-1791）、荀白克、史塔文斯基、華格納（Richard Wagner 1813-1883）；畫家布拉克（Georges Braque 1882-1963）、達利（Salvador F. J. Dali 1904-1989）、高更、梵谷、蒙特里安（Piet Mondrian 1872-1944）、畢沙羅（Camille Pissarro 1830-1903）和克利（Paul Klee 1879-1940）等。

　　阿多諾另一個重要工作，則是藉這些前衛作品的語言變異，檢視、追溯康德（Immanuel Kant 1724-1804）、席勒、謝林和黑格爾等美學，在《美學理論》裡可以看到這個細膩且獨特的藝術理論系譜。

　　因而前衛作品的外貌變異及其模擬語言，堪稱是阿多諾整個批判理論與否定美學 (esthétique négative) 之關鍵鎖鑰。阿多諾實際的操作模式是這樣的：以過往的藝術理論（或美學或哲學）術語（概念），作為關鍵詞，來討論前衛作品，應用區分和交互作用，使發生四種狀況：1. 澄明術語在過去藝術理論中的原有涵意，以及它屬於過去藝術性質的哪個位置。2. 透過此術語的範圍，去描述前衛作品，指出前衛作品關於此術語範圍的特徵有哪些。3. 兩者交互討

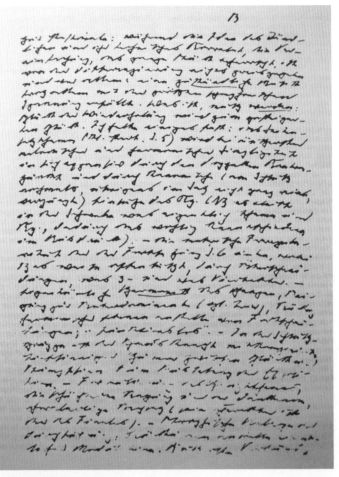

阿多諾書寫貝多芬的手稿，1983 年。

論，輔以過去的藝術理論史，以及相關的現代思想，共同促成「過去與現在」的悖論場域，從而使此術語擺動於相對性的辯證中：其一、讓此術語原有的固定疆界發生動搖；其二、啟開此術語新的視野；其三、呈現非常獨特的藝術理論系譜和理性發展系譜。阿多諾應用星叢文體讓此術語的辯證場域，產生晃動、含糊、多視點和未完成感。4. 由星叢文體所造成的晃動、含糊、多視點和未完成感，

最終讓文體處在正起作用或還在起作用當中、或文體還在繁殖中的狀態。從而達到多重訴求：毀敗語言，達其批判文化和歷史；在主體和客體傳統二元認識論之外提出新的認識論；由此鋪陳以前衛作品為核心的藝術認識論等。

本文以模擬（mimésis）這個術語為對象，討論它的操作方式和內含，重點包括：1. 從三種模擬論述勾勒「作品自身範疇」；2.「模擬」引出的外延理論：受難與異種芬芳的辯證；3.「模擬」與相關術語的連結：我思解體、非人稱與現代性的精神；4.「模擬」的系譜部署：內在性、工作概念與工具理性系譜。

一、從三種模擬論述勾勒「作品自身範疇」

（一）傳統模擬與前衛模擬

阿多諾操作模擬這個術語，首先拉出傳統和前衛兩種場域。傳統模擬主要涉及歷史追溯，目的是探討西歐藝術觀的形式源頭。這個源頭出自亞里斯多德（Aristotle 385-322 av. J.-C.）。

《美學理論》指出亞里斯多德模擬觀最重要的之處，在於指出人的創造直覺乃語言表達趨向同一的關鍵。此認知首度以知識角度看待藝術，從而和工藝區隔開來（TE 166; 281）。這樣的模擬觀念首見於《詩學》：「詩的起源歸因於兩種本能原因：對於人，模擬是本能的；從模擬自然（nature）獲得的滿足，也是本能的。」（Aristotle 1990:1448b-5）

用白話來講就是，藝術模擬自然，並不是複製自然或再現自然，而是藝術家去變化自然、超過自然，完成自然不能達到的領域。亞里斯多德的模擬概念，既是西歐藝術思想史，首度將藝術與現實世界分為第二自然和第一自然的肇始，也是再現美學的基礎，更是古典形式理論的起點。十九世紀初唯心主義美學自治性理論便出自於此。

接著《美學理論》提到這個超過兩千年的藝術認知，遭到前衛藝術的拋棄，拋棄的原因不是人主觀上的作為，而是出自政治、社會體制、經濟活動、技術、倫理學變動諸多因素，引發感覺與想像力基因突變（TE 55）。用班雅明的講法是，前衛藝術及其靈光破滅乃機械複製時代憂鬱和希望夾雜的現象。

為討論這個激烈的前衛運動，阿多諾採用承認（reconnâitre）和認識（connâitre）兩種接近作品的方式：承認前衛作品的語言徵象，以及認識前衛作品為何如此的原因。具體而言，就是將上述模擬概念放入前衛作品外貌變異的論述場域，一邊讓傳統模擬概念扮演負面角色，一邊從前衛作品的反藝術問題賦予模擬全新含意，展開三種模擬觀的激烈詰問。

什麼是前衛作品的模擬呢？他說：「模擬是藝術理想（idéal de l'art），而非藝術的實踐程序，更不是表現的態度。」（150）此藝術理想，指的是在媒材、技術、身體、思潮和社會經驗的交纏中，所形露的東西。也就是說，「模擬」是前衛藝術家在媒材與身體之遊戲互動，經過無數偶然的搜尋過程，留下的「表達堆」（exprimé）和「心理內容」（TE 150）。它因藝術家而異，但都有著「變化」（modification）（150）特色，就像「模糊的照片」（photographie floue）（150）。

它不是支配媒材背後的東西，而是堅忍不拔的摸索和某種不安於位的情愫。所以它不同於黑格爾從理念角度所認知的藝術：「藝術理念涉及個體表現外在現實的存在觀和真理觀，它集中存在之各元素，匯聚為統一體，所鋪陳出來的，能展現個體的全部靈魂。」（Hegel 1995:206-207）換言之，此藝術理想涉及前衛藝術家的精神狀態：一方面身體與媒材的非理性遊戲過程，兼具悲觀的自我救贖與新世界的憧憬之雙重性；另一方面則涉及媒材選擇和表現的理性層面。

也就從模擬的角度，阿多諾指出前衛藝術運動的核心，在於原本只是工具的材料，轉而成為表現本身。這就是《關於音樂與繪畫之關係》（*sur quelques relations entre musique et peinture*）討論荀白克、貝克（Alban Berg 1885-1935）和韋伯恩（Anton von Webern 1883-1945）將聲音和空間視為絕對材質（matériau absolu）此一行為。箇中關鍵在於，前衛音樂家將原本傳統音樂（musique）所要求的節奏水平時間性，轉到以聲音（son）為主體的垂直空間層面上，主要是應用了音色和音色的間隙，讓「音色的霧化效果」（atomisation en sonorité）和「全面佈局的融入」（intégration de la planification totale）（Adorno 1995:36）的交互作用，從而促成層遞（gradation）的「複調」（polyphonie）（36），以及個人音色和段落性格之「層疊稠密效果」（35）。

不僅前衛音樂家如此，「現代繪畫具同時性的個人色彩價值」（valeurs individuelles de couleur dans la synchronie de la peinture）（35）也如此，前衛文學也如出一轍。如喬伊斯（James Joyce 1882-1941）小說的散文風格（style de la prose）：

> 喬伊斯的小說文體，傾向散文風格，為的是消除推論語言（langage discursif），或至少讓語言依附於形式範疇，形成不可認識之形態〔…〕它以模稜兩可建構藝術，同時成為藝術之敵人〔…〕。它最富表現力，和所有溝通語言完全不相容。（150）

關於前衛作品這種奇特的時間感，《美學理論》拉出了一條以康德為起點的時間系譜。這是一條以人的感性或聯想世界為主的時間觀。為何是康德呢？《美學理論》的說法是，他最先提到某種對抗秩序的「內在世界的幻象」（illusion d'un royaume intérieur）（TE 154）。正如康德自己的說法，時間是「感性直覺的純粹形式」

（Kant 1980:98），既純粹又「不獨立於現象之外」（101）。至於介於康德和前衛藝術之間的中繼人物則是黑格爾，因為他從辯證法的瞬間同一性所發展的理念認識論，正是奠基在康德的時間觀上。

顯然，我們看到阿多諾應用「模擬」論述前衛作品時，是無所不用其極的。既有時間系譜，也細膩地關注前衛音樂、繪畫和文學，當中論點主要側重於：新的模擬所以生氣勃勃或撼動人，不是由於自身生氣勃勃或撼動人，而是以突破或攻擊古典模擬而取得其生氣勃勃或撼動人，從而賦予模擬的事件特性，使之完全敞開來。

模擬就此成為不可測、探詢、實驗和冒險的代名詞。它是奇特的旅行，不過並非是賞悅奇花異草的旅行，而是因不安於位要求殊異視野而陷入黑洞的掙扎過程。它是冒險的，不過並非物我合一超越現實的沉思，而是媒材帶領身體進入異域，面對陌生的承認、學習和渴求。

模擬在此脫離了傳統模擬概念，以指涉「前衛作品語言變異」成就其嶄新身分。然而也由此引出一個需要面對的關鍵問題。此即：在沒有衡量點下，如何認識這個語言變異的陌生外貌呢？

（二）認識模擬語言的模式

整個認識活動，幾乎環繞在「就是樣子」（c'est cela）（150）的緘默性（muet）上。程序如下：首先看到叛離傳統形式原則的模擬語言；接著凸顯的是「無法溝通」的「作品自身」，一種物自身的視野；由此析論反溝通的形象自身，和傳統藝術的溝通性（Schiller 1943:347）[4] 之間的差異。最後指出模擬造成作品陌生、緘默和自體性，乃出自於放棄。此放棄姿態乃藝術身分改變的關鍵。如針對舒伯特（Franz Schubert 1797-1828）音樂，他說：

> 舒伯特音樂的放棄感，並不在於他音樂的氛圍，也不在於他體

驗到的東西，就好比作品本身並不展示什麼真理，而是作品的「放棄姿態」所呈現的「就是樣子」：這便是作品的表現。（150）

　　阿多諾不只認為放棄是對藝術概念的鬆動，更是對現實世界投下不信任票。他認為藝術家如果秉持理念掌控媒材，那麼就不可能逃離時代形而上學的已知範疇，而讓媒材和技術帶著走，則是對個體存在及其本體論的叛離。

　　總之，模擬是前術作品陷入伸手不見五指的黑洞，造成「湮沒現象」（dematerialisation）（Baudrillard 1990:24）的主因。它不是偶然的，而是透視社會、文化和歷史問題的重要文本。

　　最後阿多諾指出關於模擬語言至為重要的論點：「使用新媒材技術，將讓藝術出現另一種形態，另一種身份。」（Adorno 1995:43）

　　這個新的藝術身分，不取決於藝術家的理念，也不在藝術作品所形成的氛圍，而在作品本身的語言異形。它呼應了海德格的創立與啟蒙主張：「詩是一種存在之前本體論的注解」（la poésie est une ex-plication préontologique de l'Etre）（Schaeffer 1992 :298）。後者在《藝術作品的起源》（L'origine de l'oeuvre d'art）（寫於 1935-1936 年間）裡把藝術作品看成「如其所是」（像那樣）（comme tel）：「在偉大的藝術裡，只在偉大的藝術我們看到這樣的觀點，即就作品而言，藝術家幾乎是無足輕重的，或者說藝術家只是作品誕生的中介導體，他會消失於創作裡。」（Heidegger 1962:42）

　　長久以來，評述藝術家之生平、個性、家庭環境和出身，被認為藝術理論不可或缺的環節。阿多諾和海德格，這兩位「同樣試圖在哲學危機中謀求出路，但卻持南轅北轍解決之道的思想家」（Zima 1985:105），所以將藝術家、生平、出身排除於藝術理論外，乃是深刻意識到前衛藝術家體現於作品的不順遂和流變之摸索樣態，實為脫離「語言之歷史文化框架」，追求自由和抗議現實

世界之表徵。也就是說梵谷作品的扭動筆觸與暴烈色彩，之所以成為十九世紀末葉工業體制下不適和悲苦的人文典型，而波依斯（Joseph Beuys 1921-1986）社會雕塑行動與意圖，之所以代表二十世紀六十年代歐洲社會要求蛻變的共同期望，在於脫離「我」的侷限，將生命帶到人的處境問題上。

總之，傳統模擬與前衛模擬糾纏一起的論述，以及所帶動諸多相關延伸，構成了「作品自身範疇」的基本形貌，但這兩者中間還有一個對立性的詰問必須指出來。

（三）對立性的詰問：模擬語言與溝通語言

整體而言，隱約可以發覺此繁複和糾纏的「作品自身範疇」形貌，是以兩種表達為架構的。這就是模擬語言（langage mimétique）與溝通語言（langage communicatif）。前者為前衛藝術，指的是「致力於將溝通的語言變成模擬的語言」（150），溝通語言則出自文化傳承的傳統藝術。內含如下：

1. 溝通語言：指的是複製社會的共同記憶，複製大家習慣的語言、手法，或大家習慣的「美感表現」（expression esthétique）（150）。用大家熟知的技術、主題和語言，以結構緊密與和諧的形式，傳達文化系統的信仰、道德、價值、理想或真理等。因而藝術的溝通語言往往藉由象徵，以隱喻方式表達。

2. 模擬語言：指的是由一種反社會習性或反正常語言，造成不熟練、鬆散、非結構緊密、含糊和奇形怪狀的形態，都屬之。因而模擬語言往往具有實驗、摸索和邊緣特質。就藝術而言，它本身就是問題性。

這個散佈在整部《美學理論》中的對立性詰問，都以放射和鬆散方式連結在歷史、文化和社會問題上：1. 在於拒絕使用傳統的溝通語言，因為傳統語言無法充分表達個體在工業社會的精神狀態。

2. 代表過去「由上而下」藝術觀，被「由下而上」的藝術觀所取代；同樣，過去放諸四海皆準的真理，被個人特有情境之日常真理所取代。3. 由於前衛藝術之模擬語言，烙印著個體真實的且私密的生活經驗，使得藝術真正體現各層面的生活情境，而不是如古典藝術只展露統治階層的愉悅審美觀。4. 儘管前衛藝術可能不美，但它可以自由表達，所處的社會也比較民主；而古典藝術的確很美，但它有一定的準則必須遵守，所處的社會也相對的不自由和不人道。5. 模擬語言不再囿於既定的藝術語言，而是放縱本能，偏好隨機和偶然，探入存在情境尋求接駁，從而展現不確定的新外貌。

由這樣對立性的詰問，《美學理論》指出了一個藝術認識論至為關鍵的一句話：「可靠的藝術語言，其實就是沒有語言」（le langage veritable de l'art est sans langage）（150）。

兩種語言的對立性詰問，對照如下：

溝通語言 （傳統的藝術語言）	形式	共同的 文化記憶	普遍性	明確的 價值信息	熟練
模擬語言 （現代性的藝術語言）	奇形怪狀 的外貌	自我存在 的生活經驗	獨特性 （獨一無二）	不定性和矛盾 （不具溝通性）	不熟練 （拒絕熟練）

從上述的對立性詰問，可以發覺「模擬」這個詞彙操作，除了是為前衛藝術立法之外，它其實也是透過術語的繁複詰問，進行著非內聚的表達實驗。

這是事實，也是必須要交代的。《美學理論》這樣的實踐，其目的早已顯示在《否定辯證法》：「唯有（格言並置）光彩奪目的句子之匯聚，以圍繞或從外面介入之方式，鋪陳被概念所刪除掉的部份，這種論述之表現力，勢必超過概念所想要表述但卻達不到的。匯聚在所要認識之事物現象之周圍，將可避開概念思維之毛病。」（Adorno 1972:131）

因而阿多諾操作術語的動機，不只為了建構新的藝術認識論，

其實主要是用來解決哲學和知識困境。也就是說模擬語言成為他的理論依據，一方面用來批判主體至上與理性中心主義，將人的思想視為精神實體（entité spirituelle）乃至等同於對象的問題，另一方面模仿前衛藝術的模擬語言，進行多元並置的新論述，力求觸及事物現象所指涉之外的東西。

模擬語言雖然建立在語言（langue）批判的目標上，但也因此出現批判的有效性問題。

因為它予人一種類似前衛藝術的逃離世界的強烈味道，又何況以此語言進行文化、歷史和社會批判所形成的籠統感。阿多諾這種激進現代性是否有效呢？這便是哈伯瑪斯批評阿多諾思想的原因：「《否定辯證法》和《美學理論》彼此相互回應，不抱任何希望」（Habermas 1985:514），「阿多諾不能以如此抽象的模擬力量，來反對工具理性」（524）。當然，哈伯瑪斯批判阿多諾，出自於八〇年代之後不同的社會條件考量。但近因出自納粹和二戰經歷，遠因來自前衛運動所帶來的時代轉折徵象，阿多諾非常清楚模擬語言的需要性，這猶如前衛藝術的「去美感化」（désesthétisation）（TE 150）是對語言、文化和歷史的叛離，他渴望它像前衛藝術的形象身份：「作為封閉形態，藝術作品便是形象自身。」（171）

模擬語言其實散發著極度緊張感，這和「語言」背後夾帶的文化和歷史意識形態有關。阿多諾幾近瘋狂的語言，多少說明他在「語言如影隨形的文化和歷史框限」裡，打開一條裂縫，窺見「人」的處境，提出警訊的急迫感。

二、「模擬」引出的外延理論：受難與異種芬芳的辯證

（一）藝術現實化、梅洛龐蒂與異種芬芳

「模擬」這個術語除了成功地勾勒出作品自身範疇外，主要扮演向外部論述的角色。此外部論述相當複雜，大致可歸納三種面

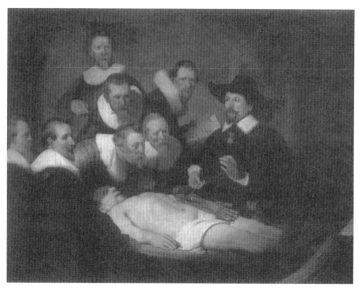

林布蘭《解剖學課程》（1632）

向：外延論述、相關術語連結和部署系譜。這部份無疑是阿多諾美學最具特色之處。

首先，關於「模擬」的外延論述。從「模擬」引出的論述，極為繁複、瑣碎和細微，主要都環繞在「去主體」問題，我想借用叔本華、梅洛龐蒂和尼采思想，來辨識阿多諾從模擬語言引出的外延論述到底是什麼。

「模擬」在相關理論的連結上，是從藝術家將藝術「精神化」（spiritualisation）(152) 的說法開始的，主要奠基在兩條極為模糊的系譜：一條由文藝復興的達文西（Léonard de Vinci 1452-1519）、卡拉瓦喬（Michelangelo M. Caravage 1571-1610）和林布蘭（Harmenszoon van R. Rembrandt 1606-1669）等古典軸線，主要陳述古典畫家以自然為對象，再現自然並轉化自然，達成影像再現（représentation de l'image）；一條由笛卡兒、康德和黑格爾等組成的鏈狀系譜，主要陳述哲學家由主體／客體二元設想，起草觀念再現（représentation

達文西《聖安娜與聖母子》(1510)

de l'idée)[5]或思想之我的實體性（substantialité du moi pensée）的認識論。

　　這是從拋棄古典軸線的再現形式，以及從拋棄主體哲學，來解釋前衛藝術的精神化性質。阿多諾的關注點，並非從造型或創新的積極意義，而是從技術社會擠壓人的負面意義來看的。模擬語言其實涉及藝術家在某種激烈的情狀下，「做出一些自己不知道的東西」：

　　模擬是由媒材技術過程之強度所激發出的。在模擬狀態中，內在理性（rationalité immanente）和表現是相互敵對的。通常在內在理性主導下，完全結構化的作品會自我侷限，這等同於傳統作品的有說服力和富有表現性，後者是非常明確的結果，而非挑動性的。挑動本身涉及模擬過程，它導向藝術的反常現象：生發出某些欠

缺理智的東西〔…〕；不應將缺乏理智的東西理性化，而應以美學引導它，做出一些我們所不知的東西（faire des choses dont nous ne savons pas ce quelles sont）。（152）

　　阿多諾雖未言明「挑動出某些缺乏理智的東西」是什麼，但涉及某種反常現象是明確的。他接下一段話，便反過來指出模擬語言形露的精神化／現實化，乃屬於非意識、非理性的去主體範疇：

　　說到不合邏輯東西的殘留，以及整個作品內部所以不可估量，歌德確實觸及到意識與非意識引出現代作品光彩奪目的關鍵；他預見到，藝術領域裡意識讓給非意識，那使憂鬱成為主體，並促成浪漫主義的第二個時期；這是一個由理性樹立，並且又自我毀滅的領域。非意識的主導，並不就此罷黜了藝術〔…〕。就理論家而言，藝術家不外乎是把自己生活經驗的矛盾，體現於作品裡：模擬時刻的發揮，是以不由自主性格（caractére involontaire）進行引用、破壞和拯救。在不由自主的中介中，隨心所欲是藝術活潑要素。（152-153）

　　非意識與隨心所欲，讓語言趨向不可預測的狀態，也意味著所謂前衛藝術精神化／現實化，其實都指向不可名狀的表現堆（exprimé），而不是如傳統藝術的溝通語言那般明確。換言之，所謂模擬語言的精神化，其實是「盲目和沉醉於自身」（153），如同陷入黑洞狀態，為其如此「藝術方能叛離法令秩序和絕對必然之死胡同，以混沌的偶然性（contingence chaotique）為表現場域」（153）。

　　模擬語言作為表現堆，是叛逆造成的。這也就是梅洛龐蒂（Jacques Merleau-Ponty 1908-1961）勾勒「身體感」的理由，更

是叔本華憧憬的世界:「一個短暫的紓解,一種針對意志暫時性異於尋常的解放」(MVR 1089)。正如梅洛龐蒂從身體感的「糾纏」(entrelacement)、交錯(chiasme)和可逆性(reversibilité),來脫離智識世界:

> 讓身體沉浸於感知物裡,他預知不能將它所看到的歸為己有:感知是透過視覺來接近,它啟開了世界。(Merleau-Ponty 1961:18)
>
> 只需我看到東西,便曉得連絡上它和接觸到它〔…〕,我運動中的身體擁有感知的世界,並成為它的部份,這正是為什麼我可以將身體導入感知物裡。(16-17)
>
> 有證據顯示,身體看著外在物時,也觸及自己,接觸外在物時,也觸及自己,當觸知介入事物之間,感動也就支配了全部事物,身體也就吸納了這個聯繫。(Merleau-Ponty 1964:191-192)

當然,模擬語言因此不只是叔本華所說的直覺(intuition)而已。後者認為直覺是我們唯一進入世界(Univers)的方式:「任何深刻的知識,任何真正的智慧,皆源自對事物的直覺觀念〔…〕。所有原初的思想皆來自影像(image)」(MVR 1107)。模擬語言的混沌,還說明了前衛藝術家內在/外在激烈的搜尋運動,進入媒材同時拋棄自我,在不斷破壞、投射和更新的翻滾狀態中,趨向真實在場(reelle presence)。

這是說模擬語言的去主體和真實在場,不只有梅洛龐蒂的身體感,也有叔本華超越主體/客體、意識/世界之二元觀,進入意識和理性所陌生的異種芬芳(hétéro-parfum)。

阿多諾從「去主體」角度論述模擬語言,確實相近於梅洛龐蒂的身體感和叔本華的異種芬芳,不過,只在邁向未知之域、逃離和反社會的世界解放狀態的層面而已。

（二）模擬語言的客體性

用梅洛龐蒂的身體感，以及用叔本華拋棄意志促成異種芬芳，雖可解釋模擬語言的非意識（inconscient）理由，但無能為力說明模擬語言出自「叛離語言」的原因。

這如同從尼采「回返意識之前」的正面角度，來解釋模擬語言仍有所不足一樣。關於「回返意識之前」的正面解釋，尼采在《前柏拉圖時期的哲學家》（*Les philosophes préplatoniciens*）裡論述赫拉克利特（Héraclite v.540-v.480 av. J.-C.）最具典型。他藉述赫拉克利特的觀點，指出所謂非意識狀態，就類似兒童的天真和遊戲本能，可喚醒一種新世界，此為去除文明遮蔽的想像力和創造力之源：

兒童不斷地玩著建立和破壞，並不時地展開新的遊戲。厭膩之後，新的需要隨之而來：〔…〕就像創作對藝術家是一種需要，遊戲也是一種需要。不時地形成一種完滿。這是遊戲衝動之重新活躍。（Nietzsche 1994:160-161）

在所謂天才身上有一種生理矛盾：他有野蠻、紊亂和無意識的原始衝動，同時也有這衝動的最高目的性，——他如一面鏡子，映射生理、心理相互衝動，相互依存和相互交織。這是很不幸的，事實上，在創作中他感到順暢如意，這是因為他忘掉最高目的性，而由幻想和非理性主導（藝術由此形成）。（Nietzsche 1980:187）

從尼采非意識可越出理念和目的性，還原人的原始本能[6]，很容易得出一種普遍性的看法：藝術家在非意識的酒神醺醉裡，喚醒了青春的激動和野性的慾望，表現出「自我神秘的解放感覺」（désaisissement mystique de soi）（Nietzsche 1977:46），此刻人忘卻現實規範，縈迴在非理性狀態，「人在這時已非藝術家，而是他自

己成為藝術作品」（45）。類似梅洛龐蒂從塞尚身上看到的，在偶然裡，藝術家整個投入了，媒材、身體和想望全處在一種膨脹的狀態；此刻，藝術便不關心觀念了，它順著感覺往前尋找。正如塞尚作品有一種神奇的、不可見的組織，既真實又虛構的「內在自然」（Merleau-Ponty 1961:22）。

可是，仔細爬梳尼采的酒神和梅洛龐蒂的身體感，尤其是從塞尚的「風景在我思想裡，而我是它的意識」創作論點，可以發現他們的放縱和偶然性，仍有某種什麼醺醉、野性都可，但不能踰越整體化框架的理性成份。這種頹廢的偶然性，還是和阿多諾在《美學理論》裡所指的：「聰明或愚蠢，藝術作品是依據媒材技術過程，而不是依藝術家觀念來產生」（TE 153），有所差別。

此差別在於模擬語言的偶然性（hasard），出自對藝術整體化的破壞性，某種對藝術本體的徹底懷疑，──「時刻之星叢狀態，不會回到一種殊異的本質；星叢狀態就在於本身不是本質」[7]（DN 88）。換言之，模擬語言本身有某種黑暗性，不是尼采的酒神和梅洛龐蒂的身體感，或塞尚的「風景在我思想裡，而我是它的意識」創作論點可以解釋清楚的，那些黑暗性是什麼呢？：「明確言之，藝術承認偶然的正當權利，摸索於必然的黑暗。藝術愈是忠實地隨著這樣的路，便愈不透明。它變得模糊」[8]（TE 153）。它如同「萬花筒」（kaléidoscope）（253），本身就是客體性（objectivité），本身就是藝術家與社會的交鋒，本身就是夾雜沮喪和失敗的否定行動。

如同阿多諾指出，荀白克的《期待》（*Erwartung*），應用「自動文體」（écriture automatique），隨天馬行空似的流動，達到「表現與客體化的張力，於強度中保持均衡。」（153）；表現主義畫家孟克（Edvard Munch 1863-1944），由手寫的筆觸痕跡，透過「瞬間的激動」（émotions fuguratives），具有「痙攣」（spasmes）的整體外貌效

果（Adorno 1995:43），都不只是出自越界而已。

（三）模擬語言的黑暗性

我要說的是，模擬語言的論述，內含否定性與世界危機雙向的「承認」認識力。此「承認」除了指出問題性外，本身也是一種行動的認識力。這個重要的認識力動作，讓阿多諾得以從兩個方向勾勒非美感的藝術認識論，一條在批判過往美學將藝術放在美好、超驗、崇高的想像領域，拉出批判的美學史系譜。另一條描述模擬語言的變異特徵。前一條的具體作法便是，以過去重要的美學概念對照前衛作品。這是從歷史角度凸顯模擬語言的客觀性特徵的重要作法，也是在此，我們看到阿多諾將「模擬語言」帶到黑暗範疇，完全超出尼采的酒神和梅洛龐蒂的身體感。

這是阿多諾批判康德和黑格爾美學的理由。他指出康德將美感放在崇高（sublime）範疇，雖形容了人面對壯闊大自然油然生發一種超乎常人的震撼狀態：「美感結構在真理內容壓力下昇華，此為往昔崇高概念之位置」（TE 251），但那只是為了點出美感狀態的形成，對象物只勾引人的角色。美學雖然由此建構「主體自由如何可能」的認識論，但無關乎對象問題。至於對黑格爾美學，他指出辯證法的理念認識論雖取決於對象／環境，但碰觸不到理念形成和實踐的起因問題，致使藝術認識論只在歷史詮釋有所發揮（266 ;335 ; 347）。

對過去美學典範的批判，主要是要在主體主義領域之外，重新勾勒崇高（sublime）意含，用來解釋和尼采酒神和梅洛龐蒂身體感完全不同的東西。這就是關乎日常的變態、複雜、醜、噁心和恐怖等具體的崇高經驗，他說：「作品是以變態反應作為真理時刻，〔……〕其遊戲的變態反應，遵循於精神主權（souveraineté de l'esprit）」（252-253）。阿多諾要說的是，這種「訴求生存意義」

（revendiquer le sens de l'existence）（254）的崇高，不再是主體崇高，而是人與社會激烈交鋒的探索行動。

模擬語言作為世俗化的流變體質，因而是問題性和敏感性的。也是從這樣的角度，阿多諾擦掉了以往真理和崇高的疆界。羅斯里茲說：

> 現代藝術否定了傳統藝術之敏感外貌，卻又糾纏於外貌之中，這種既非傳統藝術之外貌，又承認外貌有敏感性，對阿多諾而言，這種精神便是真理內容。（Rochlitz 1985:64）

另一方面，模擬語言是帶著傷痕的。以超現實主義為例，他提到這個「歷史前衛運動」猶如精神分裂症患者：

> 在超現實主義裡，影像撞擊所釋放出來的張力，如同介於物化與精神分裂症患者之間的緊張狀態；因此這張力並非精神充滿活力。基本上，主體能自由支配自己，它沒有義務去考慮經驗現實，主體可以絕對化，但這樣的主體在面對全面物化，最終將被退回到原初，摘去面紗。其抗議性如同沒有靈魂存在，如同主體已死。（NL 68）

將模擬語言理解成身體、媒材和想望的搜尋結果，只指明了模擬語言出自這樣的非意識過程，並無法解釋其起因。我認為在《悲劇的誕生》的尼采之外，還有一個在《人性，太人性》的尼采，可以和模擬語言的黑暗性相提並論。此尼采拋棄了藝術的認識力功能，將藝術看成現實苦難和存在實狀的反映，主張藝術為沒有底座的幻象[9]。此尼采偏向一種沒有上帝、沒有任何意識形態、出自慾望自身的生理學（physiologie），一種瞥見世界奧秘作為存在的異議

情愫之「受難的酒神」（Dionysos crucifié），可以更恰如其分說明模擬語言為何像精神分裂症患者，以及有著野蠻且凶暴背景的緣由。

《人性，太人性》對「價值」（valeur）的破壞，主要出自兩種懷疑，和阿多諾眼中黑暗的模擬語言有某種相似。第一個徹底懷疑真理的倫理基礎，掙扎於現實與虛構的混融世界，凸顯有別於倫理真理的「真理的活力價值」[10]（la valeur vitale de la vérité）；第二個懷疑攻擊現實（réalité），沒有所謂真實的現實，現實只是一種虛構（fiction）。此尼采主張藝術根本沒有反映世界根源這回事（Nietzsche 1995:59；§28），藝術乃再現之外的受難身分：「誰幫我們揭開世界本質，就會使我們蒙受所有最難受的幻滅。這不是世界作為物自身，而是世界作為再現（如同錯誤），後者的意義是如此豐富、如此深刻、如此美妙，於其深處包含幸和不幸。」（59；§29）

這種受難的藝術身分，其實是讓自己成為瘋子，類似德勒茲所說的白癡或概念人物[11]（QP 63）。模擬語言可以說是尼采眼中的瘋子行為，也是德勒茲眼中的白癡行為。

從受難的角度，而不是從異種芬芳或身體感，較可以貼近為何阿多諾將模擬語言視為「美學理性」（rationalité esthétique）（TE 153）的緣由。

三、「模擬」與相關術語的連結： 我思解體、非人稱與現代性的精神

（一）模擬語言的「我思解體」和政治性

「模擬」的另一個值得注意的連結，便是和相關術語的重疊。這種術語之間網狀連結關係，是整部《美學理論》在激烈的語言實驗中，仍讓碎片陳述保持有效的主要原因。

和「模擬」相連結的術語中，關係最直接也最值得提到的當屬「精神」（esprit）一詞。之所以最值得提到，是因為「精神」並非

指人的精神，而是指前衛作品模擬語言的精神。也因為將模擬語言看成是一種自為的生命體，所以對「精神」的論述，都觸及到否定的逃離行為（我思解體）、自體性和非人稱等意含。

　　從模擬語言的非意識和受難酒神的雙向角度，阿多諾賦予「精神」全新含意。首先，指出模擬語言的「精神」乃社會異化的自省行為，他說：「藝術記錄著現實的全面異化（aliénation），同樣藝術也因異化而茁壯」（151），此精神「擺蕩於意識形態和黑格爾重視的精神本能範疇之間」（151），展露一種生存尊嚴：

　　　幸虧精神，作品表現可以超越自己。也由於精神，藝術作品受到時空約束。〔…〕所以，由於精神，方使藝術作品成為真正現實的東西，但它不是尋常所講的東西〔…〕。作品所展示的，並不會因為反映時空而局部化，卻會因為它的異化，讓藝術作品全面和現實常生關係。如果不是這樣，藝術作品之精神，就不能視為人文跡象，而不同於其他。（119）

　　此生存尊嚴，不屬於黑格爾的理念及其社會實踐，而是一種新的藝術冒險和社會表態一體兩面的激進行為：

　　　精神使作品同時昇華了它的現實性和敏感性，〔…〕精神在作品裡的角色，證明了藝術作品是不能直接表面描述的，或用內在分析理解的；精神是作品之能源，作品之表現。藝術是精神貫於其中的人文風貌。（TE 119）

　　此生存尊嚴，涉及一種實驗和摸索的人的生命性質，從而離開「只為自己」或「我思」，朝向新生命探索，一種不同於往昔的理性和意識人類學。

「模擬」與「精神」的疊合，證明了阿多諾在論述模擬語言乃涉及「拋離我思」（叛離整個西歐二元論的主體性思想）的否定行動上，是由術語自身網脈所達成的：

> 我們被迫以主體／客體的詮釋方式，一種哲學折衷層面，來詮釋藝術表現。就此，在力求達到主體統合下，藝術表現成為知識形式，儘管往昔藝術知識來自於主體／客體二元辯證，但我們不承認，藝術可由此定義。當藝術表現以實踐主體／客體辯證知識，作為自我實體之建構時，這種藝術表現還是古老的。（149）

此術語自身網脈，最為震撼之處，在於論點出自術語場域所擬造而來，從而成功地讓模擬語言以否定身分指出：古典藝術是在主體／客體統一之完美觀點裡，藉沒有任何異質和矛盾的方式，追求和諧或擴展性美感，這如同主體性哲學的我化性框限；此種主體性最終會是自私自利的人。也是在如此的手法下，阿多諾有效地凸顯模擬語言的不在乎、開玩笑、戲謔、身體、物質化、不由自主、非意識、異質和矛盾，它如此的表現（expression），是建立在「主體統合一切」或「理性的主體性」的美感之否定性的：

> 如果表現只是主體性的全面主導，那它是沒有效的（inutile）。（149）

換言之，「模擬」與「精神」雙重論述的疊合，成功地彰顯了此爭鋒和激情的生命追逐，在於以邊緣、少數對抗主流、多數的否定性、異議性。

《美學理論》以卡夫卡文學的語言混搭（捷克猶太語、東歐意第緒語（Yiddish）、捷克德語、德國官方歌德德語）為例，可以

看到「模擬」與「精神」雙向疊合所形成的論述張力。它指出卡夫卡文學「涉及到一種藝術姿態（geste de l'art），不只將表現挪移到政治訴求，而且將現實事件轉化為密碼，其姿態具無法抑制性（irrésistibilité）」（149）。它犀利地將卡夫卡文學所涉及的「不能寫的不可能性，用德文書寫的不可能性，用其他方式書寫的不可能性」（K 29）等「我思瓦解」模式，讓「歷史積澱的主義和解釋，都成為空洞的」（TE 149）。

就此，卡夫卡文學成為阿多諾「模擬」與「精神」雙重論述的疊合下，理想的模擬語言範式，也成為他銜接政治處境（卡夫卡以所屬的行政機構機進行書寫實驗）和語言處境（政治處境迫使卡夫卡使用非母語的德語），一種拆解傳統表現和精神疆域的行動。此疊合成功地指出，模擬語言的少數、邊緣處境，並非刻意的行為，而是來自一種非常複雜情結的創造上，一種無法忍受既定處境的潛意識凍結（blocage）。它不取自否認、不接受或想逃避社會體制或政治條件，因為模擬語言乃出自某種潛意識凍結（blocage）的創造：

　　透過表現，藝術拒絕讓「存在為某些事情」（être-pour-autre-chose）完全主導，後者會去除藝術性；透過表現，藝術以自己方式展示：這便是藝術的模擬實現（accomplissement mimetique de l'art）。藝術表現反對「表現某種東西」（expression de quelque chose），它以模擬後之形體展示著。（149）

　　藝術作品之表現，在主體裡是非主觀的，個人的表現弱於作品的烙印（形體）（moins son expression que son empreinte）。（151）

「模擬」與「精神」雙重論述的疊合，堪稱成功地讓阿多諾將前衛作品、哲學困境和政治性三種領域連結在一起。重點集中在：

模擬語言不只涉及藝術身分的轉換，更重要的是它因越出既定的藝術語言規範，所展示的我思解體的非意識力量，完全在理性和意識規範之外。

（二）模擬語言的非人稱現象

「模擬」與「精神」雙重論述的疊合，同時也讓模擬語言有著「非人稱」（impersonnel）視野。

雖然《美學理論》並未特別使用這個詞，但模擬語言與「非人稱」同義卻無所不在。例如阿多諾說：「藝術作品的表現乃處於主體的非主體，主體表現不如烙印」[12]（151）；藝術的表現，就像流露悲傷的「動物之眼」（les yeux des animaux）（151）。

這種流露悲傷的動物之眼的藝術現代性，並不陌生，我們也可在尼采的不定性，片斷性和流動性的文字書寫看到。無論一八七四年的《悲劇的誕生》，一八八〇年的《人性，太人性》（*Humain, trop humain*），一八八一年的《曙光》（*Aurore*）或一八八五年的《快樂的知識》（*Le Gai Savoir*），都可在如斷垣殘壁的片斷字句裡，聽到屬於異教徒的陌生聲音。這無疑都具有非人稱訴求。

在《悲劇的誕生》之〈自我批判的嘗試〉裡，尼采露骨地表白了這種非人稱書寫：

> 《悲劇的誕生》寫得很亂、沈重、費力，影像混雜、狂亂和動了情緒，有些甜得嬌嫩，節奏變化無常，沒有清晰的邏輯，過度自信到甚至排斥適當的論據，〔…〕一本傲慢且狂熱的書，從一開始便與有教養的學界無緣〔…〕，但它的效果業已證明這樣的論述表現有其道理，〔…〕。無論如何，它有一種陌生的聲音，是屬於異教徒的〔…〕，那裡有顆異樣的、莫名要求的靈魂，充滿疑問、體驗和隱秘之追溯，其中酒神狄俄尼索斯，如同提出質疑；所要訴說

的——如喃喃自語的疑慮〔…〕。（Nietzsche 1977:27-28）

模擬語言其實就是一種非人稱的破碎作品，類似馬拉梅（Stéphane Mallarmé 1842-1898）的「丟骰子」（Coup de dés），那是刻意遁入支離破碎的非意識世界。

因為避開意識，便避開養成意識的整個文明系統；因而避開意識，形同對「我」（je）或「個體」的開戰。「丟骰子」之特質，在於那一剎那的偶然，玩家為了取得好點數，往往於手中搓揉一番，一面激沸那個可期待的偶然性。猶如將自身從文化母體脫離出來，從而漂泊無依。

在小說《依吉突爾》（*Igitur*）裡，主人翁自殺前，握住骰子尚未丟出，以此情節作者試圖指出，避開我及其表現系統唯一途徑，便是以非中心意旨，我現在是非我，肯定丟骰子的偶然性。像是將文字扔在紙上，由偶然讓聲音與意義任其聯結。「丟骰子」乃是異常書寫，它不是敘述，也不是再現事件，更不是轉換或虛構，而是文字／媒材從語意世界往物質遁逃。沒有了語意系統，世界就成散狀，既沒有所謂歷史，也沒有所謂文明。文字和句子彼此之間自由鉸接、挪動和混融，也就離開秩序，通向野蠻狀態（état sauvage）。正如荀白克的無調聲音，克利的「使之成為可見，而非描繪或複製可見物」，貝克特的動作界面，進入非形式（informel）、不定性和不能掌握的材質幻影，既去掉藝術本體，也拋離現實。

模擬語言，其實就是前衛藝術家否定一成不變的形式依循，渴望越出我思的侷限與單一，一種探尋世界的游牧之旅，留下來的語言殘骸或烙印，或者說蒙太奇般的感覺堆。它本身就是問題性：

透過模擬表現，藝術進入最深刻，它以整體方式展示著，〔…〕我們所要探討的，不是來自作品本身內部，而是探討它是如

何產生的。（TE 151）

　　由於將「模擬語言」當成問題性，便合邏輯地關注在兩個和「藝術性質」相關的議題：模擬語言的解疆界和緘默性。後兩者構成了「作品自身範疇」裡的「藝術創作領域」的主要內容。

　　在模擬語言的非人稱和解疆界上，阿多諾的看法是，當藝術家將語言推向激情、野性和肉慾，以自體性（ipséité）呈現時，便是讓其「客體性朝向外部」（tourner l'objectivité vers extérieur）（156）。朝向外部，涉及兩個轉變：第一個轉變關於藝術表現性質，即從藝術表現原本在意義，轉到自我問題化；另一個轉變則關於語言性質，「藝術訓斥了概念知識」（L'art corrige la connaissance conceptuelle）（151），即語言從溝通轉變為表現。這兩個轉變當中，最值得注意的是第二點，因為這證實了二十世紀所謂語言學的轉折，是由前衛運動啟動的，啟動點為印象派，高峰點則是二十世紀初的野獸派、立體派、達達和超現實。

　　也是在此，「模擬」與「精神」雙重論述的疊合，成功地將模擬語言推到穿越意識之牆的「謎樣」（caractère énigmatique）（159）或「藝術作品的非意義語言」（langage non-significatif des oeuvres d'art）（151）。

　　「謎樣」強烈意味著某種文明的停止點，阿多諾對此的鋪展，便合邏輯地轉到彼俄提亞人（béotiens）問題上，目的在提示當藝術身分轉變時，觀看作品的態度也應不同。

　　換言之，「模擬」與「精神」雙重論述的疊合，讓阿多諾得以指向模擬語言的美學核心：「形象自身」。

　　這樣的思想模式，之所以不是詮釋的，在於是以「藝術物」為中心的認識論。其特色在於，思想是被動的，一切的發動點在藝術，而中性的術語輪廓則是帶動整個思想的關鍵。這是將術語論述

看成：術語不是用來解釋的，它可用來探討一種主題或用來確認一種概念的開展；它應該是積極的，整個探索和連結實踐便涉及新概念的萌生，甚至提供此新概念的實質內涵。

四、「模擬」的系譜部署：內在性、工作概念與工具理性系譜

（一）模擬語言與內在性系譜

「模擬」這個術語所進行的系譜部署，涉及到使用「模擬語言」對歷史的詰問。在此，歷史指的是思想史、美學理論史。

「模擬」在促成系譜的連結上，模式通常會為準備要出場的系譜進行前奏語。此前奏語的性質，會帶出系譜的性質，在此我要指出由模擬所帶動的三條系譜：內在性系譜、工具理性系譜與藝術他律系譜。首先內在性系譜的前奏語，涉及到以傷風敗俗來形容模擬語言。

如同德勒茲和瓜達里眼中的符號體（régimes de signes）（MP 185），模擬語言也以流變和零度的變態反應性（allergie），叛離古典藝術形式的「均衡」（pondération）（TE 154）原則。但異於他們將符號體帶到動力論上，模擬語言除了被阿多諾以不可辨識的流變體（régime de devenir）看待外，則直接帶到社會範疇。他說：「社會因循守舊，不能接受攻擊性和反抗性格。〔…〕大多數人，精神服從於某種防禦慣性，拒絕所有會動搖他們官能習性，也抗拒所有會破壞他們戀己癖（narcissisme）的事物」（154）。這段話要說的是：在古典教育下，大家習於單一真理，習慣於合於社會群體生活的理智，誰能忍受前衛藝術模擬語言的陌生、費解、不可捉摸、流動、驚世駭俗和無法無天呢？這是將模擬語言看成啟明性，衝撞社會習性，衝撞恆常屬性和衛生的藝術形式：

　　沒有任何評述過程，就預設了反對的結論，對所有開放性的藝

術均不能接受，這是用腦中的文明價值觀排斥經驗（expérience）
的結果。立即地，視所有模擬的藝術表現為禁忌，猶如以節制堵塞
肉慾。〔…〕藝術變得非常衛生。（154）

　　模擬語言的傷風敗俗，切斷了歐洲智識化的文明傳統，流露一
種不信神的戰鬥力，一種類似被逼到牆角爆發力量的原生動作，
「改變了藝術應有的職責和功能」（154）。這是把模擬語言當成對固
定、定理和形式的叛逆，讓自己陷入黑洞，身處災難和失敗。便是在
此，阿多諾看到模擬語言有一種「反心理預期」（anti-psychologisme）
和啟蒙角色，涉及一種否定的「內在性」（intériorité）。

　　此內在性是藉由韋伯（Max Weber 1864-1920）論點所引出來的
（見 TE 39;154）。阿多諾援引且加以擴張解釋，同時追溯了康德、
馬克思和恩格斯。這是為支撐前衛藝術運動所拉出的系譜，內容如
下：

　　內在性起源於十六世紀的新教（protestantisme）。這個運動的
重要性，在於越出現實與宗教之間求取平衡的文藝復興風格，促
成風格主義（maniérisme）；它偏向末世，蔑視現實事物，著重靈
性，置宗教於次要地位，堪稱近代來臨的前奏[13]。繼承此內在性
運動，設想一種先驗的內在性，作為批判知性、理性和判斷力的基
礎，則是康德。這是西歐批判的認識論和人以創造為生命價值合而
為一的起點。

　　阿多諾用意極為明顯，就是將前衛作品的模擬語言放入此思想
運動的歷史進程上。這個連結動作是關鍵性的，因為阿多諾將以此
發展出《美學理論》的工具理性系譜與藝術他律系譜。

　　此連結動作最值得注意的，便是從康德的內在性到二十世紀
的前衛藝術運動之間，馬克思（Karl Marx 1818-1883）和恩格斯
（Friedrich Engels 1820-1895）這個關鍵性環節。

　　這是一個從理論的「批判的內在性」，到工作／勞動發動的社會體制革命的環節。阿多諾認為，箇中核心問題在於工作性質（nature du travail）的轉變。他犀利地提到工作性質之轉變，帶動了人的存有為自我的覺醒：

　　　　歐洲社會逐漸發展出有薪給的勞動，在工業革命之後，生產的全新模式引出勞動和資方兩者間的契約關係，這種人本的工作型態，讓主體掙脫出往昔單一社會型態之封閉王國的虛構，內在性同時也從意識型態之支配領域朝向存有為自我（étant-pour-soi）。（154）

　　也是這樣的追溯，得以讓阿多諾對現代前衛運動取得宏觀的歷史位置。那就是，自主性的工作形態不僅終結了兩千年來「個體對社會的妥協」，啟發了人的深層覺醒，而且也為社會的工作中，真正為捍衛人的尊嚴立下難得的典範：藝術創作乃唯一真正自由的工作。

（二）馬克思與恩格斯的工作概念與藝術起源論

　　「藝術創作乃唯一真正自由的工作」，無疑是內在性系譜從康德到前衛藝術運動的轉換關鍵。

　　這個論點必須回溯馬克思與恩格斯的工作概念，才能體會為何阿多諾那麼投注於二十世紀前衛運動問題上，以及認為前衛作品的模擬語言，涉及人在資本主義社會體制的處境──關於生命價值和幸福可能等的原因。

　　從人的尊嚴看待工作，是人類發展史的重大轉折，而這也是為什麼馬克思會認為從他開始才有人文科學的理由。

　　對他而言，一部人類的工作史其實是一部奴役的歷史。在《政

治經濟學批判原則》（*Principes d'une critique de l'économie politique*）裡，他指出亞當・史密斯（Adam Smith 1723-1790）定義的工作（travail）意涵否定性，因為它放棄了休息、放棄了自由和放棄了幸福；此傳統工作概念，與奴隸、勞役（corvée）、雇傭（salariat）並沒兩樣，不僅令人厭煩，也永遠受制於社會。馬克思反對史密斯，並不是對傳統工作的見解，而是他對工作的一概否定，以及消極的不工作（non-travail）觀點，——不工作意味自由和幸福。從工作的創造價值和藝術的工作形態出發，馬克思的立論點在於，工作會因實踐而再造生命和取得自由感。換言之，工作涉及人的自我實踐：

> 你那麼辛勞工作！這個詛咒，是亞當・史密斯從傑歐瓦（Jéhovah）聽到的，而這正是亞當・史密斯所體會的工作；至於休息，等同於自由和幸福。對個體也需要正常的工作量，與休息構成平衡，這一點他似乎不放在心上。工作量之標準，來自於外在，通常那是超過人之常態工作目標訂出的。他不會想到，顛覆這些障礙，個體可建立一種自由確認；也沒想到，外在因素形成的工作量已超過自然的規律，個體是否願意接受，他自己可決定；他真的沒看到實踐自身（réalisation du soi）和主體客觀化（objectivation du sujet），當中個體具體的自由，可在工作裡獲得實現。（Marx 1968:288）

將工作看成人的生命實踐，看成創造，看成藝術，正如馬克思的藝術論述連結在政治經濟學、哲學、社會主義論著上。不是沒有真正的藝術專著，而是馬克思不需要。他所發展出的工作概念，觸及兩個層面：一邊批判過去的「自然科學和哲學科學，忽視了人的活動對思想的影響」[14]（Marx et Engels 1954:49），另一邊從五官指出工作對人的影響：「眼睛成為是人道的，當它的對象是人道的社會對象時，出自於人和供人之用……。便是這樣社會人的五官，

不同於不活在社會的人……。五官的訓練是整個世界史至今的工作。」（L'oeil est devenu humain quand son objet est devenu un objet social humain, venant de l'homme et destiné à homme...C'est pour cela que les sens de homme socile sont différents de ceux de l'homme ne vivant pas en société...La formation des cinq sens est le travail de toute l'histoire du monde jusqu'à ce jour）（50）。在《自然辯證法》（*Dialectique de la nature*）裡，恩格斯（Friedrich Engels 1820-1895）也提到：

> 手不僅是工作的工具，它也是工作主導者。幸虧手，能永遠隨新活動隨機應變，能由遺傳特徵發展出肌肉、腱，以及間距較長的骨骼，總之，手能不停重複把遺傳的高雅動作，專注於新活動上，動作是那麼複雜。手因此可達到最高的完美，做出奇妙的藝術品來。〔…〕尤其工作中的手不是單獨的，它是人體極端複雜的組織之一，凡用到手的，也用到整個身體。（Engels 1952:173）

從這樣的內在性系譜，阿多諾要說的是，無論馬克思的五官或恩格斯的手工觀點，都看到工作會發生不尋常的作用，如生命處境、價值和目的等自覺，這為前衛藝術運動的社會條件奠下發生的基礎。

不僅阿多諾認為馬克思與恩格斯的工作概念乃「內在性」思想從理論朝具體轉換的關鍵，前衛運動承繼此一批判性的系譜發展，比格也持類似的看法。後者指出自主的工作概念決定了前衛藝術運動發生原因，他說：「藝術工作不在於將決定性的媒材占為已有，那裡肯定有著某些不尋常的、偶然性的東西，也就是說，體驗工作行為中不尋常的東西，對在資產階級社會化過程中的大部份人而言，這種本能已經失去了。〔…〕正是透過工作，讓意識與非意識兩種面向會聚於作品。」（Bürger 1990:212）

　　平心而論，阿多諾從創作角度看到的模擬語言，與馬克思和恩格斯的工作視野並沒有兩樣，都涉及「人在工作實踐中會迸發另種生命要求」，都涉及某種非同一性的想像。唯一不同的是，前者在前衛作品所看到的非意識創作狀態，實際是非同一性的體現[15]，而後者則為期望。也因此，阿多諾能夠進一步從前衛作品的模擬語言，指出馬克思和恩格斯所期望的自由的工作概念：藝術乃自由的工作形態，因為它本身就是衝撞界線、框架和體制的行動。

　　此內在性系譜的追溯因此是一種呼喚，是一種以模擬語言的非同一性為標定點，朝歷史起源處的呼喚。這個做法不只讓前衛藝術運動在思想史上取得從未有過的至高地位，也實質拋離黑格爾的詮釋學，將藝術哲學範疇推到起源（origine）探尋上。

　　以起源看待藝術，讓阿多諾得以從更宏觀的角度整體地看待前衛藝術之模擬語言的問題。《當前音樂與繪畫之關係》有非常典型的現代音樂與繪畫起源論述：

　　在繪畫裡，主題和媒材被化約成純空間形式，而凸顯其特殊。正是模擬過程，涉及到解放意味。我們也可以說，現代音樂受現代繪畫之影響，必然也因外在秩序之壓制，而具有劇烈的反抗力；相反的，凡是堅持於主觀性的繪畫或音樂方式，則必然陷入浪漫主義的窠臼。類似冠克修卡的激烈典型，也存在於十九世紀初期德拉克窪（Eugène Delacroix）的肖像裡，這對主體性問題，不是沒有暗示。畢卡索繪畫所具有的特質，並不屬於史塔文斯基音樂的移調性格，而較是荀白克的無調音樂。荀白克音樂的構成原則，是以音色特有的破碎性格出發而凝結出來的，和透過傳統文藝綱領的單一性美感結構截然不同。把表現視為結構，這是荀白克後期無調音樂特質；由矛盾、驚惶的人文片斷面貌，取代形式美感影像，這正如畢卡索自《格爾尼卡》（*Guernica*）以來的作品所要呈現的：或許，

在現代繪畫和現代音樂裡，實際有一個共同的歷史經驗為表現核心（noyau commun de l'expérience historique）。現代藝術的整體性，蘊涵擺脫束縛，以及滿溢自由理念，可以由如下句子恰當地傳達出來：在那極端表現裡，現代各類型藝術是殊途同歸的。（Adorno 1995:28-29）

將藝術起源視為衝撞習性、界線、框架和體制的行動，既是內在性系譜成形理由，也是阿多諾批判工具理性系譜與藝術他律（hétéronomie）的依據。

（三）工具理性系譜與藝術他律系譜

系譜（généalogie）既不是系統，也不是結構。在《美學理論》裡，它依作品問題、投注重心或理論連結而斷續出現，其實是術語操作和星叢文體的鋪展同步完成。因此所謂系譜是不管編年學和背景，它是動態的和變化的，甚至說它是從前衛作品的模擬語言，引出有別於歷史的另類提問。它是阿多諾建構模擬的作品自身範疇的應用，或外部連結。也可以說，它就是一種環繞在模擬語言的外延論述，特別出現於藝術的非意識及其叛逆性論述裡。

似乎阿多諾在鋪陳外延論時，是以活潑和散佈為目的，因此如果系譜有某種歷史分期設想，不同作品的殊異也通常出現帶有某種隨機和相對的歷史片段或系列論述。換言之，《美學理論》裡的系譜其實是以繁多性（multiplicité）和碎片（fragments）展現。為了論證的方便，需要澄清主要的系譜面貌，因此需要整理和歸納，儘管這樣的作法相當程度違背阿多諾碎片的思想訴求。我的意思是，從內在性系譜較允許掌握到，阿多諾的兩條交錯在一起的大軸線：工具理性系譜與藝術他律系譜。

首先檢視出版明細，可立即看出《理性辯證》（*Dialectique de la Raison*）（一九四七年出版）乃工具理性系譜與藝術他律的起點。

這是阿多諾與霍克海默流亡美國期間，針對工業時期理性和歷史理性的總檢討。也是從這個起點，提出「理性工具化」為歐洲文明病態的罪魁禍首。它涉及兩個面向的討論：歷史的理性、文化資產（藝術和文化理論）與統治階層三者的共犯關係，以及關於工具理性的控制與前衛藝術發生的關連。

這個被劃分為三大時期的理性系譜被以工具化看待。第一時期道德理性：理性（raison）源於古希臘，指涉人與神之間關於世界想像，為人本主義（humanisme）代名詞。第二時期神學理性：中古時期，理性化身為神性與人性的綜合體，介於上帝和世界之間。第三時期科學理性：理性與科學同義，為一切的指導方針。特色：理性文明透過語言、藝術和文化理論，教育人們，要求人們符合社會規範。

便是在這個負面的工具理性系譜上，阿多諾認為以往的藝術並不獨立，而是不斷複製文化記憶和傳承的形而上美學，精緻化已知形式，為符合文化期待，將世界侷限在一定的視野。《理性辯證》的 Ulysse 的心態，代表自古以來所有統治者的共同心態。統治者最寢食難安的，就是憂慮無產者生命價值的覺醒，而為鞏固自己的利益，得讓自己更禁欲，不僅疏離了幸福，也不允許別人擁有幸福。所以將藝術侷限在愉悅層面，禁止探究人的慾望是必要的，正如區隔無產者的身體與心靈也是必要的。

阿多諾不客氣指出，藝術侷限在美感範圍裡，絕對是統治者的精心傑作：

一旦藝術放棄應有的知識價值，便會遠離社會實踐而駐留在愉悅層面，成為社會馴服工具。（Adorno 1989:48）

阿多諾所追溯的藝術他律系譜，幾乎也就是工具理性系譜的化

身。見如下圖表：

工具理性系譜	藝術他律系譜
藝術終結時期、靈光消逝與實體理性的前衛運動 （從達達、超現實主義到六十年代的前衛藝術）	
工具理性的第四時期： 現代與當代社會	實體理性的前衛運動
工具理性的第三時期： 從文藝復興經啟蒙時期 到十九世紀的科學理性	十九世紀為藝術他律性朝 藝術自治性的轉變期： 藝術為藝術；藝術為社會
	藝術他律性的第三時期： 文藝復興與古典藝術
工具理性的第二時期： 中世紀的宗教理性	藝術他律性的第二時期： 宗教藝術
工具理性的第一時期： 古希臘的道德理性	藝術他律性的第一時期： 古希臘藝術
非理性的根源：神話	非理性的根源：神話

這兩條系譜分屬思想史和藝術史，原本是不相干的，但在「模擬」這個術語的穿梭下它們和前衛藝術運動發生了直接的關聯。而值得注意的是，阿多諾不只讓它們發生關連而已，而是放入否定性範疇裡。關於此手法，比格的說法最具代表性：

　　我們發現阿多諾美學隱藏著神學性格，它用藝術對抗現實，讓藝術扮演另一種現實，而這兩種現實是衝突的、對立的、不可協調的。（Bürger 1985 :85）

　　換言之，此否定性範疇，主要環繞在社會、歷史和語言批判上。由此才允許我們看到阿多諾的藝術問題性的三種牽扯性的逃離身分：對資本主義社會體制的逃離，對語言（langue）的逃離和對歷史的逃離。

結論：藝術不應是藝術

「模擬」這個術語真的只剩一個軀殼。阿多諾從亞里斯多德的觀點、前衛作品的觀點，乃至藉由各式理論的交互討論，最終讓「模擬」從理念主導的藝術模仿觀念走出來，從而「模擬」不再有固定住所，只是一個用來作為討論的軀殼和場域。這當然不是以前衛作品改變原有的「模擬」觀而已，正如這不只推翻自柏拉圖到黑格爾將藝術納入一個固定的智識（intelligible）王國而已，後者為一固定的超驗結構，尚未受到佛洛依德主義、尼采主義、前衛主義或懷疑主義之洗禮。阿多諾還有更為深沈的戰略。

此戰略就是引出一個新的藝術視野和思想視野，致力於開展那破壞的、否定性的和非美感模擬（mimésis de l'inesthétique）的不確定世界。他視之為理性原型（orgine de la raison），以此越出概念和意義固有疆界，以此跳脫出唯心主義美學的系統和價值，以全新視野面向未來。

此理性原型既是前衛作品，又是星叢文體的化身。它含納二十世紀所有的災難和疑難，我認為應該由這樣的角度，較能接近阿多諾的問題性藝術性質：

1.「藝術」（art）一詞無法用來談論正在發生的「藝術」。說藝術是一種自為的和天馬行空的精神游牧，放任直覺、原始、本能、隨機和偶然，不斷越軌和變化路線，尋求各種接駁可能，游移於現實之外的感性空間，膨脹虛擬和想像力，可以發現新視野，創造新流向等等，都只是說法，諸如此類的說法有陷入實體、領土和疆界的意味。「模擬」有為前衛作品進行「藝術」命名的意向，這是事實，不過阿多諾的原意，只是用來凸顯和過去藝術體制的差異性，它其實是臨界的修辭。

整本《美學理論》離不開藝術概念與前衛作品的對質，某種由

「藝術與非藝術」相對論述，點出藝術的問題性身分：藝術是衝突狀況引起的獨特行動。此手法確實如同維根斯坦的語言遊戲，不同的是它承載了二十世紀災難和諸多疑難，比維根斯坦複雜且深沈。

2. 模擬語言的論述場域，不是在歌頌非意識的酒神──放縱、變向和不確定性，當然那也不是在談「藝術如何可能」和「藝術評論如何可能」的創新問題，用這樣的角度看阿多諾太實用取向了，恰恰相反，那決非歌頌，而是以絕對否定性、邊緣性，直指「何以人以非意識拒絕自己應有的說話模式」的時代問題。模擬語言的不可溝通性，是一種自我驅離母體的流亡事件。拒絕說正常的「語言」，實質拒絕了「語言」的文化和歷史，這是對「現實世界的一切」的絕對不信任。阿多諾在此點出了：藝術創作就像在搜尋流亡路線一樣，而所謂「藝術作品」則是搜尋流亡路線留下的殘骸。

3. 模擬語言是一個由前衛作品、古典作品、美學理論史、哲學史、當代思想史、媒材、技術等多元複數的混搭論證場域，其特色是它並不通向論點或判斷，也不是為了形成藝術理論或思想系統，它什麼都不是，因為它不讓人融入，觀點閃爍，由敞開、流變、未完成和正起作用中的影像文體展示著。似乎在等待著，等待有心者從其中警覺到語言、文化和歷史威脅。等待有心者，從其中察覺知識、哲學和藝術問題。不過那決非清晰的方向，而是某種知識、哲學和藝術如何可能的強烈質疑。如果可從其中察覺人的處境問題，也決非是正面的，而是從邊緣而來的斷隙呻吟：提告人的自由及其尊嚴之取得決沒有漂亮身影。

4. 整體而言，可以看到兩個大型的散彈區：作品自身範疇與應用範疇。前者由模擬和形象自身組成，後者則是混搭的外延論場域。完全仰賴術語的穿梭操作，模式是這樣的：避開對作品內在、隱喻進行分析，全力關注於作品表面語言特徵問題，由此討論作品性質的轉換現象，以及將此問題性應用到語言問題、社會體制問

題、歷史問題和文化問題，進行批判。

5. 如果第四點指出了模擬語言的論述場域，實則為越出「我思框架」的新理論形態，那麼便引出如下問題：超出我與對象的二元認識論，還會是認識論嗎？我的看法是，問題應從另一個角度看，西歐傳統的主客二元知識論能否適應得了世界的複雜性呢？如果答案是否定的，那阿多諾選擇前衛藝術作為對象，鋪陳混搭的星叢文體，顯然還有最重要的訴求。那就是啟動一個可以容納各種觀點的認識論。此認識論不是以「我」的觀點和判斷為主，而是撇開「我思侷限」營造敞開性的場域，並置多元開放性的認識對象。在此，術語對前衛藝術事件的操作，便是阿多諾演練新認識論的對象。我認為阿多諾由藝術問題性所開展的認識論，還需注意到術語所引出脫序的星叢文體，因為它最具威力之處，是來自此文體覆蓋下所產生晶體般的交互作用。

透過創造力十足的術語操作，阿多諾雖提供了極為先進的認識論，但其朦朧、脫序和未完成，卻也丟出他自己的疑難：既切斷歷史洪流又無能為力指出未來歸宿。

肆

論述問題性：
對星叢文體的另個觀察

作品裡的社會內在本質是藝術的社會關連，
而非在社會裡的藝術內在。（L'immanence de la
société dans l'oeuvre est la rapport social essentiel de
l'art, non pas l'immanence de l'art dans la société）
（TE 296）

　　從十九世紀末到二十世紀七十年代[1]，是西歐前衛（現代）藝
術運動最激烈的時期，又被稱為「藝術終結」[2]（fin de l'art）時
期。在這個時期，藝術叛離傳統準則，出現分歧且怪異的外貌。
阿多諾的哲學與美學思想，透過前衛藝術的語言變異，探尋論述
（discours）可能，便源於這樣的語言危機背景。不同於加達默的詮
釋學（herméneutique），倚重主體思想於當下與歷史之間的來回激
盪，阿多諾所發展出來的既非詮釋，亦非概念或觀念的主導，而完
全是以對象表面的語言形象問題、原因及其延伸，進行的放射狀探
索。為了達到問題、原因、起源及其延伸性的全面展開，他需要一
個開放場域，足以承載思想旅行的多向探索，接納各式各樣思想和
觀點，這是論述通向星叢文體的客觀要求。

　　本章旨在觀察阿多諾面對前衛作品所引發的論述問題性。面對
前衛作品形象，論述如何可能呢？這不僅涉及星叢文體的形成過
程，也涉及前衛作品形象為何拒絕虛幻，更關乎新哲學或新思想的
開展。討論阿多諾論述問題，將有助於從另一個角度觀察星叢文體
的操作特色，同時它也是評論（essai）的另一個面向。

　　問題集中在三個面向：首先是面對前衛作品的陌生形象，論述
問題性的實踐問題；其次，論述在前衛作品形象與拒絕虛幻的真
理之連結上扮演何種角色；最後論述的「思想不可能性」（impos-
sibilité de penser）特色。

一、論述問題性：面對前衛作品的陌生形象，論述如何可能？

（一）如何面對前衛作品的形象疑難：起源論與「思想不可能性」

問題出自於面對前衛作品語言變異，該如何著手呢？此疑難幾乎以各種不同方式出現在《美學理論》每個角落裡，例如形象（figure）、「失敗痕跡」（TE 161）、「難認的痕跡」（rebus）（161）、「謎樣特徵」（caractère énigmatique）（159）、「謎樣形象」（figure énigmatique）（166）或「謎樣影像」（image énigmatique）（167）等充滿疑惑、費解和難以名狀的表達，尤其使用「形象語言體態」（aspect du langage de figure）這樣的詞彙：

> 整個藝術作品，或藝術全部，都是謎。藝術理論一向受其刺激才引發論述。作品透露某些東西，同時又隱匿之，其謎樣性格應以語言體態看待。（159）

不用哲學的「思辨和陳述真理」（vérité énoncée et discursive）討論對象，而是不斷用問題性凸顯作品體態，這是什麼意思呢？這意味著阿多諾面對前衛作品怪異外貌，採用了非常獨特的問題性（problématique）應對方式。此問題性的出發點，奠立在兩個互相關聯的疑難上：一方面附加過重的思辨性意義是沒有必要的，另一方面相信純粹感官經驗（empirique pur）的直覺。前者意識到，在傳統理解力和文化記憶失效情況下，必要以新的態度面對不斷流變的前衛作品變異問題：不只是前衛藝術運動，叛逆傳統原則，顯現破碎、貧乏外貌，涉及世界轉變跡象，而且可能也是哲學脫離形而上困境的契機。然而如何進行呢？後者則涉及以何種語言開展非知覺的形象的問題。尤其當語言被背後的語言學規則牽制住時，如何使用它去討論越出藝術語言規則的前衛藝術呢？這不就像使用「藝

術」去描述「越出藝術疆界的東西」一樣荒謬嗎？

換言之，「形象體態」一詞的提出，類似德勒茲用「無器官身體」（corps sans organes）形容培根繪畫（FB 48-49），涉及阿多諾美學的引爆點。

問題的癥結，在於如何廣泛納入各類話語、各類理論，尤其讓當下的感覺發揮作用。這個全新的論述要求，也是阿多諾晚期在《文學評論》所提到的評論之前身，它首先是來自班雅明起源論的啟示[3]。

就像阿多諾在《美學理論》裡的觀點：「藝術是特殊經驗的實體」（substance d'une expérience propre）（TE 159），班雅明的《自傳書寫》（Ecrits autobiographiques 之 "Curriculum vitae III"），早已提及前衛藝術決不是純美感的，甚且指出如果相信藝術時刻就是美感時刻，企求由美感範疇獲得感動，那麼將出現與前衛作品完全疏離的後果。因為前衛作品的非美感化／現實化，已將藝術推向跨領域範疇：

　　如果克羅齊（Benedetto Croce 1866-1945）打開一條路線，能出入具體和特殊的藝術作品，在於他罷黜了藝術形式教條，同樣，我所有努力也傾向開闢一條路，罷黜藝術為特定範圍之教條。共同綱領，都是同意學科之合併，〔…〕上個世紀學科觀念之開放，促使藝術分析，承認統合時代宗教、形而上學、政治和經濟之全面性表現已是時勢所趨，不再將觀點侷限在觀念／概念領域。（Benjamin 1994 :31）

班雅明渴望的藝術作品分析（analyse de l'oeuvre d'art），為一跨領域範疇，要求再進行作品分析時，除了應避免被化約為觀念和概念的思辨，更應避免對形式迷戀。而最重要的課題應在於：如何找到藝術作品的敏感源？如何引進美感形式之外的範疇，來解釋撲

朔迷離的作品異質素？或者如何看待前衛作品的自體存在，及其起源？在〈論歌德《*Affinités electives*》〉（《*Les affinités electives*》 de Goethe）的導言裡，班雅明首度提到批評（critique）這個詞彙，主張透過「批評」，可透視藝術謎樣形象的真理含量，而在《德意志巴洛克悲劇》（*Origine du drame baroque allemand*）則進一步主張批評應該是歷史的。

這種以起源論接近藝術作品，而非詮釋學的看法，深深影響阿多諾「論述」的朝向：當我們面對陌生、奇特的前衛作品外貌，無法從文化記憶找到可類比的依據時，只能從歷史（histoire）演化脈絡探知端倪，找到作品變異和解構原因。他說：

> 藝術作品之謎樣體質，緊密地聯結著歷史。這是透過歷史，過去的藝術作品成為謎樣，更是透過歷史，藝術作品停止成為謎樣。歷史賦予藝術作品權限，唯有歷史可讓藝術作品遠離對它們存在理由的難受提問。（TE 159）

在歷史幫助下，「批評」可以越過浪漫主義作家、文學史家之美感規格，抓住藝術現象的當下性和豐富性。班雅明進一步指出，詮釋者和文學史家扣住事物內容，而批評者則藉由作品形象（figure de l'oeuvre），論述其真理含量（teneur de vérité），不涉入描述結構和分析技巧，而是連結和環繞，其目的是哲學的：

> 關於文藝作品之論述領域，研究方向應是批評，而非語文學。這是為什麼引用如此的研究方法，深入細節時，會遠離作品內容。文藝論述有時像是註解，但其實它應是一種批評。面對藝術作品，批評者尋求真理含量（teneur de vérité），而詮釋者尋求事物含量（teneur chosale）。界定這兩者關係，可為整個書寫定調：隨著從作

品之真理內容發展出更多意義，愈與作品之事物內容脫離關係，便會愈深刻。如果作品持續顯現真理內容，此時真理內容愈沈浸於事物內容，在這持續之過程裡，愈可察覺到真實元素〔…〕。真理內容和事物內容會合於作品的第一時間，隨著時間愈久，我們看到事物內容和真理內容分開來了，這時，真理內容永遠隱匿，而事物內容則顯露。時間愈久，詮釋作品之令人驚奇和迷惘的東西，──亦即註解作品的事物內容，對稍後的批評，是介入真理範疇的先決條件。（Benjamin 1971 : 161）

上面這段話，說明班雅明的起源觀主張：作品形象本身就是真理含量；真理含量就是作品形象本樣，而非出自美感範疇。此點有別於浪漫主義者的主張：真理出自於藝術作品內在的美感。

從起源角度，揭示作品形象本身就是真理，班雅明的本意，便是聯結哲學本身的問題，將哲學和藝術提升到綜合的人文科學層次，在搜尋起源時，連帶為哲學打通出口。在《神話與暴力》（*Mythe et Violence*）裡，他勾勒了藝術批評搜尋起源的角色：

整個藝術批評所以引起大家議論，便是大家認為藝術批評應以澄明作品內部為目的，從而非議在批評裡找不到與作品的直接關係。這種非議說明了大家對藝術本質的無知。影像允許我們以最直接方式回答這個敏感問題。假若我們結識一位予人好感和美麗的人，但他／她的沈默寡言，讓人覺得神祕，無從認識起。強行窺探他／她的祕密，這是不對的作法；但如果他／她有兄弟姐妹，或如果從其它方式，那麼較容易讓他／她的陌生謎樣之本質豁亮開來。藝術批評，便是由批評找出藝術作品之兄弟姐妹。而所有可靠的作品，均可在哲學領域裡，找到它的兄弟姐妹。明確地說，這是在形象裡，窺知哲學問題之理想典型。（223）

　　問題是，不進行作品內部分析，光從藝術形象之外貌，這樣的批評將如何進行呢？針對此，可以看到班雅明與阿多諾之間的有趣關係。一個提出了藝術批評的理論基礎，一個進行實際的實踐。如果班雅明在〈論歌德《*Affinités electives*》〉裡，提出了「形象為真理的攜帶者」，那麼阿多諾在《美學理論》裡則具體發展接下來的問題：如果形象確為真理表徵，將由何種方式取得？

　　關於這個問題，阿多諾的主張是，「論述」的有效性，取決於摒除過去的文化習性，保有類似彼俄提亞人（béotien）狀態，因為「唯有打破與作品之內在聯繫的約定，作品之精神才得以顯現」（TE 159）。這是說，「論述」應該「超出以作品內在作為探觸意義的文化約定」，去探尋作品現實化導致越界的原因。進一步而言，阿多諾已經遠遠超過班雅明對「藝評」的想像階段，直接透過「論述」將「前衛形象本身就是真理」，轉到造成形象問題的叛逆動作之原因的討論上。

　　不過，在面對藝術謎樣形象，既要求回到沒有教養的彼俄提亞人狀態，復又要求歷史與哲學的介入，顯然是矛盾的。然而阿多諾不擔心矛盾，他採取了區分（différenciation）和混搭等兩種論述方式，同時讓論述形成多觀點並置的場域。第一階段承認前衛作品的怪異面貌，並且進行形象描述、分析和評述；這個階段工作重點，主要是以「彼俄提亞人」的直覺，捕捉作品異質，並承認這些異質涉及世界變動問題；第二階段連結，這個階段工作重點，主要是以異質問題性，對歷史、文化和社會進行跨域詰問。

　　就此而言，既要求「論述」要保有彼俄提亞人狀態，復又要求「論述」扮演前衛作品與歷史、文化和社會之對質角色，其實就是設定「論述」乃「思想不可能性」（impossibilité de penser）的創造行動。

（二）彼俄提亞人與論述問題性

什麼是彼俄提亞人呢？在《美學理論》裡，彼俄提亞人與美學經驗問題是一併提及的。美學史上，彼俄提亞人[4]是一個含貶義的概念，意指對藝術、美學毫無鑑賞或理解力，而且也拒絕學習藝術、美學的人，此概念最常出現在浪漫主義美學論述裡，為粗俗（philistin）的同義詞。它與另一個常用的 Vantale[5]是有別的。汪達爾人事粗魯、愚昧的民族，會破壞藝術作品，而彼俄提亞人雖藝術文盲，但不敵視藝術。

在阿多諾眼裡，彼俄提亞人對於藝術作品的反應，是對前衛作品永遠呈問題性的形象應有態度「彼俄提亞人對藝術一無所知，聽到音樂時「眼露茫然感」（TE 160），此態度基本上否定了「以甘甜芳香接納藝術」（159）的文明模式。他們對藝術的茫然和純感官本能，凸顯了藝術為一文明長久積澱的形式，同時也說明藝術這種東西為民族的道德和信仰的審美意識形態。藝術既然為一個民族的美感結構，那就不見得也能觸動另一個民族的心靈。它有其密碼，不懂密碼的人，便無法賞析它。另外，彼俄提亞人對於藝術作品的茫然感，也顯示了文化／教養與本能／野性的根本衝突。

阿多諾提出彼俄提亞人，是革命性的。因為以一無所知面對永遠呈問題性的形象，徹底說明了前衛藝術性質，自古典的美感城堡出走，從此流離失所的事實。阿多諾這個認知，魏默說得非常清楚：「從本能角度，阿多諾由此建立模擬理論（théorie de la mimésis），來反對模仿理論（théorie de l'imitation）：他認為藝術並不模仿現實，而是挪移現實，強調的是本能解放。他在那裡發現一種已和解過的本能密碼，隱匿於謎樣形象裡，期待解譯。現代作品的本能解放，克服了精神與其對象物的生活分裂。本能就是以自身所含意的文化分裂，成就藝術的和解觀念。」（Wellmer 1990：

255-256）

　　阿多諾的彼俄提亞人視野，除了揭示藝術進入不斷翻新的不定性範疇，也指出前衛作品之「非概念性格，只能感覺之」（160）。因此，藝術論述首須正視藝術謎樣形象與觀者的鴻溝，體認到藝術作品的絕對緘默，避免陷入「講得像真的一樣，但卻不是那麼一回事」（160）。彼俄提亞人觀念，除了防範意識陷入錯誤，防範批評矇住眼睛自說自話，同時也指出物化的理性社會，是造成藝術趨向本能、直覺、野性、小丑、幼稚、庸俗與去文化的主因。後者為前衛作品的形象特徵，也是阿多諾所指稱的形象真理。

　　如果彼俄提亞人是革命性的視野，那麼也說明論述作為「思想不可能性」也應該是一種宣示。它宣示的是藝術、知識、哲學形態將進入不可測的時期，不只模式和身分無法預測，形態和課題也同樣無法預先得知，當然接受方式也必然完全改變。

（三）論述問題性的緣由：感覺與理解力

　　從彼俄提亞人觀念，阿多諾分辨了面對藝術謎樣形象的兩種態度：感覺（sentiment）與理解力（comprehension）。他指出，理解力愈強勢，感覺相對被壓縮，親近前衛作品不需要理解力，而是感覺。唯有感覺，才能實質看到形象問題性，此問題性乃真理位置：

　　藝術的謎樣性格與醞釀東西來理解，是不相同的；也就是說，醞釀東西來理解作品是客觀地再創造作品內在，賦予（思想）經驗，〔…〕。從作品的謎樣特徵來看，理解力本身是一個問題範疇。想從作品的內在理解作品，是無法理解的。理解力愈擴張，感覺相對地遭到壓制。（TE 160-161）

　　他反對如下三種介入作品的模式：一種熱衷於藝術魔力

（sortilège de l'art），他認為藝術如果是魅力範疇，那麼必定起於對社會已承認藝術語言的繼承，換句話說，凡是擁有藝術魔力的決非好作品，因為這褻瀆了「藝術之為藝術乃出自反藝術」。所謂好作品是那些非作品的東西[6]。一種是對作品抽象化的論述方式，他認為凡對作品作出沉思（contemplation）的人，必然排斥永遠呈問題性的前衛作品。一種從未直接感受作品，卻引用別人的評述來談作品的人。阿多諾要說的是：直接接觸作品，另外則是：藝術也如同知識，其價值建立在創造和越界上。論述應以此為目標。在《最低限道德》裡，阿多諾以蝙蝠為例，比喻論述作品前提是親自看作品：「想知道蝙蝠之美的人，須先知道什麼是蝙蝠，它不僅涉及到一種有翅膀的動物，而且是化裝舞會裡最常用的服裝造形；同時應該提醒他：明天，我帶你去看蝙蝠。」（Adorno 1991:208）

　　主張以感覺面對如「地震儀」（sismogramme）（168）般的前衛作品，凸顯了阿多諾與盧卡奇在藝術認知上的巨大差異。阿多諾強調藝術的問題性本質，全然取決於媒材技術特有的模擬過程，謎樣形象是越界和叛逆習性造成的結果。而盧卡奇認為藝術作品有一個清楚的現實呈現，藝術世界直接映射現實世界（Adorno 1982:106）。同樣是從馬克思主義的延伸者，也都同意藝術的核心在於揭露世界狀態，也都由此演練犀利的歷史哲學。不過，阿多諾全力關注模擬的探尋過程，讓他和盧卡奇在藝術映射現實的方式上，有著基本的分歧。這就是當盧卡奇還在應用馬克思美學的下層結構與上層結構之間互為，會出現藝術作為革命工具的新穎議題時，阿多諾已經以「藝術是在模擬的凍結狀態中行進」為起點，傾全力將藝術起因於社會缺陷，和叛逆再現美學的藝術變動之間連結起來。這種分歧，與其說是東西歐冷戰的產物，或與其說是站在不同的歷史進程上，不如說是對藝術性質和人的處境持有不同的看法。

　　盧卡奇限定藝術在歷史進程上做出努力，而阿多諾從藝術回到

問題性位置詰問歷史、文化和社會意識形態，其實比盧卡奇有著更深沈對人的處境的激進訴求。

這也是為什麼，阿多諾會看到前衛作品的語言變異，乃某種懸而未決的猶豫和某種力不從心的失敗。這不是尋常而言的藝術，而是搜尋、探測未知之域的冒險旅行。在阿多諾看來，這種藝術激進只可在兩個層面感覺到：1. 反智性，無法衡量的作品怪異形象；2. 歇斯底里，從作品怪異形象所感覺到藝術家不尋常的行為。

也就是這些在阿多諾眼中為超驗真理往世俗真理轉折（Rochlitz 1993 :39）的證據，都需要感覺發揮強大的渴望與好奇心。不過當「感覺」扮演的是形象語言／粗坯狀態與真理內容／彙報世界情況之間的會合點時，它不能只處在比俄提亞人的狀態，因為如果失敗痕跡的作品問題性，和作品媒材技術客體化有關的話。

也就是比俄提亞人的狀態充其量採取了「前衛作品可能的內在」的存而不論態度——「謎樣特徵具有不能解析之特質」（162），但仍須進行多向搜尋，來解決怪異形象所帶來的困惑，因而阿多諾的「感覺」或「比俄提亞人」實際應該理解為問題性的敞開，它有著展開問題探詢時時刻不能離開作品問題性的基本要求。此要求驅使思想以作品問題性為中心呈放射狀態。永遠以作品問題性為中心的論述方式，終究讓論述也處在問題性狀態，原因是當論述沒有第二時間的重整和歸納時，論述將處在流離失所的游牧狀態。這便是批判理論與現象學在思維上的基本分歧點。現象學理論者普遍認為，「理解力」的最高層意義在於解析作品，著重於擴張理解力與洞察力之疆界，其特徵是理解力側重「思想經驗」（expérience），而非必然成問題性的「感官經驗」（empirique）。在《否定辯證法》裡，四處可見阿多諾點名批判海德格，而《美學理論》全力捍衛「感覺」[7]，便基於此。

在《新音樂哲學》（Philosophie de la nouvelle musique）裡，以

「漂浮在海上的瓶子」形容荀白克的無調樂，堪稱是「論述問題性」的表達方式：

> 所有藝術技術之重要性，在於改變既有的藝術原則，創造從未存在過的形態。尤其，這重要性在今日更加明顯，由異化必然產生藝術技術之強度，成為作品內容。映射時代荒謬的藝術技術，其不可理解性之衝擊，來自於技術變異所呈現的剝除意義世界。新音樂為此犧牲了一切。它參與了世界所有的黑暗面與罪孽。它藉認同這不幸而找到幸福；整個美感，便建立在禁制美的外貌之上。沒有人想和它親近〔…〕。它斷氣、不得體、很難起共鳴。通常而言，隨著音樂，時間凝結在一種放射性的晶體裡，然而，無法和音樂起共鳴，就像一只有害的球掉入空無時間裡。新音樂——如同呆板音樂，其表現本能地趨向後者：掉入絕對的遺忘。它是漂浮在海上的瓶子。（Adorno 1962 : 141-142）

從上述摘錄，可以看出論述完全拋棄文獻學和藝術詮釋學，拋棄過往的作品內部的意義探索，以一種具創造性的作品功能主義——一種藝術的應用，完全依賴無調樂問題性做放射性的延展。這種論述因而注定只以句子為單位，句子與句子沒有因果關係，因為它們都緊貼在無調樂的問題上。結果可想而知，阿多諾將論述帶上一個前所未有的語言冒險處境。

這種「論述」的語意不是內聚性的，因為它的重心不在於讓語意自身形成觀念，而是緊緊黏貼在作品問題性的探尋上。箇中關鍵在於以作品問題性整體為感覺起點，讓論述呈放射狀，除了聚焦媒材、技術等物質的探討外，即使朝歷史、文化和社會範疇連結，同樣也都緊緊黏貼在所論的作品問題性上。那麼論述自身也因此呈現一種片段狀態且混搭性的表達疑難。此刻，我們便理解了「感覺」

所扮演的居中策動、引發、延展的不可或缺的主要角色。

我認為阿多諾的「感覺」視野，不能純粹了解成感官感覺，而應了解為一種永遠處在第一時間（就語意上沒有第二時間）的感官經驗（empirique）的感覺，一種讓問題性成敞開狀態的感覺經驗。瞭解此關鍵點，才能了解阿多諾之所以讓論述呈問題性的關鍵和這樣做的緣由。

二、論述問題性、前衛藝術與哲學形態的關係
（一）論述、藝術與哲學皆以拒絕虛幻為共同目標

面對前衛作品的問題性，到底是由感覺產生真理，還是真理預設於前，感覺隨之於後？在這問題上，阿多諾不同於姚斯。「接受美學」（esthétique de la réception）設想當下與歷史之間之所以發生交換作用，那是出自「前理解」（pré-compréhension）的引導。此「前理解」也要求預設性[8]，但問題不在此，而在於當下與歷史之交換作用還是發生於主體裡，雖然此設想彌補了「我思」的侷限，還是屬於二元認識論範疇。阿多諾的論述，也出自哲學設想，不過卻完全依賴前衛作品之問題性引出問題，引出探索式的思想旅行。

可見，與其說阿多諾將前衛作品看成真理是一種預設，不如說阿多諾論前衛作品涉及到他在傳統認識論之外進行一種非我思的認識論實驗。「論述」便是整個工程的實施行動。就此，「論述」作為「整個工程的實施行動」是一種預想，但他走到哪裡、如何發生則仰賴前衛作品的問題性。從這樣的角度，可以理解「論述」既要求以感覺面對作品問題性，復又要求各樣議題的連結，就不會是矛盾。換言之，不以「感覺」面對前衛作品便不可能承認其問題性涉及世界轉變，那麼各樣議題的連結就不可能發生。因此問題不在於「感覺到的東西就是真理」應由什麼範疇作出論述，才能恰如其

分闡明其真理意含;而在於由感覺到的問題性,所進行的搜尋式論述,本身就是真理內容。關於這一點,班雅明〈論歌德的《*Affinités electives*》〉所提的觀點對阿多諾「論述」的影響是直接的。這個影響就是透過「論述」,結合藝術、哲學與真理三者。班雅明指出:「可靠的藝術作品展示了哲學一體性問題的典範」(Benjamin 1971:223)。他認為在接納一件可靠的藝術作品,應有其真理內容的價值體認,論述重心應放在,作品外的價值衡量,就是以救世主的真理(vérité théologique)(Rochlitz 1993:34),作為前衛作品的存有價值。不過,此一形而上認定,在他的主要藝術論述——《德意志巴洛克悲劇》和《巴黎:十九世紀首都》[9],並沒有實質的分析,而只是作為論述的原則性指標。而阿多諾則讓這樣的看法徹底實踐為:藝術論述作為問題性開展,既是新哲學形態,也是真理內容。

從這樣的角度,才真正可以理解為何阿多諾會說「前衛作品的問題性本身即為真理」的原因。他說:

> 藝術與哲學匯聚於藝術的真理內容:藝術作品不斷地鋪展開來,不外乎就是哲學概念的真理(la vérité du concept philosophique)。(TE 171)

不過,上述的討論雖說清楚了「藝術論述既是新哲學形態也是真理內容」之間的關連,但當中還有個環節有必要釐清:那就是藝術的問題性到底引出什麼,而讓哲學家對藝術問題那麼興致昂然呢?弄清楚這個環節,有助於了解二十世紀的兩個現象:1. 哲學家為何談藝術?或者說二戰之後的哲學,為何與藝術關係那麼密切。2. 哲學家為何需要讓自己成為藝術家?或者說哲學家為何讓自己的語言形象化,特別是語言形象化,會讓語言從溝通轉化為無法溝通,從溝通性的表達轉化為不可溝通的表達,從豁亮真理的古典大

廈離開，而流離失所。

　　此中的關鍵點，在於阿多諾認為前衛作品語言變異就是拒絕虛幻的精神，不僅如此而已，阿多諾更讓論述實踐——星叢文體，以其脫序文體也扮演拒絕虛幻的角色。這也就是班雅明由救世主真理貫穿哲學與藝術的想法：藝術與哲學應以拒絕虛幻承擔此一重大的歷史運動。呼應班雅明的，不只阿多諾而已，它實質構成法、德思想界的核心課題。

　　什麼是拒絕虛幻呢？或者說前衛作品是以什麼方式來拒絕虛幻，從而參與歷史演化呢？引李歐塔在《崇高與前衛》（*Le sublime et l'avant-garde*）裡的說法，可以將這個問題看得更清楚：「前衛不依附於主體所發生的，而是依附於主體發生了什麼，屬於貧乏層面。便是以貧乏方式，前衛屬於崇高美學。」（Lyotard 1988 :115）這段話清楚地表達了，前衛作品不再是偉大的場面，它只是從事件、個人日常經驗，藉由與現實關係密切的媒材，一種社會掩飾系統被勾破的小裂縫，由此發現與行政管理世界一個截然不同的、尚未命名的社會真實狀態。李歐塔以貧乏（dénuement）形容前衛藝術的外貌，完全相同於阿多諾以「無法妥協的矛盾元素」（l'élément non réconcilié des contradictions）和「不可溝通的溝通形式」（forme de la communication de l'incommunicable）來陳述前衛作品的形象體態，都看出前衛藝術是以撞擊性的醒悟精神為訴求，其激發點來自破碎且貧乏的外貌：

　　在管理世界裡，藝術作品所感受的恰當形式便是不可溝通的溝通形式，〔…〕由此取代了往昔崇高概念的位置。（TE 251）
　　對於這事實，崇高成為是潛伏的。藝術要求真理內容，內含無法妥協的元素，並無能為力去實證針對傳統崇高概念的否定性，只能以當下無限之某些東西呈現。（253）

李歐塔以「貧乏」形容前衛藝術的外貌，完全相同於阿多
諾以「無法妥協的矛盾元素」和「不可溝通的溝通形式」
來陳述前衛作品的形象體態。

　　前衛作品充滿異質的外貌，什麼都不說，就在那兒，如同一異
形的存有物。此一存有物的謎樣形象，涉及到視覺震撼，足以傾覆
觀念世界。它比思辨性的真理更具體、更真實，更不可測量。「思
辨知識之真不晦澀，但無法掌握真；藝術之知識，擁有真，卻不可
度量」（166）。如同阿多諾眼中的克利繪畫，具有兩種「不虛幻」
特質：

　　其一，視覺習性的撞擊。失去密碼可認的潦草痕跡，具有強烈
的虛幻特質。其二，前衛作品為社會問題之表態。潦草外貌，雖不
直接露出對現代社會的觀點，但所有奇形怪狀都反「藝術魔力」而

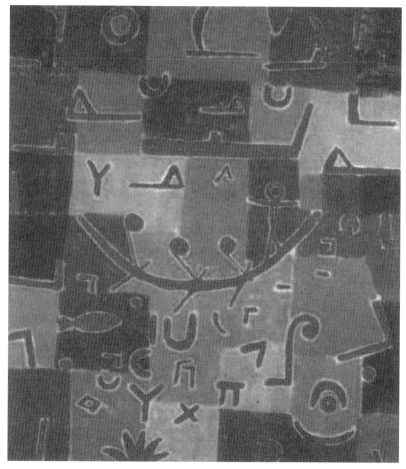

克利（Paul Klee 1879-1940），《尼羅河傳說》，1937。失去密碼可認的潦
草痕跡，具有強烈的虛幻特質。潦草外貌卻都是為當代社會問題的表態。

行，語言的一切，都是當代問題的表態。（TE 55 ;87 ;167 ;370）

　　阿多諾的拒絕虛幻，也就是德勒茲以無器官身體，將培根看成
原生組織的英雄（héros de l'organisation primaire）。前衛藝術和精
神分裂症身體的去領土化極限有關，作品威力展現在表面上的材料
流量（flux），具有逃離有機體（文明）的醒悟性，如同德勒茲的培
根繪畫論述：

這是貝克特的人物和培根的形象的共同圖像，一個相同的愛爾蘭人：圓形場域、隔離、無人；圓形場域裡的痙攣和癱瘓系列；警醒者的小散步；證人在場，他感受、看和說話；身體逃離的方式，也就是逃離有機體……。它從一張呈 O 形的嘴巴、肛門或肚子、喉嚨、或馬桶的圓形、或雨傘尖點逃離。有機體之下一個無器官身體的在場，有機再現之下一些過度性器官的在場。（FB 51-52）

德勒茲以無器官身體論培根，類似阿多諾以論述探索前衛藝術的問題性。從無器官身體，可以看到德勒茲在文明問題上的態度，而從論述則清晰了阿多諾營造星叢文體的思想意圖：

1. 將論述當成感覺與連結同時發生的時間力量（force du temps），這是把論述當成創造一件藝術作品的途徑。從論述可以看到星叢文體自身奇特的時間感。

2. 將論述當成未來的哲學形態，這是把論述當成逃離再現的哲學，通向另類的途徑。從論述可以看到星叢文體為何需要癱瘓語言的緣由。

3. 將論述當成前衛作品問題性、各式議題和論者等三者的在場性，這是藉由論述去傳達一種違反習性的奇特書寫。

4. 將論述帶向延伸、偏離、交鋒、壓平和拉長的無限發揮，這是透過極度化的論述，凸顯活力或力量。

（二）哲學身分的重建：哲學模仿藝術

值得注意的是，論述著重在作品問題性及其延伸，而非作品內在意義的詮釋，因而避開了自浪漫主義美學以來藝術哲學造成減損藝術作品的疑難。阿多諾對此是意識的，正如他說：「作品內容只能由哲學反思取得，到最後，不外乎是為美學辯護。」（168）這是合乎邏輯的，因將作品問題性放到美學場域、思想或哲學開展上，

所以重心是在作品發生的起因，以及作品性質和啟示上，自然不可能發生取代藝術作品或減損藝術作品的情事。

就此而言，論述不只從前衛藝術發出「藝術不會固定」預言，事實上也涉及迴避藝術哲學造成減損藝術作品的問題。這問題極為複雜，需要從阿多諾的「哲學」身分重建動機談起。

阿多諾的哲學重建課題涉及藝術論述。這個一體兩面主張，首度出現是在一九六六年出版的《否定辯證法》。在這本重要的論著裡，阿多諾將哲學反思放在批判唯心主義美學的疏離現實上，尋求哲學如何可能。阿多諾的批判，集中在兩種哲學習性：

1. 概念思維的哲學問題。概念的過度發展，會將自己視為絕對。概念思維以理念作為綱領，是由唯心主義哲學傳下來的，「它之所以腐敗，就在於它的無限」（DN 18）。如果哲學堅守概念思維模式，其結果就會像現象學和西默爾（Georg Simmel 1858-1918）傾向於全面的表露（extériorisation intégral）。

2. 無限性（infinité）與和諧（harmonie）的哲學問題。唯心主義哲學家所以伴隨著一種相當不恰當的容易，就是老把無限掛在嘴裡，「這是因為他們想緩和概念工具所造成的狹隘侷限，以及對概念如針扎的疑慮，黑格爾雖然有他的意圖，但仍分擔這種疑慮。〔…〕傳統哲學相信以某種無限掌握了對象，卻成為有限、封閉的哲學。」（19）促使傳統哲學致力於實踐其獨有的無限性，是冒著風險期待所解譯的每個特殊和個別，再現於自身，「如同萊布尼茲的單子，這個思想不停地與對象物脫離，較不依賴既有的不協調，而是和諧。」（19）

正如前衛作品奇形怪狀的體態，新的哲學內容為了符應現實狀態，必須建立在批判哲學至上與哲學完美上。哲學的可能性，「只能在哲學不能給予情況下，取得哲學內容。同時應該放棄虛幻，哲學才能在明確之有限裡，捕捉到本質。」（19）在阿多諾看來，意

圖改變哲學現狀的哲學思索，有必要先打破哲學的自我封閉和自大，不再相信哲學可掌握對象一切，不再相信哲學擁有一切，然後將自己固定在現象觀察上，拒絕成為無限，這是哲學不可捉摸地成為無限的前提。那麼哲學內容將會是什麼呢？他的設想是：

> 哲學應在客體的多樣性裡，絕不套用任何公式或命令，或由客體主導哲學趨向，或由哲學探索客體；哲學應真正地關注客體，它不能將客體視為鏡子。（19）

哲學瞄向非先驗性，並且在沒有保證之情況下，透過自己擬造的概念，進入「不可馴化的領域。」（20）所以在《否定辯證法》裡，阿多諾語氣強烈地提到，為了避免陷入同一性思想（pensée identifiante），為了觸及流變的日常生活，及其非同一性真理，應該使自己相似於前衛藝術那充滿非一致和失敗痕跡的形象語言，尤其是那游牧的和流變的模擬狀態：

> 哲學模仿藝術，想要成為藝術作品，這種哲學便會抹去哲學原有的習性，〔…〕正是思想經驗與作品異質之關係，對哲學是一種主題。藝術與哲學之所以能共同在一起，並不是在形式裡，或在形塑形式之步驟裡，而是在它們阻止虛幻的態度上。透過它們共同的對立面，藝術與哲學各自忠實於自己特有的內容〔…〕。（20）

「哲學模仿藝術，想要成為藝術作品」，揭開了阿多諾以論述接近藝術的秘密。這樣的動機，也可在康德和謝林思想裡找到。後者發現直覺（intuition）和概念（concept），只在思辨知識無法觸及的綜合的理念視域下才能完全合在一起。延續康德的這條脈絡，讓謝林得以經由嚴謹的「真」的論述，搭建感性系統與真理關係的邏

輯，從而讓哲學與藝術之間有了溝通的平台。我認為阿多諾打通哲學與藝術的關鍵點，也是建立在這條革命性的軸線上，更為重要的是不再像康德和謝林只停留在理想的美感上。而是在前衛作品模擬語言啟示下，揭示形象語言所內蘊私密的日常生活的心緒，並由此彰顯真理的非同一性（TE 176）的世俗趨向。這種思考趨向，讓阿多諾切斷黑格爾的主體哲學（philosophie du sujet）的論述模式，為藝術、思想、哲學性質打開無限想像的空間。

換言之，哲學模仿藝術，是阿多諾避開自浪漫主義美學以來藝術哲學造成減損藝術作品，主要的措施。

因此問題在於「哲學模仿藝術，想要成為藝術作品」的實踐方式。此仿效主要在於拋棄主體主義（subjectivisme），讓作品問題性帶動論述，進入世界知識範疇，阿多諾的仿效大致集中在：首先仿效前衛作品以本能和非意識遊戲，叛逆語言學的中心主義；其次，仿效前衛作品透過濃厚現實情愫的模擬動作，讓自己的書寫進入去意識和去理性的肉慾烏托邦世界；最後，仿效那難以理解的異形外貌，讓論述進入語言實驗。

為求這種模仿能徹底阻擋主體主義，阿多諾還要求論述，要有「假使它朝向藝術時，並不是以一種熟練的過程，獲致效果。」（l'esthétique pourrait à nouveau attendre l'art, supposer qu'elle en fut jamais capable）（TE 433）所以如下體認是必要的：

1. 論述不應被侷限在美感理解力上；

2. 論述須體認作品謎樣模擬語言的多義，其錯綜複雜只能以某種單義解析，並且意識任何論述均屬於謎的一部分；

3. 藝術作品之模擬形象的謎樣性格，需要論述，但論述之結果不會使作品謎樣特徵消失。

阿多諾稱他的論述為哲學的「詮釋的理性」（raison interpréta-tionnelle）（168）。並且認為，「詮釋的理性」作為表現的論述，能

從作品外貌的貧乏、無意義，經由歷史脈絡，比對作品異化的原委，同時認知哲學論述必然承受作品威脅，畢竟任何論述均意圖揭開作品之謎，同時也容易陷入論述壟斷的陷阱。論述有如此的體認，是因為它深刻知道前衛藝術進到史無前例的精神錯亂狀態[10]。

（三）非概念論述：使用主體哲學術語的理由

魯道夫・比格（Rudolf Bürger 1938-）在〈關於崇高的意志〉（*De la volonté du sublime*）裡提到：「不必等到後結構主義者的本體論對主體哲學的反駁，因為海德格的存在分析，已將主體埋葬在人的存在裡。」（Rudolf Bürger 1993 :64）此處提及的主體死亡，指的是從笛卡兒到黑格爾的主體哲學的衰微。阿多諾論述最大的特徵，就是將前衛藝術的語言變異，看成從我（傳統的主體意志）到非我的世界知識。這是把哲學命運、藝術解構和人的視野完全合在一起的思想訴求。就像前衛藝術是建立在鬆動傳統藝術規則上，論述也得建立在主體哲學術語的批判上，因此不得不觸入歷史、文化和社會範疇，尋求新的命題，尋求另種對人的處境的反省途徑。此為哲學活力之源。

也因此，論述活力課題便是哲學的可能。為了解構主體哲學概念，它將取決於：1. 建立作品在歷史、文化上的時空位置；2. 建立具有世俗特徵的新真理內容。論述應在這兩種面向之間往返交錯，一邊將作品模擬形象植入歷史、文化發展裡比對，一邊從人文史的自由追求，尋求真理面貌，特別從意識（黑格爾）到潛意識（佛洛伊德），從理性（柏拉圖）到非理性（尼采），從我思（笛卡兒）到我思解體（班雅明）等二十世紀非意識的前衛運動，展開哲學反思和前衛作品相互印證的文化批判論述。

當中，論述遭逢的困難，便是不得不以「主體的哲學術語」來思考新的真理，同時知道新樣態的真理絕不是主體哲學術語所能涵

蓋，也是基此原因，整部《否定辯證法》全面批判唯心主義哲學思想，意圖打破，甚或改造、擴張傳統的哲學概念。似乎這是不得不然的過程，因為面對史無前例的社會變動和前衛運動，唯有不斷叫喚過去，批判過去，溝通當下與過去，才能建立具歷史性格的藝術論述。整個論述，充分體認到，真理不再是唯心主義的主體屬性——我思的主體世界，藝術也不再附屬於社會具有教化意義的他律（hétéronomie），如果想重建真理和藝術，則必須要提出唯心主義哲學和美學觀，如意圖（intention）、同一化（identification）和掌握（possession）等概念之外的範疇。這也是《否定辯證法》所尋求的非概念論述（discours non-conceptuel）。

哲學論述，因此是唯一能接近前衛作品的途徑：「可靠的美學經驗應為哲學，否則不該存在。」（TE 172）。正如班雅明在《神話與暴力》裡對於藝術與哲學之關係的陳述：

哲學全體，其系統，比起整個哲學問題的要求，有更大的力量，因為在所有問題的解決裡，統一體（unité）是不能質疑的。事實上，就哲學的這個提問而言，新問題立即浮現：即對於此問題之回應與對其他問題之回應之間，統一體取決於什麼呢？從那裡，隨著而來的，就是無論如何不能碰統一體問題。所以問題之典型[11]，就是反應在哲學裡，不存在質疑概念，即哲學統一體不能被懷疑。假若，在任何情況下，系統絕不能被懷疑，那麼，毫無疑問，一定存在著某些東西（productions），具有與問題典型最深層的相似性。這就是藝術作品。（Benjamin 1971:223-224）

在一件藝術作品裡，真理不應是質問對象，而是辨識出來的，就作品而言，那是一種要求。如果能確定所以美是由於真，美指出真在哲學裡的潛在位置，那麼，這意味所有可靠的藝術作品，均是對哲學問題之典範的一種宣示。（224）

論述前衛藝術，是哲學自我轉換的機會，這不單單因為藝術不能以其他方式理解，而是因為藝術真正可靠的投注是整個現代時期「人的存有問題」和「人卑微地尋求存在可能」，這些正是哲學的新課題。藝術是唯一向我們呈現真理的場域：「在這裡，真理想說的是：生活視之為救世主之期待，那不涉及到一種以思辨證明的真理，而是一種真正的生活品質。」（Rochlitz 1993 :30）。那如同可靠的藝術作品，俗世真理是以形象呈現。

更準確地說，一件可靠的藝術作品，以激烈的方式，試圖澄清它的現實感覺，其遭逢大致是失敗和沮喪，它以非意識模擬，造外貌的反，投射真理想望；「這屬於哲學用心去達成：即越過概念論述」（DN 20）。藝術與哲學雖然各自忠實自己方式，但它們的共同的敵人：虛幻，卻得以殊途同歸。

正是為這樣的目標，阿多諾投入畢生精力。

三、論述問題性與「思想不可能性」

（一）論述應有「我是他者」的精神

阿多諾貼近前衛作品，集中在作品的變化（模擬過程）與不變化（猶豫痕跡的外貌形象）兩種問題性層面。前者屬於動態的，後者則是靜態的。動態部份因為看不到，主要由靜態痕跡問題，導出創作的技術和材料的非常態緣由，同時連結到尼采、梅洛龐蒂、馬克思、後佛洛伊德等相關的非意識思想。靜態部份，則環繞在「物」的物質痕跡，側重描述。阿多諾的論述課題，首在處理從動態和靜態特徵，到現實情愫與逃離之間的空際。雖然他認為：「如果作品便是自身，那麼唯一能理解它便是模仿」（Si les oeuvres n'imitent rien d'autre qu'elles-mêmes, seul peut les comprendre celui qui les imite.）（TE 166），不過，模仿只涉及「客體優先」（primat de l'objet）（DN 146）的要求。關於填補空際，他有一句話更具體

地表達了所要採行的措施，這就是：「凡本質是模擬的，便期待一種模擬的態度。」（166）。模擬在此意味著一種獨特的書寫態度。

《美學理論》幾乎未提書寫（écrire）問題，倒是前期論文早意識到：「當前，哲學家勢必正面迎擊已成廢墟狀態的語言。它的素材，就是文字的破碎殘骸。」（Adorno 1973 :368），《否定辯證法》之前言，更清晰地提出他的策略：

> 閱讀一九三七年《知識理論之形而上批判》裡的一部分，亦即論文的最後一章，班雅明談及應該穿越凍結於抽象空想的荒漠，使哲學達到實質具體的程度。《否定辯證法》以回顧以往方式，描繪了這樣的路線。在當代哲學裡，大部分時間，具體化僅以隱瞞事實之方式被提出。面對這樣，這論文在一種大尺度的抽象裡，以有利於哲學之可靠性，來解釋作者的具體步驟。如果說在最近的美學論戰裡，大家談及反劇情（antidrame）和反英雄（antihéros），《否定辯證法》與這樣的美學主題保持距離，可稱為反系統（antisystème）。對於邏輯方法，《否定辯證法》拋離統一體原則和概念的至高無上，意圖將反對統一體邏輯的觀念向前推進。（DN 7-8）

這段摘錄說明了他的書寫集中在語言表達問題上。綱領如下：視科學辯證法和刻意選取的客體對象為最高指導，前者為論述之綱，後者為論述現實化和具體化的依據，並且設定一不斷存在的對立面：主體哲學。具體而言，阿多諾讓書寫趨向雙重運動：摧毀和緩慢。摧毀什麼呢？阿多諾的書寫不僅具有攻擊性，而且帶有摧毀性：1. 讓書寫超出意識掌握之外，以糾纏一起的含糊文字表達，探索語言觸及不到之處，避免形成內聚的和清晰的觀念；2. 將主體哲學的術語，帶入此一場域，瓦解術語的固定意義；3. 以混搭、雜亂的連結，以及小塊面的拼貼，凸顯未完成的場域性格，打碎主客體

認識論的歸納邏輯和清晰。為何需要緩慢呢？緩慢是讓原本會朝中心化的知覺模式，因偏離和插入語而造成漸歇或中斷。緩慢其實是讓書寫永遠停在消極性，某種阻斷主體活躍性，讓書寫變成問題的動作。

書寫幾乎成為倒置主體性建構過程，這是讓語言碎成廢墟（en ruine），從中重新尋找出口的動作，也是德勒茲的提問：「我們如何鬆動自己，並且擺脫自己？」（Comment nous défaire de nous-même, et nous défaire nous-même？）（Deuleze 1983:97）

因而，從動態和靜態特徵，到現實情愫與逃離之間的空隙，便提供阿多諾進行「思想不可能性」的場域。或者說，為了刪除前衛作品語言變異與世界轉變徵象的界線，阿多諾運用前衛藝術與社會問題之決定論，以及語言變異與藝術變異的積極性侵蝕（ablation positive）的非決定論（藝術變動不取決於社會因素）之間的交錯，不斷製造和開展議題。這是一種走在沒有依靠的山脊上，一種「我是它者」（JE est un autre）（Rimbaud 1960 :343），拒絕熟練的「思想」（penser）行為。

「思想不可能性」，從而讓論述處在如何可能和表達如何可能的緊張狀態。這在阿多諾思想是關鍵的，因為表達如何可能和哲學如何可能一樣，皆取決於修辭。如果阿多諾提出論述如同模仿，那意味論述之所以可能在於能否在貼近對象時的開放性，那麼什麼是哲學和知識便迎刃而解。

因為那取決於不可測的裝填過程的書寫方式和修辭形態。

（二）論述的混搭時間性

比普納認為阿多諾「論述如同模仿」的觀點，最大的特色是認定前衛作品具有「技術進步面向」，能夠提供「社會進步視野」。

比普那所謂的「技術進步面向」，是說藝術家的前衛意識由社

會物質生產、技術之引導而形成，具有開拓性；而所謂「社會進步視野」，則是說前衛藝術家在技術刺激下，採納新媒材和新藝術課題，其怪異外貌，具有映射社會結構與人之思想的進步視野的含意，這個部份意味藝術家的冒險動機是由各種因素醞釀而成（參見 Bubner 1990 :104）。比普納解釋了阿多諾為何主張「論述如同模仿」的原因，卻疏忽了「論述如同模仿」當中的關鍵條件：以何種方式「揭示前衛外貌的語言變異」，以及怎樣的論述方式能含納異化、衰亡、解構和幻象等二十世紀人文現象的問題。

　　我認為當中的關鍵條件，在於阿多諾讓論述扮演裝配角色，作為容納各類問題交鋒的場域。

　　《美學理論》這樣的做法最為鮮明。它取決於一種系列的「同時發生」（simultanéité）之時間觀。此系列性時間，由物理時間和非物理時間系列組合而成。非物理時間指的是在時間停頓中，讓各領域觀點齊聚一起相互對質，讓過去、現在和未來於瞬間爆發，能擺脫學門區分和編年學（chronologisme）時間限制的獨特思想模式。而物理時間，指的是夾雜在非物理時間系列之間的無數間隙。《美學理論》構思和書寫長達十年，不僅每個非時間系列書寫於不同時間，而且每個非時間系列是以堆聚方式組合一起，在每個非時間系列之間實際存在著無數的物理時間，雖然不易看出來，但它們確實存在的。

　　這種同時性，說明阿多諾的論述不只是要求開放而已，其實主要就是扮演穿針引線的任意門角色，既連結各式理論進行辯證和對質，又能將前衛作品的語言變異放入各藝術類型的知識結構進行擾動，且能自由穿梭於哲學性質、藝術性質和知識性質的問題之間。從實踐在音樂、戲劇、文學和繪畫，乃至哲學、政治、社會學、歷史和經濟學的混搭性來看，它擁有消極性，排斥調節和結構，允許隨遇性事件發生，同時將事件本身視為新存有論，肯定地看待每個

時間所進行的書寫。

論述因而具有「我是它者」的探索、極限、不定性，會隨著所關心的議題而去的旅行特性。

它如果有著運動（mouvement）、速度和動能的話，那決非類似汽車奔跑的運動、速度和動能的可見性。它是不可見的，因為由「非時間思想系列」和「物理時間間隙」組成的混搭文體，製造了自身奇特的斷續節奏、速度和動能之內在運動。它超出阿多諾自己，因為它既不掌握自身位置，也不計算，既不擔心雜亂，也不在乎陌生。它以晶體狀態體現。而其引爆點，便是被阿多諾喻為前衛的「謎樣女怪斯芬克斯（Sphinx）」：

> 每一件藝術作品展示不同的謎樣空間，就像隨著不同特徵有著不同解答的回應，正像解譯斯芬克斯（Sphinx）這希臘神話的謎樣女怪，雖然允許多樣解譯，但其謎樣並不允諾所有解譯的統一。換言之，解譯統一，是騙人的，這便是所謂作品的謎樣特徵。（TE 168）

所以如果由論述所編織出來的場域，內含一種藝術哲學形態，那決非黑格爾式的理念的藝術哲學。從時間問題，可看出阿多諾論述和黑格爾理念之間的差異。理念的藝術哲學出自於正、反、合的辯證同一性，其時間結構是由一個擴張的我思／理念為基點，以同時的方式，一邊回溯歷史形構藝術詮釋學，一邊將藝術還原為有待實踐的身分。其藝術哲學特色：理念的自為同一、自我芬芳性格，讓藝術作品不是用來服務於某種「超驗意義」（signification transcendante），也不是用來服務於一種外在目的，而是設想與現實相互抗衡的某種自為存在。這種同時的時間觀，雖將我思具體地化為理念，不過還是只停留在「藝術為自由靈魂」（l'âme libre）

斯芬克斯（Sphinx），被阿多諾喻為前衛的「希臘神話的謎樣女怪」。

（Hegel 1995I :207）的設想上。

　　同樣具有同時性特色，但此間差別在於黑格爾的同時時間觀，是由理念／我思完全支配的封閉世界。而阿多諾的同時時間性，則屬接納異質、混搭、實驗和交鋒等歧異並存場域：一面將思想帶向前衛作品、當下處境和歷史問題的搜索，從人的處境探詢藝術和藝術哲學性質，一面出自一個對現況和對過去的不信任之時代氛圍，所產生拋棄一切、還原或超越的渴望。

　　所以阿多諾所說的「論述如同模仿」不是單純的認識論提示，

只仿效前衛藝術的變異語態而已,實有將論述當成一種搏鬥性的反作用動力(réaction)場域的用意。進一步言之,當論述成為一種文化、歷史、社會和語言的叛逆體,那麼論述實質也被阿多諾當成一種藝術行為。

這是為什麼論述引出的星叢文體,其藝術哲學視野,會不同於黑格爾的藝術詮釋學,乃至越出叔本華—尼采美感主義等整個西歐對藝術的理想形象傳統的原因。

(三)論述形態:敘事、範例與並置

阿多諾的論述是演化的,如果《否定辯證法》勾勒了非概念論述雛形,那麼《美學理論》則是實踐的巔峰。由論述形成的星叢文體,主要包含三種特性:

1. 不定性的敘事(narratif)。在《文學評論》、《否定辯證法》、《啟蒙辯證法》和《美學理論》,阿多諾集中火力批判同一性(identité)、系統(système)和理性中心主義(logocentrisme),這是他進入敘事(narratif)的思想背景。敘事是一種針對對象徵候的辨別力(discrétion),具有不定性和無所限的陳述特性。它會隨著徵候而不停地引發追根究源的探索和評述,穿梭於歷史、文化和知識之間而綿延不絕。以《當前音樂與繪畫之關係》(*Du rapport entre peinture et musique aujourd'hui*)為例,阿多諾藉由討論前衛音樂與前衛繪畫相互影響的問題,放射性地陳述前衛音樂從時間性轉折到空間性之多重變異原因,細膩地發揮「敘事」的辨別力。例如在陳述當中,提及荀白克在一九一〇年與音調決裂,是否源於前衛繪畫的啟示的保留語調。進而延伸去指明了前衛繪畫之空間性的秩序,和某種理性邏輯有關,相對於無調樂自身的混沌和吵雜,形態上差異極大,但在油彩材質之於繪畫,音調材質之於音樂上,則可以看到在表現上的共通性。甚至指出繪畫的解放涉及直接的視覺感

官，事實上走在音樂之前，扮演前導的角色。

敘事不僅追根究源，環繞在藝術事件週遭，引出相關的人、事、物的特性而已，還牽扯上哲學、藝術、歷史和藝術創作等繁複因素，中間甚至不時加上從許多不同面向的批評，這些出自四面八方、差異極大的陳述，都被共同地都置入沒有段落的表達裡，從而造成極度混亂的語意。以下論述德布西（Claude Achille Debussy 1862-1918）音樂可看出阿多諾獨樹一格的敘事：

這種情形就發生於九十年代的德布西身上，以難以描述的觸覺和銳利的敏感性適應音樂材質之特徵，於此他從偉大繪畫之成果，獲得啟示，卻沒陷入繪畫結構的模仿。因為，德布西涉入的是音樂和繪畫之外的東西，即在明亮的效果上，求助於朦朧之調和，另外相似於印象主義逗點式的筆觸技術，則是由聯合斷發性音程觸動聲音發展出來。從十九世紀沙龍音樂所不流行的路線出發，德布西將這種技術的推到美學層次。其樂曲，少有大擴張效果，因不再有連續性，從某個角度來看，他的樂曲避開了流動起伏：靜態的與空間的。在著名的《焰火》（*Feux d'artifice*）之第二部最後的前奏曲，如果從發展來看，獨特的片斷連續，可視為未定的：本質上時間進程不具節奏形式性質，確切地說，較具有聲音與品味並置的對比性。如果在哲學實證主義精神，回憶與等待被抹去是真的，那麼我們承認每次的偶然，就佈置外貌和音樂氛圍而言，德布西音樂重視：避開意義的晦澀與時間的辯證，並致力於看得見的垂直之同時發生，這與時間之流動是不同的。（Adorno 1995 :22-23）

例如《稜鏡》（*Prismes*）的巴哈音樂論述：

巴哈時間所以被視為現代，在於利用有趣的、愉快的、遊戲

的，來解放嚴謹事物之沈重。在溝通的氛圍下，推想聽眾對採用形式語言叫喚古代秩序，彌合於祖傳神學範疇，已不再感興趣。對於剔除古代形式根源的表現方法，沈浸於客觀精神，這個歷史必然性是不能否認的。也不能否認，這個轉折解放了通向真理的最高形式，以及它對人的說服力，特別這個獲得的自由代價，就是音樂內在的一致。此為第一批普羅形式的作品之自由代價。（Adorno 1986：121）

語言此刻既沒有結構可言，甚至句子和句子之間的因果關係也看不到了；句子像似漂浮於水上冰塊，大小、形狀不一，成碎裂狀；歷史、哲學、文化、藝術、社會、語言和政治等所有相關問題糾葛一起。這種獨特的敘事形態，形成星叢文體不可或缺的事件陳述。

2. 以偏概全的範例（modèle）特色。《否定辯證法》的〈導言〉解釋了範例作為論述對象的理由：「範例觸及特殊性，有過之無不及，這種特殊性不會被含括入全面性的概念裡。哲學思想是一種範例狀態的思想；《否定辯證法》為一範例分析的總和。」（DN 36）以偏概全的極端書寫型態，凸顯了獨特與個別的菁英取樣，主要是針對系統理性的革命。阿多諾偏愛某些獨特的藝術家，而這些藝術家也確實為十九世紀和二十世紀扮演藝術轉折推手的代表人物。例如荀白克無調樂堪稱是代言現代性藝術核心範例之一：

非常合乎邏輯地以整個音樂自居，他認為應以專橫態度決定一切，服從音樂材質走向。在他的音樂裡，自由觀念起於外在需求但遭到抵制，意圖超越自己趨向客觀化的失敗結果。在美感結構之中強制觀點下，音樂客觀化有其內在的不可能性。音樂不能真正表現自由，因為強迫自己擴張權限，將自己推向專橫，音樂表現便是探

詢，並實現之。（Adorno 1986 :105）

　　文學之貧乏，顯示全面美感形式是辦不到的，這如同一件宗教樂曲出現於最後階段的資本主義的不適當；如果蛻化成幻象或意識形態，只會招致全面否定。傑作通常只是未完整的、承認失敗的，而荀白克音樂意識所提到的，是一種片斷，含意全部，它超越了所有的成功。（143）

　　以範例喻全部，讓阿多諾避開藝術史的文獻實證，可以更自由地在論述中連結在相關議題，或作為議題引言之用。它最經常以碎片插入方式散佈地出現在星叢文體裡，往往不管論點是否連貫。事實上，它也是產生矛盾和異質的因素之一：「意識到不存在完美的藝術作品，我們捕捉這種危險特徵。美學應將這種冒險聯繫起來，伸展其對象到作品客體性要求，以及自己特有的客體性，害怕科學性理想的過度，美學遇到這樣的矛盾；然而，矛盾卻是美學活力的元素。」（450）所謂以範例喻全部，這個全部較不是藝術全部，而是基於「作品內蘊社會的真實狀態」觀點，指的是現實；因而，範例的異質和矛盾痕跡，如稜鏡和萬花筒般映射前衛事件與人日常的心緒流變。在論述裡，這些前衛範例扮演的是真理論據。

　　3. 反因果關係，以並置（parataxis）開展另類表達。如果評論性的敘事在星叢文體裡扮演的是事件陳述，範例具有論據效用，那麼並置則是星叢文體稱謂的由來。也就是並置如同無形的線索，將不同出處和歧異的事件、評論、範例等以面的型態混搭地編織一起，就如同夜空中的諸多星座，星座的每顆星星之間看同一平面，其實彼此差距何止萬里。正如齊瑪的說法，阿多諾在《美學理論》裡實踐的文體，「傾向赫德林詩的並置與聯結，其主旨正是藉由統和矛盾，化解文字的系統性和全面性，〔…〕這些格言式的句子交錯並置，聯繫出的語義和形象相當獨特，使得《美學理論》文體令

人印象深刻」（Zima 1985 : 113）。

　　並置堪稱是一種文體實驗，這是阿多諾的藝術論述不是詮釋的關鍵。此舉既非虛構的幻象，亦非佈置符徵（有意味的）效果。它讓論述不是自我芬芳（autotélique），也不回到作者個人，而是以一種反習性的行動，通向創造。

　　儘管這是阿多諾美學遭受非難最多的地方，但並置引出的非同一性的分裂邏輯，本質上不只對語言和表達提出了新的看法，而是它指出了殊異文體作為起作用的語言樣態，一種將論述提到社會行動之真實力量的價值上：殊異文體擁有和前衛藝術一樣的革命性。

結論：論述是一種邊緣的探勘

　　奠基在前衛作品的拒絕虛幻及真理表徵兩個前提上，論述得以透過評論性的敘事、範例和並置等途徑，營造思想交鋒的場域。這種多重並置的探索，讓論述擁有一種「思想不可能性」精神。

　　猶如荀白克的無調樂、貝克特的非戲劇、喬伊斯的世界散文和克利的潦草線條等，阿多諾透過這些前衛範例，以及啟動其批判功能，讓論述成為心理上離群索居的實驗行為，一種邊緣的探勘。由此勾勒藝術、哲學與社會的三合一視域，由此實踐出來的龐雜、碎片和放射狀之論述，不僅賦予藝術世俗化的文化價值，同時也提出異於過去的藝術認識論。

　　這個新的藝術認識論，混合了參與現實的醒悟（désenchantement）層面，以及忘我狀態的救贖（rédemption）層面。它對七十年代以後的藝術理論最大影響，在於將藝術問題性，及其奇形怪狀之形象體態完全合法化。同時，它所釐定的藝術理論，也首度允許我們理解和觀看前衛藝術。

　　至於論述擴張、流動與游牧的自由性格，則濃厚具有對科技社

會／工具理性過度優勢的異議特質。這個部分是新馬克思主義與傳統馬克思主義最不一樣的地方。

伍

形象自身[1]：
叛離國族和去文化標記的訴求

解放再現線條和色彩，繪畫同時將眼睛從屬於
有機體解放出來，它將眼睛從固定的和專有的
器官特性解放出來：眼睛潛在地成為不明確的
多功能器官，它將無器官身體，也就是形象，
視為純粹在場。（Libérant les lignes et les couleurs
de la représentation, elle libère en même temps l'oeil
de son appartenance à l'organisme, elle le libère de
son caractère d'organe fixe et qualifié : l'oeil devient
virtuellement l'organe indéterminé polyvalent, qui
voit le corps sans organes, c'est-à-dire la Figure,
comme pure présence.）（FB 54）

透過美感的模擬兩可，康德美學打開了兩條路線：一條主體目
的性發動的純粹美感想像，強調忘我和感性創造，避開概念和形式
問題，如尼采、瓦雷里和巴泰依（Georges Bataille 1897-1962）；
另一條由「美感估高」[2]（surenchère esthétique）連結到人道主
義上，相信從前衛作品之訴求，可開展新知識形態或真理內涵，
此種思維邏輯相當程度迴避了具體的作品問題，如謝林（F. W. J.
Schelling 1759-1850）、黑格爾（G.-W. F. Hegel 1770-1831）和加達
默（H.-G. Gadamer 1900- ）。自一七九〇年《判斷力批判》出版以
來，西歐美學大致框限在這兩極之間。阿多諾將這兩條路線放置一
起，同時推向綜合的美學經驗（expérience esthétique），其論據出自
前衛作品的外貌邏輯（logique apparente）。也就是既不偏向主體想
像，亦非黑格爾的理念認識論，而是將形象自身置於啟蒙（藝術真
理）與救贖（逃離的創作狀態）之間，展示無國家和去文化標記的
自由訴求。

論述過程中，前衛作品的形象自身，被以臨現（présentation）

看待。阿多諾的哲學和美學思想，無論語言、視野、藝術認識論、表現和前精神，無不以此為核心。可以說，它就像一把揭開阿多諾美學的鑰匙。

本章旨在闡明阿多諾的形象自身視野。除了釐清形象自身的形成原因外，主要探討形象自身為何是叛離國族和去文化標記的理由：1. 從何種角度，形象自身成為藝術轉折的徵象；2. 從何種議題勾勒形象自身，以及賦予什麼樣的身分。

一、形象自身的源頭

（一）黑格爾文字的啟示

《美學理論》（*Théorie esthétique*）放射狀議題中，有一論述主軸如串珠般貫穿，支撐整個美學架構，這就是從前衛藝術[3]語言變異，指出形象自身（figure en soi）現象。

在形象自身[4]的論述場域裡，阿多諾使用許多異詞同義的字，如作品形象（figure des oeuvres）、形象語言（langage de la figure）、謎樣形象（figures énigmatiques）（TE 166）、作品自身（en-soi des oeuvres）（165）、存在自身（être en soi）（167）、前精神（pré-spirituel）（157）、影像（images）和符號（signes）等。整個環繞在形象自身的論述，都緊密連結在黑格爾理念的藝術認識論上。例如由形象自身衍生出的表達，總可以在黑格爾美學找到與之相對的觀點：異化（aliénation）相對於理念，碎片相對於整體，無意義（niaiserie）相對於意義，平庸（médiocrité）相對於內在，渣滓（résidu）相對於完美，小丑（clown）相對於英雄，乃至於開玩笑（plaisanterie）之於理想。

儘管如此，形象自身觀念並不存在於黑格爾美學系統。就阿多諾美學整個運用唯心主義美學術語之策略而言，它是唯一違背此一策略的術語。

　　此一新創術語，是整個阿多諾美學的基座，也是星叢文體的摹本，重要性無與倫比。其奇特之處在於，既是新創的，卻和黑格爾美學關係密切。怎麼說呢？邏輯上，此術語出自前衛藝術，也是阿多諾用來突破黑格爾理念的美學觀及其劃定的藝術疆域，用來重新改寫黑格爾的表現（expression）和精神（esprit）概念的關鍵詞，必然不可能和黑格爾發生關係，然而實際上它卻出自他的文字風格之啟發。

　　《對黑格爾的三個研究》（Trois études sur Hegel）是阿多諾交代「形象自身」源頭的重要著作。它最重要的地方，是從笛卡兒到黑格爾，論述形象自身的形成原因。首先從評論笛卡兒定義清晰（clarté）和識別（distinction）兩個概念開始，指出笛卡兒基於理解的需要，進而實踐出一種「認識動作的現象學經營，掌握一切，並且以數學公理為原則」（EH 108）的理性知識。他為了凸顯理性知識的清晰和識別特質，因此提到無法用言語表達清楚的感性世界（monde sensible）。阿多諾認為，笛卡兒提到的感性語言，涉及一種晦澀難懂的語言範疇，屬於語言形象（figure du langage）範疇，此為形象自身觀念的前身。他說：

　　笛卡兒不曉得解釋清晰和識別，只有求助於感性世界之比較。大家不應低估，討論清晰時，所相較於一種純粹暗喻（une pure métaphore），後者必然與應解釋清楚隔開，暗喻因此是事物自身，全然自外於清晰。（109）

　　但是要進入笛卡兒所謂的感性語言，阿多諾認為，必須拋棄笛卡兒的知識第三規則和第四規則，拒絕全面性和同一性，方有可能。也就是必須違背笛卡兒整個知識原則，才可能觸及感性語言的真實、多義和無限。

　　此感性語言之所以具有徵象化或形象化特色，原因在於：「主體不再是一固定的攝影機，而是運動狀態，因為主體同本質上處於運動狀態的客體（objet）之間有相互的結合關係」（110）。感性語言雖然模糊不清，但卻真實、生動，這是理性知識觸及不到的。當然，笛卡兒並未真正去論述感性語言或感性知識。阿多諾指出，將語言表現推向類似「和解協議，介於事物和理解之間中介性的黏糊層」（119），實際開始於黑格爾的文字實踐[5]。

　　他認為黑格爾的文字具有獨立自主的隨機性和化學變化，不過，還達不到語言的形象自身程度：

　　作為現時之輪廓（configurations de moments），哲學之明確，就質量而言，是不同於每一個現時之單一性，同樣在輪廓之內部也如此，因為輪廓與現時之綜合是另一回事。一堆光彩奪目的東西（constellation）並不是系統。整體（tout）無法校準它，整體無法理解它，但一個現時可照亮其他，由不同時刻構成之形象是一種已定徵象，是一種書寫文體。這種形象特質，尚未出現在黑格爾文字裡，黑格爾展現的形式及其語言，保持極高自主的隨意性關係（une relation d'indifférence souveraine），並且附著其獨特語言的化學變化。（120-121）

　　儘管如此，黑格爾為了探觸理念底層，運用多重的類比和繁複的辨證，導致文字的並置與聯結性，脫離了明確和清晰。這是試圖將文字帶入自身所難以達到世界，而造成語言的模稜兩可。就此，阿多諾給了黑格爾哲學語言極高的評價。他說這種文字黏稠本身，便具有知識批判性格，因為它顛覆了再現（représentation）和敘述（narration）的傳統表達：

黑格爾的書寫形式，根本與尼采的格言相反，後者要求我們只能書寫關於我們能夠解決的，只能書寫關於我們拋在後面的。黑格爾文字形式則偏好過程，因為他的哲學內容本身便是一種過程，總是於衍生性的動作裡，它否定固定在某種東西的敘述，它和已固定在某種東西之敘述是不相一致的。由於應用非時間性的比喻，黑格爾的出版物，與其說是論文，不如說是思想之影片。缺乏經驗的眼睛，絕無法捕捉到影片之細節，〔…〕面對黑格爾的著作也是同樣情形。〔…〕，正是那兒，黑格爾文字處於辯證內容裡，後者邏輯地應稱為反命題之展示。（EH 133）

有別於尼采的格言，黑格爾語言的獨特在於體現辯證過程。然而，什麼樣的辯證法讓黑格爾文字擁有那麼強的張力呢？阿多諾發覺黑格爾之所以讓文字於行進中流露某種不可言喻的朝氣、活力和新鮮感，實出自事物模擬。由於極力投入事物周圍，所以語言相當程度超出了主體，同時為了表達語言達不到之處，極盡所能地使用細微和繁複的陳述，導致溢出語言學形式的框限。這些晦澀難懂（obscur）的文字，在阿多諾看來，都類似思想素描的樂譜，將讀者引到奇特的思想界面：

排除問題性，哲學規則在於透過作者主觀地指出意義，這無疑比任何人都不適合於黑格爾，因為，與事物的不可分離，黑格爾的方法便是任隨事物本身發展，而非個人因素之發展。這也是為什麼他的論文不完全著重形式層面（pas complètement travaillées sur le plan de la forme）。所提供給別人的一些基準字、入門，幾乎類似不可理解的音樂。像類似如此的溝通，一開始接觸，便成為後來在《Grand Logique》裡一種沒有感染力的論文原則，同時讓論文晦澀難解。（121-122）

在閱讀黑格爾的同時，會引出思想活動與思辨的耳朵，猶如思想素描之樂譜。（135）

因為黑格爾文字會引出思想活動與思辨的耳朵，猶如思想素描之樂譜，所以阿多諾喻為音樂，說它類似赫德林（Friedrich Hölderlin 1770-1843）的詩語言。他的結論是，當語言傾向不清晰的形象時，乃因為非同一性思想（pensée du non-identique）於其中的作用，後者「本質處於運動狀態的客體與主體之間的糾葛狀態。」（110）

我要說的是，《對黑格爾的三個研究》是一本對黑格爾思想重新評價的論文，出版於一九五七年，堪稱是阿多諾兩本關鍵性論文《文學評論》和《美學理論》的前奏曲。

就二戰之後的反黑格爾而言，此書反逆時潮，無異是暮鼓晨鐘。事實上，從黑格爾的書寫風格，阿多諾得出並置（parataxie）、聯結性邏輯（logique associative）和音樂等形象語言的三種要素。此三種要素，對阿多諾的形象自身觀念的影響，具體反應在一九七〇年出版的《美學理論》的星叢文體上。

（二）阿多諾與黑格爾藝術觀的差異：國族主義與叛離

儘管黑格爾的書寫風格，影響阿多諾的形象自身觀念至深，但在藝術看法上，阿多諾與黑格爾則是相互矛盾的，尤其是在藝術的形式（forme）觀念和結構緊密（cohérence）的問題上。阿多諾批判黑格爾美學，乃《美學理論》成書理由之一，批判的依據正是前衛藝術的形象自身觀點。首先，阿多諾提到前衛藝術的形象之非形式和非結構緊密特質：

形式為客觀的組織——在結構緊密的語言裡，涉及到所有顯示

於作品內部的東西。它是非強迫性地統合散亂元素。它必然保留元素本身的分歧與矛盾，這也是為什麼它確實是真理的一種表現。建立統一體，〔…〕形式總是以其矛盾原樣懸而未決；懸而未決的另種東西為其本質，如同它的結構緊密是非結構緊密。（TE 187）

　　這段話指出，前衛作品的特質在於懸而未決的問題性狀態。然而，什麼是懸而未決的狀態呢？「懸而未決」是從費解的形象導出來的，但真正用意其實是將「非傳統的模擬創作狀態」當作問題性處理：到底是什麼樣的創作過程導致懸而未決的狀態？為何畫面處理那麼不合常情和圖像殘缺怪異？但阿多諾並非用來探討原因，而是將此懸而未決狀態，當作藝術從超驗美感往世俗挪移，拋棄結構緊密和形式，朝人的處境轉化的事實。換言之，形象自身所喚起的問題性，箭頭都指向黑格爾理念／精神、形式／表現，相關的種族的藝術認識論。

　　根據黑格爾的說法，「表現」屬於形式原理的範疇，其形成的關鍵為人工修飾的創造力。人工修飾的自我形塑和自我芬芳趨向，是讓作品結構緊密化和形式化的關鍵。所以藝術作品既是藝術家精神意識的流露，也是想像力（imagination/Phantasie）的流露（Hegel 1995I：49），具有雙重稟賦：感性現實（réalité sensible）（在藝術作品裡感性現實以幻象外貌呈現）會變轉為一種理念的敏感性（sensibilité idéelle），此理念是精神化的：

　　整體而言，藝術真正才華在善於驅動其敏感材質，它會把這些最親切特有的元素視為己出，絕不抑制和束縛，而會彰顯和提升在作品裡的作用。這正如我們看到所有偉大的詩人，非常自信且自由地運用速度、韻律、節奏和韻腳，〔…〕。而且，在自由詩裡，時而凝結，時而擴張，迴旋於各種面向之表現必需性，可滿足詩人

的思想狀態、獨特想法和創造之呈現，沒有這種想凝聚的衝動，就不可能出現精神。〔…〕，因此，絕不能直接接受日常講話般之直接偶然性，〔…〕為達成形式和明確，唯有以生動方式加工精煉；儘管在詩裡，凝聚共鳴源於外在加工，但這種加工應以作品朝自我目的看待，凝聚加工因此成為劃定自治體之和諧形象。（Hegel 1997III :271）

這使得黑格爾的藝術理論是一種內容美學（esthétique du contenu）。此種藝術理論的特質為：藝術的統一體，乃是透過內容普遍性（世界觀）的保證促成的。由此表現、形式、結構緊密、統一體、理念和真理得以合而為一。因而黑格爾的藝術觀，也是一種藝術種族論，它建立在四個前提上：1. 藝術應該再現某個精神普遍性（universalité spirituelle），而此精神普遍性應以獨特的感性現實體現出來──藝術家個人的感性作品；2. 此種體現應同時連結偉大的個體生活與民族靈魂；3. 此連結只在英雄時期發生，在英雄時期各民族已獨特化──猶如集體的個體性，而且彼此相互對立；4. 當民族生活體現於種族鮮明的獨特性裡時，也是藝術真正的繁茂時刻（參閱 Schaeffer 1992:182）。因此他的美學，除了出自當下藝術作品，主要是由西歐文化傳統，以及哲學辯證法的推論和設想。

《美學課程》第一冊之第一章〈藝術美的理念和理想〉，將這種哲學推論邏輯發揮到淋漓盡致，如下一段摘錄最具代表性：

因為，按照美的本質，無論是美感物之概念、目的和靈魂，或是它的明確、多樣性和外在現實，整個從自身出發，而非其它東西，就像我們看到的，美感物之所以具真理意涵，一邊呈現明確存在之內在融洽，以及一邊概念和本質之真正統一。不過，既然概念本身是具體的，其現實指涉因此不折不扣顯現一個完整體，其中，

個別部分仍具一體性和理想活力。畢竟，概念和現象表現之間的融洽是一種完美的相互適用。這也是為什麼，形式、外在形象所以不會與其素材分開來，也不會無意識的將其素材目的接納過來，那顯然就是形式本質及其現實意涵，〔…〕。最終，美感物將各個部分凝結成理想的統一體，並顯現之，這種形式與現實材料之同時疊合，彼此融合與一種自治性的自由外貌，成為看得到的具體作品；換言之，它們不像概念的觀念性統一，而是有自治體的實在外貌。形式與現實材料應同時呈現於美感物裡：一邊，概念上假定各部份協調一致的必然性，另一邊其外貌之自由，意味不只是統一體，且各部分有其獨立性。其必然性在於，它們必然緊密聯結，彼此如唇齒相依。這種必然性必然存在於美感物裡，尤其在形式下更凸顯出來：這種統一性隱藏在某種非意圖的偶然之外貌裡。這個真實的材料，應以整個的理想統一為目的，但也不應失去各自在那兒的立場。

　　無論美的概念，或美的客觀性，應該運轉在這種自由和無限性下，而面對美感物的主觀沈思，美的範圍不受美感物各部分之干擾，會引向理念的絕對世界及其真理之崇高裡。（Hegel 1995I :157-158）

　　由於凝聚和加工作用，各部份被統合成美感形式，然而美感形式真的會使人昇華到「理念的絕對世界及其真理崇高」嗎？這種超驗的藝術認知，濃厚具有假設意味。或者說它流露著浪漫主義美學的理想性：除了設想藝術美為「理念的感性顯現」之外，也假定藝術乃人朝向理念世界的途徑。

　　正如在《精神現象學》（*Phénoménologie de l'esprit*）的〈前言〉裡，黑格爾將日常經驗的人類才智帶向真實的哲學知識系統，帶向絕對真理。這種真理也是黑格爾在《*Système de Iéna*》裡所提的：全

部知識如同世界變化，應被看成「精神」。在《美學課程》（*Cours d'esthétique*）的第一章〈美的概念〉這種說法更明確，他認為藝術美的前提必然是作品內部協調統一的關係，藝術美、理念、現象、概念、真實和真理皆是等同的，他說：「既然我們說美感是理念，那麼美感與真理便是相同的東西。事實上，美必然也是真實本身。」（152）。

相對於黑格爾美學的真理設想和意義估高，阿多諾的美學思想則出自叛離文化的前衛藝術。前者的藝術觀具有國族主義特徵，後者則屬於脫離國族文化，強調啟明的美學。

正如對黑格爾，形式既為文化象徵，也是凝聚國族的認同標誌，但對阿多諾而言，形式則是「陳詞濫調」（sous forme de cliché）（TE 157），其擬古與繼承性內含國族中心主義，後者是駕馭、極權、排他和戰爭的源頭。他指出，自十九世紀中末期以來，藝術出現天翻地覆的變化，「藝術是在精神放棄自我之動作中獲得生命力，而非忠誠於返祖遺傳的盪漾；藝術作品是超越繼承性的。藝術作品之精神由於事物的異化而產生的」（157）。

如果黑格爾的藝術觀是理想的和建設的，那麼阿多諾的藝術觀則出自現象觀察。後者認為前衛藝術的叛逆性，促使藝術從他律／不自主性朝自律／自治性轉化，它參與了歷史的人道演化運動，其活力便奠基於拆解種族的文化藝術意識形態：「藝術批判精神化，而取得真實精神的歷史路線，是和批判神話和拯救神話的歷史路線一樣；想像所追憶的東西，便是透過想像，鞏固想像的可能性。在藝術裡，精神這種模擬兩可的運動，與其說描繪了未開化的歷史，不如說是感官經驗的歷史（histoire empirique）。精神朝向自我刪除，這種不間斷的運動，見證了藝術藉由去藝術而獲得再生。」（157）

　　阿多諾與黑格爾的差別在於，一個意圖揭開前衛藝術的無國家和去文化標記的自由訴求，另一個則出自形而上的真理視野，他們的藝術觀南轅北轍，見如下圖表：

黑格爾理念的藝術觀	阿多諾形象自身的藝術觀
形式	非形式或不定形
明確	謎樣
結構緊密	非結構緊密
美感	去美感
意義	形象自身或去意義
薰陶和教養	文化批判

　　阿多諾的觀點是，反國家和去文化標記的解疆界動機，不僅凸顯了前衛藝術擺渡於現實和虛擬世界之間，也反映藝術家自我醒悟和對外啟明的雙重動機：不斷超越與朝向未知的冒險精神。在這樣的創作動機中，作品不再單一，而是多元和分歧，其怪異的形象自身，超越往昔美的藝術結構原則，本身便是時代的危機和災難。

（三）拋棄藝術：形象自身與前精神

　　如果黑格爾的形式觀出自精神概念，那麼阿多諾的形象自身則出自「前精神」（pré-spirituel）視野。「前精神」用來指出前衛運動的非藝術原因，既類似海德格的前本體論（pré-ontologie），也類似德勒茲的無器官身體：「我們試圖界定一種非個人的（非人稱的）和前個體的先驗場域，它不相似於符應的經驗場域，並且和一種未區分的深度不混淆一起。」（Nous cherchons à déterminer un champ transcendantal impersonnel et préindividuel, qui ne ressemble pas aux champs empiriques correspondants et ne se confonde pas pourtant avec une profondeur indifférenciée）（LS 124）

　　阿多諾的「前精神」不同於姚斯傾向感受（réception）層面的「前理解」（pré-compréhension），指的是在「精神化」之前尚未加以修飾的粗坯狀態。這個粗坯狀態是「精神之對立面，是反向的」（TE 157）。對阿多諾而言，「前精神」是一種突變，映射一種還原為本能、野性和欲望之訴求，其對立面為精神化／人工修飾，後者具教養功能和文明傳承。

　　阿多諾提出前衛藝術的「前精神」觀念，在於指出「藝術之為藝術乃在於使自己問題化」的拒絕情愫。他認為，前衛藝術抗拒進入結構化／精神化，它知道一但進入結構化，原先的模擬痕跡會被削弱或遮蓋，最終讓藝術陷入文明傳統的目的論。它較接近康德批判的先驗論，而有別於黑格爾的理念世界，儘管兩者都勾勒了邁向未知之域的途徑。「前精神」所代表的懸而未決的粗坯狀態，說明了形象自身為何不合時宜，為何混沌的原因。它的否定性，就是《否定辯證法》的非表達（l'inexprimable）：

　　　無效就是非表達的立即表現；此表現所帶來的密碼音符，就像偉大的音樂，是無法捕捉的和瞬息即逝的，它就是發展本身，並非有何指定意義。（DN 93）

　　便是基於「藝術模擬，便是前精神」（La mimésis en art, c'est le pré-spirituel）（TE 157），及其「表達就是非表達」的觀點，阿多諾區分「模擬語言」和「建構語言」，前者為「非表達」的形象自身，而後者則是披著文化意識形態的語言：「模擬與建構不相一致，沒有任何藝術作品之模擬語言與建構語言可彼此適應」（158）。

　　「前精神」不是藝術的建構或承繼，而是藝術的拋棄。它以反向的方式，探觸非藝術或非作品處，這是以批判文化藝術體制做襯

托。讓藝術非藝術，意味著當建構性的文化意識形態的語言遭摒棄時，真正的藝術精神便會顯現出來；而凡鋪著一層文化意識形態語言，展示文化所熟悉的藝術意義，則通常遵循著社會的意識形態。因此，所謂「前精神」的對抗性，便是要求世界轉變的宣告。阿多諾的結論是，「前精神」的非表達，真正意味了藝術不再是社會附屬品：

> 相對於以成熟為名義的精神化，無意義只會凸顯力量；愈是其自有結構，具有內在結構效果，〔…〕，就愈凸顯模仿外在現實的邏輯是滑稽的。（158）

因而「前精神」以三種行為進行社會挑釁。1. 以非藝術進行訴訟：「藝術之無意義，本身是一種訴訟，針對的是現實的理性」；「無意義，便是藝術的模擬的殘渣，具有不能滲透的價值」（158）。2. 以渣滓、反形式、平庸和幼稚狀態進行訴訟：「渣滓會以一種無法化約的造反針對形式，渣滓具有野蠻性格，同步轉變為平庸」（158），這是反對藝術為某部分人的特權。3. 以無目的性或「無意圖層」（couches non-intentionnelle）進行訴訟。

就此，在阿多諾眼中，「前精神」乃造成形象自身的原因，也是前衛藝術不可或缺的要素。阿多諾之所以強調藝術的「前精神」，在於他認為失去理智的主體，比起嚴肅說教的主體，來得更接近工業社會真實的生活情況，因為進入小丑與兒童狀態，便擺脫了物化的理性社會及其文化教養。所以「無意義情況為偉大作品的秘密」（158），而瘋子狀態為藝術動人心弦的原因：

> 在小丑狀態裡，藝術是以回溯原始動物世界之史前史為快樂的根源。動物園猴子模仿人的動作，相似於小丑的動作。小丑與兒

童的互通，如同與藝術的互通，小丑、兒童與藝術的互通，如同與
動物的互通，這種互通，成人是不可能接受的。人類無法成功的擺
脫動物性，只能不經意地在自己的動物野性中，獲得幸福；兒童與
動物之語言，並沒有差別。人類與猴子的相似，豁亮了小丑與動
物的相似。動物／瘋子／小丑引出光彩奪目，便是藝術基礎之一。
（158-159）

最後，從所偏愛的前衛藝術家[6]，阿多諾提出了渣滓、幼稚狀
態、開玩笑、小丑、粗俗、平庸、兒童、野性等特質，作為「非表
達的立即表現」（expression immédiate de l'inexprimable）的形象自
身特徵：

前衛作品的 前精神特質	渣滓	去教養 去理智 去矜持 去高尚	前精神為 真理表徵
	無意義		
	幼稚狀態		
	開玩笑		
	小丑		
	粗俗		
	平庸		
	兒童		
	動物野性		

「前精神」解開了前衛運動逃離藝術的原因。此原因在於「藝
術」之所以是形式、結構緊密、統一體、美感、理念和真理之表現
體，乃出自種族文化的森嚴結構，這在黑格爾的理念藝術觀可以清
楚看到。

對阿多諾而言，形象自身的渣滓、幼稚狀態、開玩笑、小丑、
粗俗、平庸、兒童、野性等特質，都是逃離的途徑。形象自身的匱
乏，都是一種無法忍受既定處境的潛意識凍結（blocage）的結果。

便是基於這樣的角度，阿多諾將前衛藝術運動有效地連結在社

會行動上，建立前衛藝術去文化標記的政治性，賦予異議和批判的
否定身分。

二、形象自身乃轉變徵象

（一）形象自身與詩主體

如果「前精神」是阿多諾揭示形象自身去文化標記的內在原
因，那麼詩主體、靈光消逝和藝術新視野等課題，則涉及人的處境
之詰問。

先談阿多諾的「詩主體」論述。這部分主要集中於《文學評
論》。在一九五八年的〈論詩與社會〉（"Discours sur la poésie lyrique
et la société"）論文裡，他以悖論（paradoxe），形容現代詩的語言
變異情狀，並且指出現代詩的「意欲」（parler de）之抽象化，「缺
乏藝術敏感」（dépourvu de sensibilité artistique），失去了類似古代的
繆斯意義（sens des Muses），導致詩與社會發生了隔閡。

阿多諾認為，詩語言的反常趨向，在於真實體現了人孤獨的純
粹存在：

> 因為，詩之真實內容不只是個體經驗和情感之表現。它之所以
> 通向普遍，正在於藉其形式之規格，由此成為藝術。〔…〕但詩冒
> 著它特有的危險：它的特徵絕對不保證某種必然的、可靠的東西之
> 收益。它無法阻擋它處於孤獨的純粹存在之偶然性裡。（NL 46）

詩的語言變異，最大的特徵在於凸顯形象表現力，貶低詩「內
容」的表現力。由此，阿多諾提出現代詩的語言反常現象，是歷史
性的，因為它體現了現代性最關鍵的「詩主體」（sujet du poème）
精神。「詩主體」代表的是一種藝術自體性，它不同於社會化個
體（individu）。阿多諾要說的是，現代詩雖是人促成的，但人從文

字／媒材到詩的完成，整個追尋過程，所形塑出來的詩主體，已經越出了自己。對他而言，這種藝術擬造之越出，是鬆懈「個體社會化和團體化」的手段。所以「詩主體」擁有普遍性，其「本質是社會的」（46）。為什麼呢？因為「詩發生於孤獨的純粹之偶然性裡」（46），是為了對抗社會化個體。它是社會異議者的庇護所。它是孤獨的獨白和喃喃自語。「惟體會詩所說的，才得以聆聽到人孤獨的聲音」，也惟有聆聽詩孤獨的喃喃自語，才得以體會個體在理性社會教養下，感性感覺遭到扭曲和被規範的真相。因此，詩孤獨的喃喃自語，以非意義的形象語言呈現，不只是一種對人的處境之純粹設想，而且內蘊與社會價值的裂斷情愫：

　　至於抒情詩，就像我們的所聆聽到的，藉由它拓寬歷史的概念，或藉由它以批判之姿對抗個體主義範疇，它愈純粹，就愈含有裂斷面向。（49）

　　在抒情詩裡談及的我，是界定和解釋成反集團、反客體性的一種我，聯接在本能上，其表現涉及到本能（nature）。（49）

　　顯然阿多諾所謂的「詩主體」，針對的不只是傳統詩的抽象概括性，也不只是傳統哲學的概念概括性，而是他看到一種新的詩／藝術的表現範疇。這個表現範疇，其動機完全涉及到拒絕成為社會體制裡被宰制的個體。關於個體實體遭社會馴化的宿命，《最低限道德》（Minima moralia）有相當深刻的描述：

　　資產階級社會的實體，其基本範疇，便是個體。黑格爾對此並沒有真正深入開展它們（個體與社會）之矛盾的辯證。對於古典的經濟，他卻意識到全體性的形成和再現，是從存在於其成員個體之間的對抗利益之光彩奪目的東西開始的。尤其，在寬廣的角度裡，

個體作為它自己的樣子而言，如實是一種不可化約的已知，個體於此甚至分解了個體知識理論的分析。不過，並不足以說，在個人主義的社會裡，普遍性是透過個體之間的相互活動實驗出來的，而應該認識到這是社會本質地塑造了個體之實體。（Adorno 1991:11-12）

　　如果「詩主體」抗拒社會化個體，不出自內容的宣告，而是出自晦澀的形象，那麼這種抗拒是以何種方式呈現的呢？阿多諾的看法是，現代詩的形象語言，取決於一種「純粹的主體性」（subjectivité pure）（NL 49），它是抒情的，它是目的自身的，它「一點也不在乎客體的和傳統的存在，沒有粗糙的物質性，而是語言進到最高層面，它的尊嚴來自於喚醒本能，藉此避開異化。」（49）他的結論是：現代詩的純粹主體性，是一種抗拒的、反工具理性的、反社會的實體，其造反性實質透過作品形象引發的。換言之，這種逃離或抗拒論點，涉及語言純粹形象的力量，也涉及將裂斷向量當作詩作訴求，有別於社會場域的直接，它不是完全是詩人所發出，也不是由詮釋賦予，而是由語言媒材的流變實現所給出的。這種藝術形象觀，雷同於梅斯科尼克（Henri Meschonnic）對現代作品特徵的形容：「現代，乃是一種符號策略。」（Meschonnic 1993 :94）

　　在《文學評論》裡，以歌德（Johann Wolfgang Goethe 1749-1832）的《Chant du voyageur la nuit》為例，阿多諾進一步論述詩作魅力並不來自於過去，而是「直接性」（immédiateté）（50）。歌德的直接性概念，「並非是它談及個體的異化及其苦惱，也不是對客體的不安——客體威脅著主體：相反地，這是對於主體的不安，對於主體內在戰慄抖動的回聲的不安」（50）。他的觀察是，詩人藉由自己本身對異化回聲的不安，進行擬造，由此擬造出來的世界，成為與社會的裂斷要素，由此構成現代性（modernité）與純粹主體性

的內含。

現代詩語言形象出自於詩人尋求自主的內在掙扎、矛盾，這是藝術與社會的矛盾，也是「詩主體」以主體遺忘，交付「詩的謎樣形象」呈現的原由：

> 這是為什麼最崇高的抒情作品，便是在語言裡〔…〕，凸顯了主體，沒有絲毫的純粹題材為底層，而是直到語言自身說出真相。主體自身的遺忘，將自己交託給語言，猶如將自己交託給客體，正如其表現之自發的直接性是相當的東西：這好像語言在最深刻的層面上成為抒情表現和社會之中介。這也是為什麼抒情詩在它不複製社會語言，在它什麼都不傳達下，尤其是在表現之幸福裡，主體與語言趨向一致，它最深刻地和最可靠的揭發社會。（NL 52）

總結來說，阿多諾眼裡的「詩主體」，如同「形象自身」，展示了兩個否定面向。一方面，「詩主體」由直覺的語言形象之非思想關係（relation impensée）構成，乃是面對個體危機（社會宰制下的馴化個體）一種自覺的非理性行動：

> 今日，我出發的抒情詩概念之先決條件，——即個體表現，似乎來自於個體危機之中最深層動盪下的行動，抒情詩之潛於下的集體傾向，呈現在許多地方，首先是個體表現之起因，也可能是一種正面越過了個體個性之狀態的預兆。（55）

另一方面，則是對資產階級或今日資本主義社會的否定：

> 當代的抒情詩之集體力量應該承認，它全靠尚未完全個人化之狀態下的精神和語言雛形，那如同最廣義而言的前資產階級之方

言。尤其傳統的抒情詩，作為資產階級最嚴屬的美感否定，也如當代抒情詩在今日的否定性。(55)

　　我們看到，阿多諾在此區隔了「藝術主體」與「社會化個體」兩個截然不同的世界。這兩個若即若離的世界，不僅矛盾，而且具因果關係。阿多諾的詩主體的謎樣形象觀，精神類似馬克思在《德意志意識形態》(*Idéologie allemande*)裡的說法：「一種自由行為」(activité libre)(Marx 1976 :474)，其真正的意思是，現代詩的難以弄清楚，出自於社會理性體制宰制的叛離，如同謎樣的語言形象所流露的自由精神，便是意識形態的批判利器。亦即，如果詩／藝術的形象語言，是真理，是對個體危機的自覺意識，那麼「意識形態，便是非真理，是杜撰的，虛假的意識」；它的真實性，是以「憂傷／不幸」(détresse)展示，從而擁有人性上反社會的普遍性格。阿多諾最終要說的是，「詩主體，永遠代表集體主體，它是普遍性的」(EH 55)，它是叛逆社會和去文化標記的。

（二）形象自身與靈光消逝

　　「詩主體」論述，說明了阿多諾的形象自身視野，相當程度出自前衛文學的觀察。不過，說阿多諾的形象自身概念全然建構自現代文學則非事實。應該說，阿多諾的前衛藝術視野，已經越出十九世紀的分工(division du travail)概念，他看到的是所有藝術的同步現象。同步觀念，乃是阿多諾將藝術問題，推到文化、社會和歷史範疇的思想基礎。關於阿多諾形象自身的文化批判視野，在班雅明美學後部分的靈光消逝(perte de l'aura)問題上可看得更清楚[7]。

　　凡是閱讀過他的《論波特萊爾》、《巴黎：十九世紀的首都》和《關於歷史概念》(*Sur le concept d'histoire*)的，都會感受到靈

光消逝論點的悲觀傾向[8]。應該說，透過靈光消逝觀念，班雅明除了為唯心主義美學（esthétique idéaliste）的外貌概念（concept de l'apparence）與自治性概念（concept de l'autonomie）提出新解外，靈光消逝也是班雅明重建藝術作品概念的思維主軸。他以具時空結構的靈光—距離感（distance）與獨一無二（unicité），結合神話（mythe）元素，界定所謂傳統藝術——即靈光的藝術作品（oeuvre d'art auratique），同時指出前衛藝術在工業技術和商品化的因素下，趨向現實化或政治，從而罷黜了靈光：

> 允許複製藝術作品之技術，可以說在世界史上第一次解放了靈光（aura），就靈光寄生在祭儀作為存在而言。從此以後，可靠性之準則不再能夠適用於藝術作品，整個藝術功能變得混亂不堪。不再取決於祭儀（rituel），藝術作品從此建立在另個社會實踐之形式上：政治。（Benjamin 1971PR :209）

就班雅明而言，先進技術幫助藝術作品掙脫祭儀角色，不外乎是說，傳統藝術的美感形式是附屬於祭儀，而成其所謂藝術美感。正如中世紀基督雕像和聖母畫像是「作為祭儀用的」（au service d'un rituel）（179）。祭儀一旦為藝術作品的合法或起源基礎，一旦藝術作品的邏輯與祭儀的文化邏輯相結合，那就意味著藝術家放棄了自我實踐。

班雅明要說的是，如果藝術以祭儀為其動機，那麼藝術便限定在傳達信仰的範疇裡，這是傳統藝術不具現實感和向外溝通的實用性主因。班雅明放棄上述的靈光的藝術作品概念，主要是基於一位唯物思想家看到前衛藝術風起雲湧，此外，也基於他主張前衛藝術應透過傳媒介紹給大眾，扮演啟蒙角色。

在《詩與革命》（*Poésie et révolution*）裡，班雅明有一段瓦雷

里關於藝術自治和目的自身的摘錄，提及藝術觀之「令人驚奇的改變」（171）；他談到新藝術外貌「具有全新的功能，在這些新藝術中，令我們意識到藝術功能只是附加的」（84）；他又提到布萊希特（Bertolt Brecht 1898-1956），凸顯藝術的激烈變化，起因於社會的商品氛圍：「一旦藝術作品變成商品，藝術作品就絕不會存有觀念〔…〕；同樣，我們只能放棄藝術作品的觀念」（184）。

換言之，班雅明認可了藝術作品商品化／物化後，靈光已不復存在的事實。他犀利地指出，非靈光／不具美感的藝術作品之能夠生存，依賴的是資本主義社會文藝事業支持者的支持，這個匿名的收藏市場有別於以往靈光時期藝術品依賴貴族、教會和商人的委託性市場。由於現代時期的藝術作品不避諱市場交換的物化性格，這是因為它曉得「本質地聯結在市場經濟條件的必要性」（Adorno et Horkheimer 1974 :166），因為「作為社會目的性的否定，市場是藝術作品之必要，也是藝術解放要素」（Tiedemann 1987 :113）。所以藝術作品趨向求新求變，甚至更個人化、更世俗化和更奇形怪狀，發生靈光消逝現象，也就順理成章了。

班雅明的看法，也是阿多諾與霍克海默（Max Horkheimer 1895-1973）兩人合寫的《理性辯證》裡的關鍵論點：

之所以是新，並不是說藝術是一種商品，而是，在今日，藝術可毫不具拘束地承認自己的樣子，它放棄自己的自治性，同時驕傲地讓自己位列消費益處之中，這事實賦予新奇的魅力。（165-166）

可以說靈光問題，展示了歐洲社會從手工業到自動化工業，從傳統的概念思維到現代的現象思維，從資產階級的資本主義到後工業社會的過渡。由靈光消逝所引起的宗教與世俗、教養與縱欲之對立衝突，允許我們感受到前衛作品的形象自身，令人哆嗦的非理性

的社會暗示。

靈光消逝，在《技術複製時代的藝術作品》裡被提出來，無疑是歐洲現代美學／藝術哲學的大事，因為靈光消逝論點，為浪漫主義自治美學轉換為現代性政治美學做了鮮明的見證。從此，技術與商品化影響現代藝術作品，將藝術從美感範疇解放出來，讓藝術融入日常生活裡，靈光不再被需要；靈光遭到罷黜，凸顯了前衛藝術作為醒悟世界[9]，作為藝術家在物化社會尋求自身定位的一種拒絕行動。這樣的觀點，說明了班雅明對前衛藝術的政治訴求依舊充滿期望，而不只有靈光消逝隱含文明衰敗之悲觀而已。

如同阿多諾在前衛藝術與社會表態的問題上所採取的角度，班雅明也認為，前衛藝術代表一個新藝術認知的來臨。這個新藝術認知關鍵在於一個不具意義的形象語言，但本身卻可看作是一種社會文件或顛覆文件。

正如在〈超現實主義：一種追溯過去之研究〉（"Le surréalisme: une étude rétrospective"）裡，阿多諾將超現實主義影像的陌生性格，看成掙脫物化的自由追尋，並且說它是帶著傷痕的，是患「精神分裂症的」（schizophrènie）（NL 68）。這凸顯了阿多諾將藝術創造拉到人道歷史條件的藝術哲學核心。也是從人的處境問題，打開了對西歐前衛藝術運動（西歐理論者眼中的藝術終結時期）更為深刻的視野：

在超現實主義裡，影像撞擊所釋放出來的張力，如同介於物化與精神分裂症患者之間的緊張狀態：因此這張力並非精神充滿活力。基本上，主體能自由支配自己，也沒義務去考慮經驗現實（monde empirique），可以絕對化，但這樣的主體在面對全面物化，最終將被退回到原初而摘去面紗，其抗議性如同沒有靈魂之存在，如同主體已死。超現實主義之辯證影像，正好比主體在客體之不自

由狀態裡的，一種主體解放之辯證。（NL 68）

　　如果前衛藝術家對於藝術和作品原則充滿敵意，那解構之後的粗俗不高貴的形象，便是阿多諾思想瓦解語言（langage）和真理（vérité）的論據。進一步言，前衛作品並不具現實的政治影響力，它的威力在於解構或爆裂藝術固有疆域——力圖摧毀靈光，檢視人的存在問題。因而不應將前衛作品看成是想像力或創造力的發揮，更不應直接視為社會爭端，而應從藝術語言變異問題的作用來看。

　　這樣的認知，得以讓阿多諾建立蘊涵世俗意味、沒有國族疆界和去文化標記的一種前衛的作品政治：前衛藝術、技術社會、人的處境和世俗真理的合體視野。

（三）形象自身與新藝術視野

　　在阿多諾的美學思想裡，這個意涵世俗意味的新藝術認知，是凝結在具體時間的，它必須不停的攻擊擬古和繼承作為存在動機。文化和社會衝突是這個新藝術認知的基礎。在《理性辯證》裡，他將前衛藝術的形象自身視為一種衝突象徵，那就是荷馬史詩《奧德賽》（Odyssée）裡 Ulysse 在海上遇到美人魚（les Sirènes）的故事。

　　美人魚歌聲代表前衛藝術的擾動性，而 Ulysse 代表社會支配者，船工代表普羅大眾。船行海上，遇到美人魚，Ulysse 要求船工將他綁在船桅上，他聽得到美人魚歌聲，他得綁起來，因為美人魚歌聲會讓他回到人原始本樣，解除他作為社會支配者的身分。相對的，船工則必須塞住耳朵，他們不能聽到歌聲，因為聽到歌聲會撩起船工本能的生命遐想，從而瓦解作為奴隸本分的價值結構。Ulysse 的作法，類似社會支配者透過他們所塑造的藝術來教化大眾，藝術必須被規範在社會要求的美感範疇裡，不能如脫韁野馬般觸及本能、野性和欲望，因為一旦藝術不被規範在一定的範疇，一

且如脫韁野馬般觸及本能、野性和欲望，那麼 Ulysse 作為社會支配者的利益和剝奪者的界線立即被打破：「懼怕死亡和破壞，這種複雜的懼怕，內在地連接在幸福允諾上，任何時刻它（前衛藝術／美人魚歌聲）都是文明的威脅。」（Adorno 1974 :49）

前衛藝術／美人魚歌聲對於文化／文明是一種威脅，它的出現代表本能對抗教化，代表野性對抗典雅。因此，阿多諾反對藝術作品的完美，因為完美代表繼承傳統、代表侷限在既有的藝術觀，也是讓藝術疏離社會的主因。他認為實驗性的前衛作品所展示的，摻雜渣滓的形象自身，乃是一種社會行動：以逃離「藝術」，控訴社會體制對個體的宰制[10]。

所以，留有渣滓的作品形象，反應的是人的存在困境，宿命地被框限在社會規範的價值內。此馴化的存在性質，猶如船工塞住耳朵，繼續甘願為主人服務一樣，不敢越雷池一步。

藉《理性辯證》的故事，阿多諾澄清前衛造成的形象變異，不是從預先設想叛逃途徑取得，也不出自於發揮想像力在無害的虛擬空間裡製造否定性。這些變異痕跡，只有在藝術問題化入其中，起作用和轉換成運動狀態，才變成是革命性的。形象自身便是這種化入行動，對令人窒息的社會體進行表態。

所以，在阿多諾眼中，形象自身現象發生於不可能性裡，它並非慰藉的出口。創作應該由不可能性（impossibilité）發生的，它發生於絞勒的狹窄通道裡。前衛者就是那個被不可能性整個掐住喉嚨的人。

阿多諾的形象自身視野，也似乎回應尼采的藝術期待。後者認為歐洲藝術的智識化／道德化，始於蘇格拉底和柏拉圖要求悲劇扮演城邦道德的教化角色，藝術需要重新開始。這就是晚期尼采對《人性，太人性》的藝術生理學之強化：「藝術虛假性及其不朽」（Nietzsche 1986 :10 ;24）。對藝術幻象力量的期待，針對的是

社會體制對生活的單義框限，這是因為「藝術，唯有藝術，它是生活的偉大可能者，帶領生活的偉大誘惑者，生活的偉大興奮劑。」（366）

這期待就是希望藝術扮演對抗文化和社會的異端者或瘋子行徑。

形象自身出自瘋子，出自異端者。就此，阿多諾以前衛作品謎樣的形象自身為基點[11]，區別了傳統藝術與前衛藝術在性質上的衝突性，其關鍵點就是前衛藝術運動的社會解放性，見圖表：

傳統作品之精神	形象自身之新藝術精神
文化結構	解構
馴化	自由與解放
教化目的	本能、野性與欲望
靈光	靈光消逝
祭儀（美感）	醒悟世界（去美感）

將前衛作品的自體存在[12]定位為謎樣形象，阿多諾合理地說明了藝術進入被文化教養形態視為非法的縱欲和野性領域，也說明了它以非藝術的不明確性為活力根源。

從傳統藝術的順眼，到現代藝術的無法無天，阿多諾因此說前衛藝術具有「使人驚愕」（étonné）（TE 167）的特性。更明確來說，在阿多諾的形象自身觀念裡，藝術作品之所以使人驚愕，是它提出了另一種自治性原則——語言徹底的世俗化和媒材化，這個自治性不被有機體限定，而是它擁有無限的虛構自由，要求擺脫束縛，擺脫理性社會的專橫和威權，讓蒙昧主義（obscurantisme）無所遁形。

貝克特（Samuel Beckett，1906-1989），知名劇作《等待果陀》。阿多諾整部《美學理論》幾乎是對貝克特令人厭惡的語言表現，其困境、其威力及其訴求的冗長論述。

三、形象自身的邊緣理論

（一）形象自身的三種關連

第一節追溯阿多諾的形象自身形成原因，第二節分析形象自身所意涵的轉變，那麼在這一節裡，我們將討論形象自身的理論特性。

異於過去的文化批判者對於新藝術的悲觀論調[13]，阿多諾正面地關注兩種類型[14]：1. 表現主義，如卡夫卡文字、史塔文斯基音樂和寇克修卡繪畫等；2. 抽象、達達、超現實主義，如貝克特戲劇、荀白克無調樂和畢卡索、克利塗鴉繪畫等。從他們的藝術語言，他提出形象自身六種特徵：直接性、解構、貧乏、野蠻、主體瓦解與去神話，都有邊緣意味。

所謂邊緣（marginal）指的是動搖社會規範和藝術性質的邊

緣。形象自身引出的邊緣理論，是由三種關係所定義，即媒介
（médium）、社會體（corps social）和創造者（producteur）。它以
媒介的物質化現象為核心，一邊從表達問題性看到一種藝術習性
上的邊緣性，一邊將表達問題性看成獨特的社會部署的傳達，此
為一種政治性標竿；最後從表達問題性看到一種去個人化的訴求
（intention de dépersonnalité）。在阿多諾眼中，此去個人化的訴求，
是一種含有歷史條件的非主體（asubjectif）象徵。也就是說，形象
自身的邊緣理論，作為文化、歷史和社會的批判，所根據的是一種
作品的政治（une politique de l'oeuvre）。

以卡夫卡文學為例，他稱卡夫卡文字為星叢（constellation）語
言，為形象自身的直接性與解構最佳範例。關於星叢，早在《齊克
果》這部早期的論文裡，已指出，「個體存在於星叢裡獲得澄明，
為的是迴避限定」（Adorno 1995 : 156）；它形容星叢，如同「主體
性被幽禁在晦澀難懂裡，沒有背景，乃至於沒有姓名，完全貼近主
體自身。」（154）也如同仰望深邃的星空，「那遙遠的、不動的恆
星，含糊不清地閃爍著」（154）。《齊克果》是阿多諾意識到歐洲
語言問題的關鍵性起點，也是他最早有系統地以星叢視野，析論卡
夫卡撤除傳統結構緊密的現代性文字。他甚至指出，星叢就是一團
謎樣的文字形象，自在於那兒，難以估量：

> 不同於數學，辯證法不能以簡潔方式列出形象和焦點法則。星
> 叢（constellations）與形象（figures）本身是謎樣的，它的意義只在
> 歷史深處裡才能釐清，不是意志（volonté）所能估量的。（156）

除了從卡夫卡星叢文字看到新哲學形態外，阿多諾也將這種表
達喻為一只鎖得緊密的保險箱，認為破解它，不僅可澄清歷史，而
且由破解過程，可發展多重論述，乃至揭開藝術現實化的秘密。這

是《否定辯證法》的論點：

> 察覺到星叢內部所存在的事物，便意味著破解歷史，可辨別特殊自身所承載的偶然東西。〔…〕。只有從客體與客體之關係，描述出客體之歷史價值的知識，方能指出內蘊於客體的歷史；從而現實化和聚焦出一種知識。在星叢裡的客體知識，是（藝術家）堆積於客體的過程。就像星叢，理論性的思想描劃出它所啟開的概念範圍，同時期望扯開鎖得緊密的保險箱：啟開方式不能僅靠單一號碼或單一鑰匙。（ND：132）

最後，《美學理論》將卡夫卡星叢文字，歸因為一種事物模擬（une mimésis de la chosification）精神：

> 關於社會觀點，藝術作品之決定因素，在於從形式結構揭露內容。在卡夫卡作品裡，對於壟斷的資本主義是以漸行漸遠顯示的，卡夫卡將人的經驗，同官僚世界之渣滓全面化和社會化關係，予以號碼化；這比缺乏真實感的敘述，對於腐敗的工業拖拉斯，更真實、更有威力。至於形式內蘊社會內容一事，則具體化地展現在卡夫卡的語言裡。大家常強調他的語言具有客觀樸素的黏稠性格；具資格的讀者也能體會他在語言與事件之間的矛盾，——其虛構性格的樸素再現與事件差得很遠。這種對照之所以有益，在於看出他藉幾近寫實主義的描述說法，將「不可能」（impossible）置於可怕的「接近」（proximité）。就此，卡夫卡形式的寫實主義之批判，附著一種社會觀點，——投入其中的讀者會覺得這種批判太藝術。就理想（idéal）角度而言，卡夫卡是令人滿意的，因為它提供了單純生活和謙虛行為的理想性格，而理想本身便成為社會壓迫之掩體。「事物就是這樣」之語言體態，是一種媒介，幸虧這媒介，社會制

約得以被揭示出來。〔…〕。他的語言，是一種實證主義與一種神話之輪廓的理則學，——神話（mythe）指的是當下具透明的社會性格。投入事物之卡夫卡意識，〔…〕正就像不再神奇的現代神話之形式。其故事性的風格，〔…〕是一種事物化模擬。（TE 293）

並且認定其變形（métamorphose），涉及的是社會表態：

在藝術作品裡，變形最終觸及的是判斷。（163）

從卡夫卡的星叢文字，阿多諾基本上看到了前衛藝術語言變異所引爆的文化問題[15]，是由於個體與社會之關係出現了異常。這已經不是波特萊爾的「藝術為藝術」（l'art pour l'art），正如在一九六二年的〈對當代問題的表態〉（收入 Notes sur la littérature）[16]，他說：「純藝術與虛無的藝術是相同的東西，正如美感的純粹主義只是上個世紀資產階級，一種防衛性的傑出手段」（NL 302）。語言的越出傳統，其實是為了能真實表現個體游牧、流變的內在複雜心緒。在這樣的邏輯下，他將卡夫卡文字的變形，內含寓言[17]、世俗情節交雜的清楚與不清楚，視為吸納世界之怪異情狀和暴露了世界之裂痕，其星叢性格類似社會縮影，從而推論卡夫卡文字的客觀意向（tendance objective），具有「歷史的存在」（être historique）（參閱 Hofer 1993 :148-149）價值。

最後《美學理論》得出最具核心的論點：「作品裡的社會內在本質是藝術的社會關連，而非在社會裡的藝術內在」（TE 296）[18]。

從上述阿多諾的論述模式，可以看出形象自身扮演的是藝術語言常態的邊緣。這是從對社會的或藝術的既定結構提出異議的角色來看的。

相信從邊緣可以看到既定結構的問題，所以這種邊緣是以被壓

迫起作用的。邊緣並不渴望成為既定結構的一部份，所以並沒有所謂邊緣的表達方式或有所謂顛覆性的準則。邊緣，可以界定為藝術與非藝術的臨界，以及一種創作者身分的轉變，此兩者足以出現新的表達方式。邊緣造成對常態的不正常擾動，激化出一種相對性的張力轉換，這便是《美學理論》以革命身分看待形象自身的關鍵點。

（二）形象自身乃探索起源的理論

邊緣涉及一種表達處境，它相應於一種真實的絕境（impasse réelle）。《美學理論》討論形象語言（langage de la figure）的貧乏（appauvrissement）和主體瓦解（dissolution du sujet）範例，是貝克特劇作。

整部《美學理論》幾乎是對貝克特令人厭惡的語言表現，其困境、威力及訴求的冗長論述[19]。如果卡夫卡模糊晦澀的寓言文體，被阿多諾喻為繁星閃爍，滿佈於星空，是解放藝術語言的範例，那麼貝克特的書寫，則是在應該繼續與無法繼續的失控中停滯不前，在敘述（narration）的厭倦與衰退下造成語言的最大問題性。

阿多諾指出，貝克特的零點（point zéro），乃是透過實驗、激進和不在乎，進行不合常情的邏輯和自我瓦解，最終在非語言的語言中去除中心主旨，凸顯文字本身之形象。當中，停滯（piétinement）與重複（répétition）是客體喪失、主體匱乏的主要因素：

作為整體作品之形象，《等待果陀》末了的停滯姿態，正反應了他的作品之重複性。〔…〕他的作品是靜止片刻之推論。片刻之飽滿在沒有終止的重複中腐蝕掉，而化為虛無。他的記敘（récits），他稱之為嘲諷小說，較少客觀地描述現實社會，也不涉及將人類根本處境化約為最本質，和討論存在之最後剎那（subsistant in extremis），而是觸及當下（hic et nunc）經驗之根本面相，並且以一種停頓性的荒謬活力實踐出來。它們記錄了客體之喪失和主體匱乏。（TE 51）

貝克特文字形象，呈現受傷、平庸性格，乃是「形而上意義的引爆」（NL 202），給予阿多諾「一種未來哲學藍圖」（critère d'une philosophie à venir）（204）：

由零點所作用的貝克特散文，如同無窮小的物理力量，迸發出一種影像（images）新世界，既險惡又豐富，概括了每個當下的歷史經驗，但所觸及的並非明確具體元素，而是在現實之外的主體展示。這個受傷的、平庸性格的象徵世界，烙印官僚世界的否定（négatif du monde administré）。就此而言，貝克特是現實主義者。（TE 52）

貝克特作品的形象世界，在於越出現實，越出傳統的藝術原則，特別是在非理性的文字進行中消滅了理性之我──主體，對阿多諾而言，這個過程便是貝克特「反藝術之藝術性格所在」（52），也是藝術終結時期（époque de la fin de l'art）（Prado Jr. 1993:171）特有的藝術狀態。

《美學理論》論述貝克特語言問題，先從《終局》（Fin de partie）開始，指出當時貝克特還有相當的主導性：「不再履行語言修辭的和諧複合性」（113），但從《無名者》則發現貝克特不再固守主導角色，那裡只有「不可能做到的存在」之「不可能的聲音」，已無能為力去經營空間、時間和自身，也完全失去合成能力和有機可能（286）。這種放縱和沒有節制，最終以去藝術和自我瓦解做收場。貝克特是以傷害文學、融入文學衰敗中來成就其藝術。並且認定，

這種以融入的藝術衰敗、以攻擊自己為其敏感源，傷害藝術的基本結構，讓過程痕跡體現於形象，堪稱是藝術拋離意義和內容，朝形象自身轉變最具代表性的動作：

目前或最近藝術衰敗（déclin de l'art）的議題，於歷史中重複出現，尤其自現代主義以後特別明顯；黑格爾以哲學方式詮釋這個議題，他並沒有捏造它。藝術衰敗也在今日予人一種反意識形態氣氛，它甚至在最近時期，各集團之意識形態從歷史角度的衰頹裡，相信看到所有事物之終結。這種轉折，無疑以共產主義譴責現代藝術為代表，後者秉持社會進化名義，提出應終止美感的內在運動（mouvement esthétique immanent）；共產主義的譴責，是在優雅的解釋意識下，把現代藝術視為小資產階級的舊意識。對藝術衰敗的論說，由此規律地產生辯證的諸多節點，那兒突然形成一個新論戰結構，針對先前的例子。自黑格爾以來，衰退之預言，在當時較是醞釀自文化哲學，專擅地論斷藝術疆界，而非來自具體的藝術經驗。黑格爾的藝術終結論斷，出自嚴格的標準。但在藝術裡，並不是那麼一回事。貝克特所促成的零點，一點也不像文化哲學的漫罵，其微小之事卻蘊涵無限豐富。很難想像，貝克特形塑出來的人道（humanité），竟然不需要內在性的文化（culture immanente）；貝克特作品新穎之處，在於藝術融入其衰敗中；在批判支配精神（critique de l'esprit de domination）之同時，藝術以攻擊自己為其敏感源。藝術的自我反思傷害了藝術的基本結構，體現於（形象）自身。（TE 404）

阿多諾的觀點是，前衛藝術家之所以拒絕沈湎於傳統的美感藝術，之所以拒絕陷入美的整體感，乃由於傳統藝術的支控性、不可辯駁性，與個體的存在問題有著不可化解的矛盾，畢竟在工業社會下人的存在「是脆弱的、有缺陷和混沌的」（Prado Jr.

1993:173），後者是傳統藝術語言所無法承擔的。所以，藝術不得不如同存在陷入失敗和破產，化身為形式的缺席；不得不在追尋中，背叛傳統的藝術原則，讓表現發生疑難。

將貝克特文字的變形、扭傷、懸疑、錯亂，帶到「藝術的非美感化」（désesthétisation de l'art）（TE 34），乃至帶到主體瓦解層次，無疑是將前衛作品帶到應用的論戰。這說明了阿多諾的關注重心，不涉及想像和象徵，也不管結構及其意味深長的問題，而只注意貝克特的文字異常問題。

對野獸派繪畫、畢卡索的《亞維儂的姑娘》和荀白克的無調樂，也是同樣的論述模式。不同的是貝克特屬於失敗，而他們則是退化（régression）（27）：

開始時，針對有感覺的文化，精神化形成一種原始性（primitivité）潮流，朝向野蠻（barbarie）；野獸派正如其名，野性放縱為其訴求。（藝術的）退化是針對既有文化（culture affirmative）之異議的陰暗面。〔…〕新藝術所具有的野蠻特徵，改變了過去精神化的超驗傾向。有文化品味的人，面對畢卡索的《亞維儂姑娘》之變形和荀白克早期的鋼琴曲，其疑慮程度的比起他們的野蠻，來得更激烈。每當藝術顯現新面向，總是排斥舊有的，首先以變貧乏，拒絕虛偽的豐富和變化多端的形式。藝術之精神化過程，並不建立在一種線性的進步上。（127）

至於克利作品則是事物化：

所謂物化，當它過激之後，便隱晦地趨向事物之語言（langages des choses）。它潛在接近事物的觀念，已連根拔除藝術裡的人文意義之至上觀。現代性掙脫了藝術再現精神現實（réalité psychique）

之範疇，致力於意義語言所無法表達的地方。克利無疑是晚近作品如此傾向的代表性見證。（87）

「失敗、退化和事物化」，宣告了一種人與環境緊密互動之形象語言的誕生，同時也切斷了可溝通的共同文化藝術記憶。

「失敗、退化和事物化」造就了形象自身，它就是它，本樣就是本樣，獨一無二，「絕不暴露它的判斷，絕沒有所謂訊息」（163）。

那麼形象自身價值不言可喻，正在於它自身就是一種異議性的社會表態，一種去神話的藝術態度。魏瑪一針見血地看出形象在阿多諾美學的關鍵角色，他指出形象凸顯了藝術的去意義和去文化之當下性／現實性，阿多諾把它放在「世界醒悟」（désenchantement du mende）（79）範疇，讓它扮演一種拒絕虛幻的否定角色（Wellmer 1990 : 275）。

前衛作品的形象自身，作為一種去神話的精神，阿多諾最終要說的是，形象自身的去美感特質，一方面本身便是感覺撞擊的引發點。凡是看到的人，均無法避開，而這種撞擊性，出自觀者腦中新與舊的衝突，不同的觀看角度會形成不同的觀感，形象本身是靜默的，是放射狀的晶體。另一方面，它不強調重建新形式，而是強調藝術掙脫舊有束縛，展示人傷痕累累的生活經驗。這是形象自身具普遍性（universalisme）（172）的理由。

排除象徵結構或想像的幻覺模式，攆走精神分析的詮釋和語言學啟示的形式風格，形象自身的邊緣理論，最大的啟示在於：藝術問題性應該看成社會和歷史的，而非意味和私人的。

形象自身捍衛了「沒有國家和文化標記」的前衛訴求，如詩人阿爾托（Antonin Artaud 1896-1948）所言：「沒有嘴巴沒有舌頭沒有牙齒沒有喉嚨沒有食道沒有胃沒有肚子沒有肛門我重新建構

自我的人。」（Pas de bouche Pas de langue Pas de dents Pas de larynx
Pas d'oesophage Pas d'estomac Pas de ventre Pas d'anus Je reconstruirai
l'homme que je suis）（引自 LS 108）

就此，可以清晰看到，阿多諾的形象自身論述，所進行的連
結、開放和創造，採取的是拉岡（Jacques M-E Lacan 1901-1981）
思想的符徵功能，完全趨向探索起源，而非詮釋或感受理論。

結論：一種作品的政治

阿多諾美學最為震撼處，就是從形象自身發現了作品主體性
（subjectivité de l'oeuvre），他稱為作品顯現（apparition de l'oeuvre）。此
作品主體性匯聚了兩個根本主題：開放的整體性和正在發生的事
件。他試圖從作品主體性，指出不再由人類一種心理的絕對所有權
所掌控的東西。它是有生命的、不由自主的和非有機的，它既不是
人類主體性的特權，一點也不需要以人類自然知覺作為範本。它擁
有自身對象和情感自為的主體性。阿多諾因此可以進行非主客體的
認識論冒險：一種由作品問題性所引發的非主體的認識行為。

正如阿多諾論證形象自身，所採用的兩個階段。首先使用顯現
（apparition）來表達形象世界的威力。第一階段認同作品形象內蘊
人的生存處境問題，且致力於探討藝術經驗所包含身體、媒材、事
件與環境的模擬變形過程。他以「就是這樣」（c'est ça）（TE 150）
形容形象自身，並認為前衛作品的形象儘管以「不說什麼」存在那
兒，但它會擦亮我們的眼睛，撞擊我們腦中的文化歷史記憶，啟開
視野，使我們擺脫既有精神與思想的侷限，從而激發出一種另類知
識。這種知識雖不清晰，但能豁亮我們的感覺本能，是一種不言明
的體會。

第二階段則賦予形象自身的表現（expression）內含。這是一
種應用範疇。此應用傾向歷史、文化和社會之環繞論述。從馬克思

和叔本華混合的藝術觀出發，他得出前衛作品形象是以「不可溝通的溝通」扮演世界醒悟的角色，具有臧否歷史、杯葛文化和批判社會的情愫，見圖表：

第一階段	「形象自身」的顯現	存在自身
		非語言的語言
		結晶體
		變形、怪異、野性、渣滓、錯亂
		非同一性
		具「我—這裡—現在」之偶然性和隨機性
		不承載意義
第二階段	「形象自身」的表現	直接性、事物化
		造傳統外貌的反（解構）
		臧否歷史、杯葛文化、批判社會
		個體私密的生活經驗
		不具溝通的溝通
		世界醒悟、野蠻
		拒絕虛幻、去神話

這個全新的藝術認識論，將藝術性質和鑑賞推到另個範疇，完全異於康德的美感期許。後者在其第三批判裡，以自由概念為前提，提供一種美感理念，作為超越思辨理性（raison spéculative）的限定。康德的美感理念所以深具現代價值，在於藉自由觀點的美感特徵，允許個體去盼望，讓個體從本能出發，進入自我設定和自我完成的目的自身範疇。但阿多諾的形象自身邊緣理論，則越過康德的美感期許，邀請我們去認識物化和衝突的工業社會之前衛藝術運動及其轉變意含。這個全新的藝術性質，不再是藝術，而是解疆域化（déterritorialisation）：即刪除國族和文化標記，通向自由。

當然，阿多諾的形象自身邊緣理論，並不只為了提示這個去國家和去文化標記的自由訴求而已，它也是批判理論診斷資本主義社會的核心論據：

一方面，它既是衝突與不安、憂鬱與想望的異質綜合體，也是一切事物、思想、哲學、藝術裂斷的分界線，不僅涉及文明變動，也涉及人的生命倫理的轉換。阿多諾由此實踐他的批判理論。這種美學的特色在於，將前衛現象、藝術理論和現代社會史之間畫上等號，這是《美學理論》這部論文之所以是革命性的理由。

同樣，在如此的視野裡，也凸顯阿多諾美學的藝術終結（fin de l'art）史觀：一旦出現新藝術，便衍生新的歷史和新的藝術視野。

另一方面，它是阿多諾對工業社會的診斷（diagnostique）論據。模式：以形象自身的感覺解放為基點，對抗資本主義的科技理性，後者窄化了人的感覺和認識力。這便是阿多諾自三十年代以來，全力思考工業社會優勢理性壓力下，感覺退化、想像力阻塞與靈光破滅現象，凸顯前衛作品的形象語言的主要原因。

他根據其特異反應，重建哲學、語言、主體性、表現、精神、模擬等概念範疇，其態度是：思考藝術死亡，是對藝術要求真理真相，給予應有的榮光。

此舉所引出的藝術哲學，既不再談美，也不再強調思想的結構和系統化，而主要是用來勾勒一種作品的政治（une politique de l'oeuvre）：邊緣和否定性。

陸

真理：一個複雜且細膩的辯證場域

轉向碎裂和碎片之事，其實是使藝術得救的企圖（le fait de se tourner vers le brisés et le fragmentaire est, en vérité, une tentative de salut de l'art.）（TE 243）

西歐美學理論，沒有例外地均圍繞在「開展哲學」和「界定藝術性質」兩大重心上。黑格爾是這個傳統始作俑者。他最大的貢獻，便是指出哲學的理性思辨功能比藝術更具威力。這種對藝術的貶低，並非真正的貶低，而恰是凸顯了隨著民主化行程，藝術以敏感的實現（réalisation sensible），以外貌展現絕對，以及邀請思想／哲學賦予此藝術無限想像的自由性。他要說的是，耶拿浪漫主義者主張藝術具有本體論的揭發功能（fonction de révélation ontologique）和心蕩神馳的形式（forme extatique）是沒有錯的，但那是在哲學形式下才能實現。此傳統最具特色處，在於「藝術可幫助哲學開展新形態」的設想，但同時也衍生最為麻煩的疑難：哲學的藝術論述對藝術攫取發言權造成減損問題。問題的背後其實來自主體哲學論事物時，攫取發言權的強大意志。阿多諾是看出癥結的主要思想家之一。

阿多諾的課題，並不在於反對黑格爾將藝術定位為人文的最高象徵，將藝術推上真理層面，讓藝術與哲學發生關係，也不在於反對他從絕對精神（l'esprit absolu）看到藝術精神與哲學精神、藝術真理與哲學真理不分軒輊等論點，而在於哲學的藝術論述，以何種方式或何種認識論，既保有藝術論述的表現，又不會取代藝術作品？

什麼樣的藝術認識論可以達到呢？阿多諾採取雙管齊下的方式，一邊從多視點搜尋藝術起源因素；另一邊將浪漫主義美學術語帶入藝術論述場域，發展交鋒的辯證場域，讓各種陳述處在獨特語

境裡。前者避開內在詮釋造成代言問題，後者在瓦解術語中將藝術論述帶向哲學、知識、語言和歷史範疇。這些課題無非都以「浪漫主義美學術語帶入藝術論述場域」為起點。

然而在諸多術語中，為何獨獨需要討論阿多諾「真理」（vérité）這個術語的操作呢？理由有兩個：1. 主要是這個術語從前衛作品的破碎的超驗（transcendance brisée）角度，拉出真理和本能（nature）兩條關鍵性的系譜，彌補了「模擬」的內在性、工具理性和藝術他律等三條系譜，過度偏向於藝術創作的問題；2. 審視真理這個術語的操作，可以看到阿多諾連結藝術、社會與哲學三大範疇應用議題和系譜的奇特模態，乃至可以更清楚知道與黑格爾思想分道揚鑣，離開馬克思主義美學箇中原委。

我的論題如下：在前衛藝術語言變異的龐大論述場域中，「真理」這一術語扮演何種角色？在傳統的作品概念與前衛作品的問題性之間，「真理」這一術語的功能是什麼？將「前衛藝術的文化否定和和解」看成「真理」，其辨認是怎樣進行的？此真理辨認主要仰賴一條本能解放系譜，其內容為何？

一、三種真理：超驗、俗世與問題性

（一）歷史追溯：作品概念危機與歷史的真理系譜

阿多諾避開內在的隱喻分析，從作品表面語言問題，討論作品性質的轉換現象[1]，便是由「真理」承擔整個討論場域的關係詞。它不僅同時扮演傳統和前衛三重角色：一邊用來指陳超驗（transcendance）和崇高（sublime）的藝術真理，也就是從真理的歷史系譜，追溯傳統的藝術真理與崇高的感性形式合一的原因；一邊則是用來指陳前衛作品的破碎形貌或俗世經驗；另一邊用來指陳前衛作品的否定性身分。（此三種真理以交纏的方式呈現於星叢文體中，因此又出現一個屬於文體本身的真理，這部份已在其他章節

中論及）。

阿多諾利用這個複雜的真理論述場域，指出了《美學理論》最為重要的前衛作品問題性：作品概念危機。

我認為這個作品概念危機意識[2]，是阿多諾揭開歷史的真理系譜的啟動點。這涉及「藝術作品的超驗要求，出自於一個由哲學假設的真理本體論」、「前衛作品的俗世經驗」和「表達問題」等三個面向的討論，都扣緊在「真理」問題上。

首先，就第一個面向而言，阿多諾所勾勒的西歐作品概念的源流，主要由柏拉圖、基督教神學、科學理性所組成。此一系譜堪稱具體陳述了尼采的「文明衰敗起於文明之初」的論點。它以柏拉圖和亞里斯多德思想作為西歐作品概念的基本起點。這個起點架構了作品真理本體論的至善和美感形式兩大領域。前者指涉一個超驗的道德世界，藝術、理念和道德三者互為表裡，後者則以技術產物和第二現實（第二自然）定位藝術作品，設定作品形式有一最高表現的本體範疇——思想，將真理從道德世界解放出來，讓形式、思想、知識和真理發生關係，《詩學》（*Poétique*）為其代表。這架構決定了往後西歐作品概念的主要發展方向。

此真理系譜的第二個轉折，發生於中古時期的基督教神學。基督教的創造神學觀，輕易地和古希臘藝術思想結合，因為「教會聖師著作之研究」（patristique）——上帝理念，並不陌生於至高無上的藝術家。藝術、信仰與真理三者同體，符合人的創造為上帝形象化比喻。這種具救贖神學的新藝術理解，奠下了美學與藝術的救贖情懷，從此藝術不單只是藝術而已，更成為受難、悲劇，甚或越界、叛逆，某種通向神祕烏托邦的途徑。作品概念在此有了末世和黎明的雙重意涵。

第三個轉折則發生於文藝復興與啟蒙運動時期。科學理性將上述的真理作品概念帶到更為深刻的自然憧憬上，拉開了藝術、自

然、世俗世界和表現合而為一的序幕。在此意義下，沒有模式依循的世俗題材，如居厄（Nicolas de Cues 1401-1464）雕刻的木湯匙，作為非宗教和褻瀆象徵，便成為理論者眼中的現代創造精神。（參見 Bubner 1990:107）十八世紀的天才概念（concept du génie）繼承了這樣的精神，並且更激進地提到本能和非理性美感層面。這種作品概念，已經不只是超驗／崇高性質的昇華／紓解身分，而有著與森嚴的資產階級社會相對照的鏡子性質。

在這真理系譜的歷史追溯中，阿多諾要說明作品概念之所以是超驗的性質，正是依賴一個預設的真理本體——作品美感外貌內蘊真理。這個作品概念的真理本體，儘管在不同時期有著不同風貌，但它固定在時代形而上學的真理視野，卻成為西歐顛撲不破的作品概念。

無疑地，阿多諾拉出這條作品概念系譜，是出自達達主義（dadaïsme）和超現實主義（Surréalisme）等前衛運動的啟示。也就是說這是由一種前衛與傳統的相對性，提供思想動源，所建立的系譜運動。

問題出現的次序，是以前衛作品為核心，隨機地從作品問題進行連結，連結的內容並非是清查，而是片斷和格言的。可以看出片斷追溯，允許標定出位置和轉化的地帶，來觸及藝術問題。從所散佈的歷史片斷，這種真理系譜的查核，其實也提供了三大階段的歷史分期。

由於片斷，所以此歷史分期並不屈從在一種編年學；也由於以諸多片段呈現，儘管隱約流露一種歷史演化的味道，但截然不同於黑格爾線性的歷史主義。它不停止在一種靜態的底片上，而是藉由共時的追溯，感性地提供思想流轉元素。所以這種歷史分期，較是以勾勒場景為目的。由於是藉由前衛作品的問題來連結，這使得這個真理的作品概念系譜，不是靜態的和同質的，而帶有晶體狀。

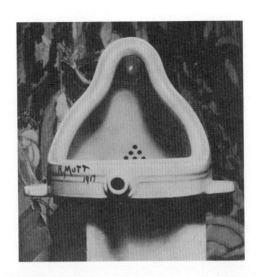

達達主義的領導人物杜象（Marcel Duchamp. 1887- ）之代表作品：在小便池上簽上文字，取名為《泉》。
圖片來源：https://commons.wikimedia.org/wiki/File:Duchamp_Fountaine.jpg
來源：Original picture by Stieglitz。

（二）歷史視野與感覺邏輯：破碎的超驗

其次，關於前衛作品的真理內容：俗世經驗。

當歷史的真理作品概念系譜，以隨機方式片段地附著在作品問題性上時，便將前衛作品的破碎雜亂帶到現代與傳統激烈的對峙情境中。經由此，藝術、哲學和社會犀利地被捆在一起，共同將前衛作品的「破碎的超驗」巧妙地帶上行動層次上。不僅將類似荀白克的無調樂，凸顯聲音的垂直空間，視為一種歷史進程，而且解釋了作品不再有第二現實和第一現實之嚴格界線的原因。換言之，這不僅是以前衛作品的「破碎的超驗」為問題性，編織真理的作品概念系譜，而且也是反過來，歷史的真理作品概念化為晶體狀的系譜支撐前衛作品的問題性，讓歷史陳述和前衛作品認識論同步完成。也是在這樣的思想運動中，得以描述藝術真理內容的異化緣由：

1. 真理內容不再是浪漫主義哲學所相信的理念（l'idée）。浪漫

主義者銜接藝術與哲學，實乃歐洲人文史上史無前例的議題，此議題的出現不僅標示藝術朝自治性發展——藝術作品乃意識活動與非意識活動的同一性，而且將藝術視為絕對範疇，也說明了藝術作為理念的化身，從此以後在文化上的至高地位。然而前衛作品摘除了藝術的高尚性格，與日常俗世相疊合，這些行為極為具體，再也不是浪漫主義哲學所想像的理念，如阿多諾說：「這樣的理念，在現代藝術裡不再有位置〔…〕。現代藝術的內容不能簡化為理念」（TE 169）。

2. 真理內容不再取決於作品的結構。前衛作品的謎樣外貌，作為客觀精神的容貌，顯現時決不是透明的。特別在那破碎外貌上，對觀者而言並沒有吸引力，或者說並沒有太大意義；它只在文化、歷史和社會聯想中，才烘托出激烈的精神面向。換言之，前衛藝術外貌的謎樣、錯亂和荒謬，是起於「作品組構不足的痕跡」（le stigmate de leur insuffissance constitutive）（169），是由「進不去的和實踐出來的實有編制兩者之間的不明區域構成」（169）。因而，作品的真理內容，形成於看到和看不到、實有和記憶、本樣與荒謬、變化和不變化之間。

3. 真理內容不再等同於藝術家意圖。為何真理內容不再等同於藝術家意圖呢？在阿多諾的視野裡，前衛作品的最大特色是媒材遊戲的模擬狀態，藝術家意圖在模擬中已發生變化，完成的作品已不復原意。他認為，前衛作品展示著密碼的寓言形式（forme d'allégorie codée），已超出藝術家原先意圖，一旦哲學反思這密碼的寓言形式，針對是那個呈現擴張、流動和游牧的精神狀態。「真理內容與藝術家意圖之間的不同，對批評者而言是可度量的。」（170）

真理內容既然不再是浪漫主義哲學美學的理念，也不再是作品的結構意味，更不再是藝術家意圖，那到底指什麼呢？其實指的就

是，前衛作品由於沈緬於媒材的非意識模擬，而出現變異的語言形象，在阿多諾眼裡，這些不折不扣都是涉及俗世層面的真理內容：

> 藝術的謎樣特徵涉及到內在鉸接，某種異質組合。透過它那誇張的荒謬輪廓，藝術於此重新取得意義。在這種度量裡，謎樣特徵不啻為作品的最後一句話；相對的，任何可靠的作品，也同樣呈現無法解答的謎樣。（168）

由此，《美學理論》勾勒了一個以作品為中心的理論範疇，一個與歷史的真理作品概念系譜相對下的全新真理內容。此全新真理內容是建立在鬆動歷史的真理作品概念上，如下圖：

傳統作品的真理內容	現代作品的真理內容
超驗	破碎的超驗
神祕和魔力	世俗和私密性
文化象徵	日常寓言
文化迷信	醒悟
崇高	貧乏
預設的本體論	無法預測

由於這個全新的真理內容，並非從推理得來，而是透過歷史的真理作品概念系譜與前衛作品怪異外貌對照出來的。所以，這也顯示出前衛作品在論述上的困難度，畢竟之所以稱為「前衛」，必然以陌生形象呈現。也因而不只需要作品所屬之外的視野幫忙，更需要一種能承認作品徵候體態的感覺邏輯。在這樣的操作方式裡，藝術作品根本不是用理念或美感來接近的，而是透過感覺和追溯的雙向運動來進行認識的。

（三）問題性的動力：悖論

最後，阿多諾用「真理」來指出前衛藝術作品的「破碎的超驗」是一種問題性事件。

這個鮮明的視野，設定了前衛作品是一種現實，而非一種精神的目的；它既不是一種意識再現（一種心理學的數據），也不是事物的代言者（一種客體目的）。它就是它自身。阿多諾由此發展了問題性能力。此問題性能力，重視感官經驗（empirique），並以此面對形象的異質和矛盾，所蘊蓄豐富的俗世個體真實情感，這是理解力（compréhension）無法介入的。

此問題性的開展能力，與其說是理解或聯想，不如說是由一種奇特的悖論邏輯（logique paradoxale）所發動。它發生於思想者面對前衛作品所出現的衝擊，以及前衛作品自身的貧乏感。前者，魯道夫比格將這種衝擊喻為「意志死亡」（morte de la volonté），以及由此引爆的搜尋動力：「以某種情況而言，意志從現實／實際，流亡到想像／虛構，避開了應用和實踐的現實，從虛構出發，凸顯更加強烈的影響和煽動。」（Rudolf Bürger 1993:71）此動力會將過去、現在和前衛作品集聚在一個跨領域的、無止境的搜尋場域上。

至於前衛作品的貧乏感。李歐塔以美國畫家紐曼（Barnet Newman 1905-1970）作品為例的說法，最能體現阿多諾在這方面所面對的貧乏徵象：「前衛不依附在主體所發生，而是依附在主體發生了什麼？那是屬於貧乏層面。」（Lyotard 1988:115）

這兩種問題性，最終會引爆歷史、文化和社會批判動機：「崇高不再以主體象徵來理解，就意義而言，甚至不再是一種偉大的場面，而是社會掩飾系統裡，勾破的小裂縫，它可讓我們看到一個另類社會，這個另類社會，尚未被社會命名、適應和準備。從這裡，可毫無困難地從作品裡，辨認出一個世俗且褻瀆的世界」（Rudolf

Bürger 1993:77）。

　　換言之，那是從前衛作品的謎樣形象，看到生存（existence）躍上檯面，看到生存的平凡甚至貧乏，在思想史和藝術史裡的衝擊性。因為它本身就是一個世俗且褻瀆的世界。

　　問題性因而如同前衛作品是一種「存在事件」（événement de l'être）。在這種情況下，思想和藝術最大意圖便是破除形式魔力和文化迷信。正如同作品的俗世性，超驗因此不再超驗，崇高因此也不再崇高，它只是活生生的，一點也不虛幻的俗世經驗。阿多諾因此說：

> 崇高最終變成自己的對立面。面對具體的藝術作品，今後，將不可能談及崇高，而不陷入文化信仰的囉哩叭唆裡，而這正是崇高範疇所激出的活力。歷史和如下表達相交會：從崇高到荒謬只有一步之隔。（TE 253）

　　問題性的開展，必然萃取這種非美感的形象特徵，而且不會是解釋或詮釋，而是徵候學地、美學地、應用地等多面向的交錯發揮。這是從前衛作品形象自身的反應和行動，夾雜現況、歷史和未來，而「真理」便是整個場域的關係詞。

　　因為這樣的術語可以凸顯過去與現在的悖論，也能恰當反映前衛藝術運動的本質，而這只能帶上歷史視域才看清。換言之，沒有歷史對照，怎可能感受到前衛作品的謎樣形象，帶來的世界轉變啟示呢？

二、真理的辨認：否定性與和解

（一）真理辨認之一：前衛藝術的否定性

　　既然說前衛作品的問題性身分就是真理，那麼問題就來了。問

題性身分作為真理是從怎樣方式辨認出的呢？阿多諾的論據出自文化的否定（négation culturelle）與和解（réconciliation）（TE 157）觀念。首先來看看「文化的否定」問題。

前衛作品的語言變異乃是一種「文化否定」，可以說從《理性辯證》到晚期《美學理論》都占了相當大的篇幅。阿多諾的理論重心，集中在前衛作品的變異語言所導致的謎樣形象，是對社會體制和文化習性的叛逆或否定。換言之，這部份出自前衛運動的觀察，自不待言，問題其實出自「前衛作品對社會體制和文化習性的叛逆或否定」，乃是真理。無疑地這是賦予性的。但這種賦予性並非心血來潮，它來自康德、馬克思和恩格斯這條批判的內在性系譜。由此可知，儘管《美學理論》使用「現代藝術」一詞的頻繁度超過「前衛藝術」，但差別不大，都還是有嚴格的前衛性要求。

魏默從兩點進一步解釋了阿多諾的看法：1. 前衛作品的怪異形象會激發出人們對社會生活、習慣、準則，乃至意識形態形式和意義之反思，它本身便是「一個沒有經過反思、不合理和暴力的現實」（Wellmer 1985:269）的對立面；2. 它也會引起人們追憶過往的美感原則和形式範疇，從而體悟到其支配性和暴力，他說：「傳統作品的統一體，其實就像資產階級主體的統一性，在美學意義上，統一體的出現，意味著對不調和元素的鎮壓和剔除，它抑制人的本能，也無法容忍另類想法。現代藝術是以暴露如此的過去，展示其啟蒙精神。」（269）

因此可以說阿多諾所謂前衛作品的文化否定出自兩種邏輯：一邊出自前衛作品越界引發問題性的觀察；另一邊出自批判的內在性系譜的看法（見本書第三章）。這兩種邏輯是以融合為一種視域提出的，正如他說：前衛藝術是「對具結構緊密意義之藝術和思想的訴訟」。（TE 147;136）

這個文化否定視域，問題的關鍵點應在「批判的內在性系譜」

上。也就是說是到底是先有「批判的內在性系譜」，然後賦予在前衛作品上呢？或者是前衛作品的啟示，從而導出一種內在性的歷史回憶（anamnèse）或追溯（rétrospective）？這兩個問題應不是孰先孰後的問題，而應是它「當下」的同時發生性（simultanéité）。此當下經驗，其特徵與其說是整合，不如說是超越已知系統的另類思索；與其說是重新定義（redéfinir），不如說是反思本質（essence）的場域。這當中最引人入勝之處，還在於當下經驗到底發生了什麼？

畢竟前衛作品的語言變異，充其量只能感受到文化藝術的變遷，仍無法讓語言變異、真理和內在性系譜發生關係。在此，魏默指出此中原委來自於阿多諾自身變化：一種前衛作品、真理和內在性系譜交互作用的主體意志的解體過程。就這一點而言，魏默的研究心得是從阿多諾的當下經驗，指出前衛作品反傳統外貌和統一體，既是前衛藝術家的主體消解現象，也會導致觀者的主體意志之解體（見 Wellmer 1985:270）。就此，魏默打開了阿多諾當下經驗的結構，為何前衛作品的文化否定乃是真理的原因。在這整個環節中，前衛作品變異的模擬語言都居核心位置，如同阿多諾這麼深入探討語言變異緣由：

> 所有可靠的美感表現均記載了這種情緒矛盾。在描述崇高感上，康德以無與倫比的方式，將崇高感視為本能（自然）與自由之間的自我戰慄。沒有精神的任何反思，只有身體的激烈狀態，這種模擬變化，對所有藝術都是精神化的建構行為。當精神化融入作品模擬的激烈亢奮狀態時，藝術會順著它，或者說藝術行動是由模擬來實踐的，它成為精神形式——可以說那是生理的。藝術的模擬本質，讓想像力抑制痛苦，讓作品自我形成，讓作品真正獨立〔…〕。（TE151）

　　阿多諾的當下經驗和前衛藝術家的越界，都涉及「在主體裡的非主體」（non-subjectif dans sujet）（151）創造狀態。這是一種「一切回到零度」的思想姿態。就阿多諾而言，一切歸零，意味著前衛作品本身雖涉及越界意圖，但本身是沒有歷史的，必須放到藝術世界，歷史才會發生。換言之，當陌生且緘默的前衛作品，造成藝術與美感、藝術與意義、藝術與理念等解體時，會發生什麼事呢？可以想像阿多諾將根深蒂固的真理的作品概念與前衛作品怪異形象進行對質時，所進行的各項連結和搜尋的激烈性。此「當下經驗」因此是以尋求多重認識途徑的放射中繼站，而成為活潑的認識力瞬間系列（succession d'instant）場域的。

　　因而與其說「前衛作品的問題性身分就是真理」，不如說那是「進入當下前衛作品與歷史相互關係，一種超出主體之外的激烈探索」，一種對真理在歷史裡極端模糊的，卻體現在前衛作品上的辨認行動。

（二）真理辨認之二：和解觀與歷史的美學系譜

　　作為真理，作品問題性的另一個視野就是和解觀。無論是否定性或和解觀，真理的辨認都涉及將前衛作品當成具體的社會行動。

　　不過阿多諾討論前衛作品問題性的和解觀，較偏向美學問題。也可以說，他從前衛作品拉出一條歷史的美學系譜，就藝術的和解問題來辨認有別於否定性的和解觀。

　　「和解」其實源於浪漫主義美學的自治性概念。《美學理論》所勾勒的歷史的美學系譜包含黑格爾和謝林（Friedrich W. J. Schelling 1775-1854）。這個勾勒是重要的，因為在前衛作品的對照下，謝林美學以形而上哲學為基礎的「主體─理念─絕對」（Sujet-Idée-Absolu）的三合一本體論觀點，以及藝術在自然（非意識力量）與理念（意識力量）、我之精神力量與非意識的自然力量之

間，讓「絕對」達到最高創造，其和解特色便清晰地完全呈現出來。原來他將藝術想成是優異的揭示者：首先，藝術提供給「我」發揮「絕對」直覺；接著，藝術所召喚的是一種想像力，會實踐綜合現象，讓無限消融在有限裡；最後，作為精神之非意識的原始詩意，藝術允許我們去理解客觀世界的理想狀態（TE 101; 283; 438）。由於藝術是連結靈魂與自然的作用場域（參閱 PA :138-139），所以他的藝術和解觀念是建立在理想層次上。

至於黑格爾美學的追溯幾乎佈滿整本《美學理論》。阿多諾集中在黑格爾的兩個大的議題之間（一方面藝術、宗教與哲學之間的區隔；另一方面藝術與宗教、藝術與哲學、以及基督教與哲學之間交錯論述），所指出的藝術從來沒有所謂真正完美的時刻，它只是「精神」自我展示裡的一種過渡時刻（moment transitoire）[3]。它最大的特色，乃將藝術設想為人最高層次的「絕對」（absolu），一種能從社會生活投向抽象世界的理想的人；因而在藝術與社會的雙向論述中，將藝術看成一種和解（réconciliaion）的角色（TE 101-107;344-348 ;448-453）。

對這條歷史的美學系譜的總批判，無疑以《否定辯證法》批判唯心主義哲學和美學最具代表性。主要是批評唯心主義哲學和美學閉鎖於自身，只追求自我流量、變化和運動，同現實社會完全脫節。

無論是謝林或黑格爾，阿多諾指出他們演繹出來的藝術真理概念，源於哲學的真理概念，既不涉及現實，也非來自具體的藝術作品，只全心一意於那個空想的形而上價值，因而只要將這種哲學或藝術思想朝現實敞開，便不堪一擊。正如他們允諾藝術的理想和幸福形象，攤在詭譎多變的現象下，便全然幻滅（TE 104;125;438）。

儘管如此，阿多諾在批判之餘，也從歷史演化角度，正面看待唯心主義美學的美感自治性概念。他認為，唯心主義的自治性概

念，有某些特質如同尼采的美感醺醉感，也像極了叔本華之去意志的美感救贖，是道德、信仰的社會教化工具之外的。怎麼說呢？阿多諾認為，從他律性（hétéronomie）到自治性（autonomie），唯心主義為十八、十九世紀資產階級所塑造的美感世界，不只是現代個人主義思想的肇始，同時也讓藝術在森嚴的社會體制中，朝紓解面向敞開。

進一步而言，阿多諾的和解觀念，並非唯心主義美感自治性的翻版，或者應該說是藉批判唯心主義美學的自治性觀念，而烘托出一個全新的自治性觀點。正如他除了批評唯心主義美學的偽善，說它「明顯的謊言，追溯以往時危害藝術作品」（TE 172），並且提及「當藝術與哲學相互之間太相同的論調後，作品自治性的解體變成是必然的。」（172）

在他眼裡，謝林和黑格爾的美感自治性，屬於自我封閉的超驗世界，偏向美感外貌效果，但前衛作品的形象自身，則涉及「做」（faire）或「模擬」（mimésis）的非意識、去理念和去意志的世界。後者是以所謂主體死亡，某種逃避性和受難的精神游牧，來凸顯「和解」的。

阿多諾這樣的「和解觀」，類似魯道夫‧比格的說法：「在模擬的游牧世界裡，主體意志變得模糊不清」（Rudolf Bürger 1933 :68），也類似博萊（Karl Heinz Bohrer 1935）的說法：「也是這樣，我仍能說：我進入美感狀態，故我存在。這個表達程式，是以某種我懷有這『我』的想像方式而有效的，無論是依據自我邏輯，或超越自我理性概念；這裡頭，不再涉及純粹知識主體，而是一種美學主體性（subjectivité esthétique）。如果大家不想進入黑格爾思想和齊克果思想路線，〔…〕，那麼大家可以在美學主體裡，找到初次觸動感慕之情，進入美學狀態永遠是那麼無可爭辯、那麼確鑿。」（Bohrer 1987:642）

　　似乎，阿多諾在辨識「前衛作品問題性乃真理」時，透過傳統的美學系譜，勾勒了一種從藝術創作角度出發的「和解觀念」。這讓我們從另一個面向看到了阿多諾的真理含量，有著叔本華—尼采美學的受難成分。如《意志世界與表象世界》的描述：「從這裡，引出了完滿性的放棄，這同時是印度的智慧和基督教最內在的精神，一切意志和活動的放棄、轉換和去除，帶來的是整個世界的放棄，最後，就是拯救」。（Schopenhauer 1992:299）

　　阿多諾要說的是，前衛作品展現反傳統的「獨特語言」（langage sui generis）（TE 172），最重要是標示了自我與世界之一致的徹底改變。「和解」，因此意味藝術作品不再如過去複製固定的藝術意義，而是挑撥一種進程：那就是，在理性的工業社會裡，模擬的藝術經驗作為異議庇護所，永遠歸屬於社會行動：

> 在美學影像裡，之所以避開我，那是由於美學影像是集體特徵，正如真理內容的內在為社會一樣。透過顯現，藝術作品超過純主體（pur sujet），顯現是集體本質的擁入。整個藝術作品搜尋的回憶痕跡，永遠預先一種狀態，超越特殊作品與其它作品之間的鴻溝，具有集體性格。特別在藝術作品裡，像這樣的集體記憶，不是主體，而是透過主體的集體記憶；在作品之特異反應運動裡，暴露了集體反應形式。便是為了這原因，哲學詮釋，絕對應將之建構在特殊裡。幸虧作品的主體時刻——模擬的和表現的，藝術作品達到客觀性；藝術作品既非純運動，亦非運動形式，而是凝聚在此兩者之間的過程，這過程是社會的。（172）

　　阿多諾從和解視域，辨識了前衛作品的問題性身分便是真理的理由。這在藝術認識論上提供了一個犀利的純粹視野，基本上改變了以往大家對藝術性質的看法，即當藝術作品移轉為和解／模擬層

面時，它是實體性的，而非功能性的。

用白話來說，即藝術從以往傾向結構的內在邏輯，轉換到人的生存處境問題上，從而藝術與哲學的關係也改變了，或者說藝術與哲學之間原本的界線被刪除了。最為震撼的是，在辨識前衛作品的問題性身分便是真理的問題上，阿多諾讓他的「藝術以參與黑暗為名」（participation aux ténébres）（177）論點，疊合在叔本華的「藝術映射歷史裡的悲慘先驅」（Rosset 1989 :37）論點上，有效地將前衛藝術運動，乃至他的和解觀念帶到歷史的人的解放進程上。

（三）「前衛藝術的文化否定和和解」與「真理」之間的銜接問題

從文化否定和和解，看到阿多諾為何認定前衛作品問題性乃真理的理由。雖然這主要是從康德、馬克思的內在性系譜給出的，然而這種賦予性還是無法解決「前衛藝術的文化否定和和解」與「真理」之間的銜接問題。這問題就是為何「前衛藝術的文化否定和和解」可以視為「真理」呢？

關於這一點，魏默的類比分析很值得參考。

魏默指出，想要了解阿多諾將「前衛藝術的文化否定和和解」視為「真理」的方式，那麼應將藝術與真理分開來，先了解真理的指涉為何，方能體會「前衛藝術的文化否定和和解」與「真理」之間為何可以是同體的。

真理是什麼呢？魏默從哈伯瑪斯的語言實用主義（pragmatique du langage）角度，認為科普（Franz Koppe 1931-）三種真理的區分：遠離虛幻的真理、習俗性的真理與道德實踐的真理（vérité apophantique, endéétique, pratico-morale）（Wellmer 1985:273），可以有效指出「前衛藝術的文化否定和和解」與「真理」之間可以合一的理由。他認為科普所區分的這三種概念，主要指涉日常語言背後的價值判斷。任何講話者在社會場合，由於都從自身出發，所以語

言在表達時往往都有預設性。將科普這三種日常真理概念，對照阿多諾前衛藝術的真理，可以發覺阿多諾所謂的前衛藝術的真理，真的是莫測高深。同時也立即顯示了阿多諾將前衛藝術冠上真理的問題，涉及非常獨特和複雜的方式。不僅拓寬了對現實世界的思考介面，而且將藝術語言變異與日常的道德實踐，放在一起衡量，卻沒有減化科普這三種日常真理概念，反而更可以看到它們彼此之間的交互作用。

從科普這三種日常真理概念來看，更可以假設阿多諾從否定性和和解兩種面向，解釋他所謂前衛藝術乃真理的論點，其實是在捍衛一種「藝術真理」，後者既是在「科普三種日常真理概念」之外，也涉及三種日常真理概念交相衝突的問題。事實上也是在這三種日常真理概念交相衝突的場域中，此「藝術真理」鮮明地被凸顯出來，取得了支撐點。

魏瑪這樣的分析，堪稱把阿多諾討論前衛藝術與文化的衝突，以及討論前衛藝術與現實世界的和解問題，以「真理」這一詞彙貫穿歷史、文化、藝術和人的處境的思想方式，其間的連結邏輯完全揭示開來。也是在這樣的分析下，可以發現「前衛藝術的文化否定和和解乃是真理」的論點，是阿多諾在實用（pragmatique du langage）角度下的一種新的表達（修辭）。

不過，比「新的表達（修辭）」更重要的事，在於它也衍生一些後果。這就是否定性和和解之間尚有間隙無法彌補，如既然是否定又何來和解呢？而且否定性和和解論述仍然還是屬於美學實踐範疇，這些與前衛作品自身實體還是分屬不同的世界，就算中間有個「藝術真理」串聯著，這是無法否認的事。

不過反而是「否定性和和解的美學實踐」和「前衛作品自身實體」之間的不相干，彰顯了綜合性的「藝術真理」其實就是它們之間關連性的哲學設想。這點說明了，整個「藝術真理之論述場域」

涉及的是「前衛藝術作為問題性」的真理，而非屬於某一件藝術作品的真理。特色：只有哲學的前衛問題性設想和符應的藝術作品兩者同時發生才形成。

由此所謂藝術真理其實也是哲學真理，因為它們都擁有「遠離虛幻的真理」的共同理想。

（四）美學估高的洞察力

事實上，將前衛藝術的真理看成科普三種真理概念的衝突現象（如魏默的作法），比阿多諾「前衛藝術語言變異乃真理徵象」的修辭方式，來得容易明瞭。因為這樣的作法，可以清晰地看出「選定的前衛作品、哲學的前衛問題性設想和藝術真理論述」之間的可劃分性，以及真理在兩極之間辯證方式。也就是，此辯證方式不能離開阿多諾哲學真理的主題要求，當然隨著論述展開哲學主題也產生變化。如果同意這樣的看法，那麼阿多諾的藝術真理，是考量整體前衛藝術運動的真理想像，而較不是單一前衛作品的直譯。

無置疑地，「藝術真理」很難等同於整體前衛藝術運動的真理。這不外乎是說只要我們無能為力從前衛作品的謎樣形象完全說清楚其緣由，那麼在「前衛藝術的文化否定和和解」與「真理」之間將永遠存在著空間有待探索。魏默的方式有助我們了解阿多諾在連結「前衛藝術的文化否定和和解」與「真理」之間的論證方式，不過卻忽略了引發論證的那個思想動力。

我要說的是，西歐自康德以來在藝術美感與真理的問題上，幾乎沒有例外均採賦予式的。這情有可原，畢竟從未有過藝術以攻擊自身為活力的案例。但阿多諾不同，他面對的是自十九世紀中期以來的前衛藝術運動，而且又身歷其境。因此我認為當阿多諾將前衛作品問題放入真理場域，以論證的修辭方式取得討論模式時，應該同意其間出自於澤爾（Martin Seel 1954-）所說的一種美學估高

（surenchère esthétique）（Seel 1993:46）的洞察力。

這個美學估高的洞察力，必然存在著一個可理解的結構。我試著以如下方式提出：前衛藝術包含某種變異元素，會刺激我們去思考問題，這種變異元素可視為探索真理的物質基礎。此刺激往往出自「已知和叛逆已知」的衝突性。被刺激者將這樣的叛逆性，當成「可揭開遮蔽物直抵現實面貌」的暗示，或將此叛逆性當成審視「生命處境」的問題，進而從歷史的人的解放進程，來勾勒為何叛逆的理由。此間的特色在於：前衛藝術以另類意望使現實世界清晰出來，成為被刺激者行動的震盪器和同步器。被刺激者由此所展示的美學估高，完全與前衛作品的變異語言有直接的親密性。換言之，此間涉及了前衛作品變異元素、探求真理和藝術論述等綜合一起的美學估高衝動。

這個被刺激者就是阿多諾。也就是阿多諾在連結「前衛藝術的文化否定和和解」與「真理」之間的論證背後，有著承認前衛藝術的美學估高洞察力。沒有這樣犀利而敏銳的美學估高洞察力，是不可能試圖從前衛作品的形象語言（langage de la figure），看到文化問題、歷史問題和社會問題的。

在《政治與哲學剖面》（Profils philosophiques et politiques）裡，哈伯瑪斯記述了一段小故事，提及阿多諾的洞察力：

　　我們最後一次的交談，已有幾個星期了，當時阿多諾說了一個被卓別林那無法模仿的才華所啟發的小故事。當時是戰後的好萊塢，在一個《我們生命最佳歲月》影片主要演員致意的宴會中，當中有一位戰爭失去雙手的殘廢者。阿多諾是唯一不知情者，伸手向這位英雄致意，握到金屬義肢而嚇了一跳。說時遲那時快，卓別林閃電般做了恐怖表情，轉移了阿多諾的尷尬。自然地，這個卓別林的小故事，也是一個阿多諾的小故事。（Habermas 1971 :241）

卓別林的小丑動作，得以鬆開驚嚇與找回舉止正常的努力之間的
緊張狀態。正如同對前衛藝術作品的論述，不間斷除魅驅魔以取
得醒悟感，成為阿多諾的語言原則。

　　哈伯瑪斯認為，阿多諾敘述的不只是涉及卓別林瞬間發揮洞察
力的小故事，也是一件涉及他自己在藝術家、藝術行動和二戰傷痕
之間為何發揮洞察力的小故事。因為當二戰殘障者冰冷的金屬義肢
讓阿多諾在尷尬之餘，卓別林小丑動作，「得以鬆開驚嚇與找回舉
止正常的努力之間的緊張狀態」（241-242）。正如同對前衛藝術作
品的論述，「不間斷除魅驅魔以取得醒悟感，便成為阿多諾的語言
原則」（242）。

　　還有一種驚嚇，可以解釋阿多諾為何需要「不間斷除魅驅魔以
取得醒悟感」的理由。這便是來自理性遮蔽的驚嚇。在他最後的哲
學著作《否定辯證法》，有一段極為晦澀的段落體現《理性辯證》
的中心思想：

　　理性異於本能（nature），同時也是一種本能時刻，便是這種理
性的前歷史，可以看到內在的限定。作為偏向自我防衛的一種精神

力量，它是本能範圍，卻又截然不同於本能，〔…〕，理性與自然既是同一又是非同一，本身是辯證的。在這種辯證裡，理性愈忘我地處於本能的對立面上，便愈退化為本能，而愈無節制的自我防衛；只有對本能反思，理性才會超越本能。（DN 248）

理性所歌頌的自我意識，是以掌控本能來強調個人的；在這種文明史的暴力中，人與本能同時是犧牲者。換言之，阿多諾的驚嚇出自於「人被理性工具精神弄得支離破碎了」。

那麼如何從排除本能的主體性逃離出來呢？《最低限道德》給了答案，要求「依然為自我，但已經不是自我」（qui est encore pour soi mais qui n'est plus en soi）（MM 10）的主體瓦解。為此，阿多諾將前衛作品的語言變異，看成對文化的否定性，都看成叛離主體哲學理性框架的活潑行為：

很多事情證明，在藝術作品裡，形而上觀點之偽善，是由技術失敗所暴露。沒有一件藝術作品之真理，不具確定性的否定。今天，美學任務便是闡述這個否定。（TE 170）

對文化、歷史和社會理性結構的驚恐——參雜逃亡生涯和反猶太運動的驚恐，以及對前衛作品的美學估高洞察力的膽識，是同步發生的。這種渴求真理的思維模式，不能簡化為單純的直覺才能，它要求的是一種對抗。

三、本能解放系譜：三個階段革命

從「模擬」拉出正面的內在性系譜，同時也拉出負面的工具理性和藝術他律兩條系譜，由此架構出以「模擬語言」為核心的歷史和文化批判；同樣「真理」這個論述場域，也有一條負面的真理的

作品概念系譜，至於正面的系譜在哪兒呢？它並非掛著「真理」名稱，而是以「本能」（nature）為名。

這條「本能解放系譜」是以碎片散佈方式，交纏在「前衛藝術的文化否定和和解」與「真理」的銜接上。它雖以《美學理論》為主，但應該說是貫穿整個阿多諾所有著作。雖然乍看下它是碎片的和散狀的，但其實加以拼貼的話，可以看到它其實是擁有龐大流量的大江，不斷地衝擊歷史的真理作品概念，支撐著「前衛藝術問題性作為真理」這個論點。

它主要由近代三個「本能範疇革命」組成，都和所謂真理追求有關：首先，盧梭和席勒的本能觀念；其次，波特萊爾的新和本能理論；接著，二十世紀上半的前衛運動。為了讓這條系譜更為清晰，儘管違背阿多諾碎片的世界觀，我採取了添補的方式，尤其參酌新一代的理論者姚斯的論文：〈現代主義：從盧梭到阿多諾的文學進程〉（ "Le modernisme :son processus littéraire de Rousseau à Adorno" ）。

（一）本能解放系譜的起點：盧梭和席勒

「本能解放系譜」核心主要涉及「nature」這個詞彙，一個從自然、本性到本能的語意轉換，所組成的奇特的演化史，每種語意的轉換當然和西歐各個時代課題有關。但為了避免混淆，翻譯上統一以現代性的角度譯為「本能」，相信有心的讀者體會如此翻譯的理由。

這條「本能解放系譜」到底應該以誰為起點呢？阿多諾並沒有明指誰是這龐大思潮的開端。起點並沒有見證也有道理，猶如時代轉換是一條難以察覺的邊線，一點也不能歸屬任何個人、事件和日期。然而不明指人、事件和日期，不意味沒有起點，《最低限道德》這部阿多諾碎片思想最具代表性的著作，提供了這龐大思潮的

起點線索：「自由潛能，總出自壓迫的現實，進步之雙重特徵創造自一種情況，此即各民族將控制本能和社會組織是一體的。」（MM 139）把人類的進步（progrès）放在犧牲人的本能上，這就指向法國啟蒙運動的思想家盧梭。

確實，《理性辯證》以雙重性批判啟蒙運動的核心指標——理性，基本上就揭開了本能解放的序幕。儘管《理性辯證》和《最低限道德》不直接提到盧梭，但不能不將這條系譜的起點放在他身上。因為是他主張：人在承擔自己作為歷史核心主體的責任，同時接受社會規範而筋疲力盡時，應該重新標定人的本能與文明的關係，找出新的視野。

盧梭這個矛盾的思想動作，主要涉及兩個疑惑：人如何以自己的文化教養（homme civile），建構民主、自由和平等的社會，同時又能找回已失去的本能，從而獲得自由、幸福？文化教養意味對本能的規範，本能與文明之矛盾，如何恰如其分的找到解決之道？這兩個疑惑正是阿多諾整個思想工程的辯證起點。

《美學理論》直接提到盧梭思想量極少，主要是在〈自然美〉裡的〈自然美作為出走〉（Le beau naturel comme sortie），而且是從康德的自然美出發，對盧梭的追溯：「如果一個有足夠鑑賞力且能細緻品評藝術作品的人，願意離開充滿虛榮和社交的美麗房子，轉向自然美，致使在綿延不絕的思想裡，發現精神愉悅，那應尊敬他的選擇，肯定他的優美靈魂，這不是那些愛好藝術的專家和業餘者會擁有的。」（TE 91）阿多諾引用《判斷力批判》這段話，其實源自盧梭的兩本著作：《論科學與藝術》（*Discours sur les sciences et les arts*）（一七五○年）和《論不平等之根源》（*Discours sur l'origine de l'inégalité*）（一七五四年）[4]。

儘管盧梭的《愛彌爾》、《社會契約》和《新埃盧瓦茲》要求政治革命，來達成建立新社會的目標，本能也應以善為指標，配合

公民教育的需要，但他作為「本能解放系譜」的起點，主要還出自於一種真理追求：文化批評。如同《最低限道德》對文化的負面看法：

> 在文化批判重心裡，永遠有虛構議題：文化賦予社會幻象，作為人的尊嚴來源，但那並不存在；文化所遮蔽的物質條件，卻是提升人民整體生活之基礎；文化予人慰藉和平靜，此即用來讓人合理的處在惡劣的經濟條件中。此即文化如同意識形態的議題〔…〕。（MM 40）

在阿多諾的「本能解放系譜」裡，將盧梭懸而未決的「本能教育」帶上具體的政治要求，則是席勒藝術的本能教育主張。

席勒藝術的本能教育，是建立在康德的主體目的自身權能上。康德解決本能與文明的矛盾，是視藝術為感性知識，實現藝術或沈浸於美感可重新喚回本能，而將「感覺（sentiment）與智識（intelligence）分隔開來」（MM 184）。對康德而言，智識世界的批判，恰暴露另個對立面，因為美感世界形成的本能範疇，是一個純然的快樂世界。席勒對本能的看法，比康德更為具體，他認為透過藝術的美感教育可讓人恢復良知本能，保證憲章的制定，所以藝術的美感教育應為公民教育的主要內容。這便是一七九五年到一七九八年藝術的美感革命的主要訴求。

席勒以藝術的美感教育作為公民養成的主要方式，象徵著「自然美的過時，和藝術哲學的來臨」（TE 89）。按姚斯的說法則是，「一七八九年的法國大革命為政治革命，其失敗恰顯示人內在心靈的束縛，而一七九五年到一七九八年的美感革命，則糾正之前的缺點」（Jauss 1990:51）。此藝術的美感教育最大特色，是超越國家，能憧憬理想的社會烏托邦；在實踐上，個體需要新的神話，減輕理

性的負擔，因此，詩、藝術是人性導師，是本能教育的活教材。在阿多諾的「本能解放系譜」裡，透過藝術的本能教育的擺脫束縛，「此擺脫束縛乃本能的反射」（Cette émancipation serait le retour de la nature）。（TE 252）

因而，席勒藝術的美感教育，涉及「本能解放系譜」的一個新階段：即「本能範疇」轉到反射（réaction）層面，而非盧梭的本能與文明的矛盾問題。席勒喜歡談當時新興的感覺詩（poésie sentimentale），認為裡頭有人失去的天真，這也類似阿多諾從前衛作品看到：「一種沒有變質的本能形象，往往是在變質裡顯現其抗拒。」（MM 92）從此，自席勒開始，藝術哲學取代美學：即藝術是人探尋和擴張本能之場域，隨著社會發展、價值變遷，本能會以反應和對抗之姿，不斷挪移、轉化和伸展，尋求最大極限。

儘管席勒在本能教育上跨出了一大步，但他們依然以適應社會理性生活為前提。如同啟蒙運動時期的藝術美感教育，最終是在政治要求下，與文化教養處在互補關係。

本能教育屈就於公民教育的問題，也正如阿多諾的疑慮：即如果公民教育，不能容忍沒有教化的野性狀態，如何能實現真正的自然人（homme naturel）呢？事實上，也是本能屈從於公民教育，讓阿多諾的「本能解放系譜」劃出更為激進的階段：波特萊爾的逃離。

（二）波特萊爾的逃離：expérience 沒落的最早意識

如果「本能解放系譜」第一個階段涉及自然和本能反射課題，那麼阿多諾便將第二階段看成本能與文明衝突的第二高峰，不同的是癥結在於技術與商品所衍生的「新」（nouvauté）價值觀（MM 219）。換言之，「本能」再不是隱隱約約的，也非教育對象，而是真真實實地在主體與意識哲學之外體現非理性、非意識的開闊世界。

便是在這個階段，此系譜與內在性系譜的馬克思和恩格斯環節有極大的重疊。但阿多諾從潛意識（佛洛伊德）、非理性幻象（尼采）和現實情愫（馬克思）等範疇，賦予「本能」新面貌，讓這條系譜頓時呈現前衛藝術、哲學、社會學、技術、非意識和歷史等各領域交纏的複合場域。

《最低限道德》指出這個場域的關鍵事件，即波特萊爾的現代詩，對「新」的新訴求：「新的崇拜，是對不再有新的可能的反抗」（MM 219）；而《美學理論》則從「如果波特萊爾是健康的人能否寫出《惡之華》（*Fleurs du mal*）這樣的詩作」（TE 24），從「健康心智的喪失」看到藝術創作乃出自一種「逃離」（fuite）（25），從而加大事件的縱深和複雜性。

也是以波特萊爾為中心，此「本能解放系譜」出現了作為前衛指標的「現代藝術」（l'art moderne）字眼，一種異質的不協調（dissonance）指稱：

自波特萊爾和 *Tristan*[5] 以來，現代藝術無邊無際的承載不協調，出自於作品內在張力匯聚了外在現實〔…〕。不協調賦予藝術作品，關於外在，庸俗社會學所稱的社會異化。（TE 32）

藝術為何異質和不協調呢？原因在於藝術拋離了固定原則，如《惡之華》的〈旅行〉（*Voyage*）詩句：「進到未知領域，是為了探尋新」。就此，班雅明真實地描述了其間的變遷：「在之前的一八四八年革命期間，大家猶豫於純藝術與社會藝術，在一八五二年之後，明顯藝術為藝術站了上風〔…〕。不願因循守舊的人，群集在藝術為藝術之旗幟下，〔…〕所形成的藝術作品觀念，意圖堵住任何技術的入侵。」（Benjamin 1990 :55-56）。阿多諾要說的是，《惡之華》展示了自治性的新奇美學，強調了藝術世界為現實

異議者的庇護所，從而將「本能範疇」置於藝術游牧與現實情愫的寬闊空間，堪稱為這個阿多諾眼中「新奇是一種歷史成果」（la nouveauté est un résultat historique）（TE 40）的革命階段，標下關鍵性的註腳。

在「本能解放系譜」裡，並不是將波特萊爾藝術的「新」，放在「藝術為藝術」或形式主義的角度思考的，而是把「新」當成「expérience 沒落的最早意識」（MM 219）。換言之，波特萊爾所以是阿多諾本能解放系譜關鍵的轉換人物，是在於他將藝術看成一處「虛構美術館」（musée imaginaire），一處可自由出入過去所有的時期，孕育它特有時間的非歷史的藝術世界。

這種非歷史的藝術世界，類似飲酒後的醺醉感，帶來主體意識剎那死亡，讓想像力天馬行空地進入忘我狀態，就像《惡之華》交織著非意識和夢遊的精神游牧狀態，既不是盧梭所設想的天真良善，更非席勒所謂以美感教育作為公民教育，更非浪漫主義的象徵性與歷史性，而是一個超越傳統本能，由潛意識、幻象和現實情愫交織一起的虛擬世界，比佛洛依德提早了三十年。

「新」成為 expérience 沒落的最早意識，這並非出自想像，而是出自技術和物質條件（見 TE 41）。

姚斯具體解釋了阿多諾的觀點：一八五一年的巴黎世界博覽會，對於波特萊爾等文藝工作者所造成的視覺衝擊，重要性遠超過了一八四八年的革命，那是一個最富有想像力的展示，給予文藝工作者在令人沮喪的政治氛圍裡一個精神出路；因而「美感現代主義引發第二帝國時期的美學論戰，並非偶然，可說啟開了盧梭式的現代與古代爭端之外的新範疇，是第一次歐洲文化史上，首度不涉及古代藝術的討論，而是工業與藝術的結合」（Jauss 1990 :59）。

「本能解放系譜」指出「新乃 expérience 沒落的最早意識」，具體說明了謝林的浪漫主義美學和黑格爾理念的藝術認識論為何很

波特萊爾現代詩之崛起，起於「新」之鋪展，從《惡之華》看到的主體異化和模擬化，為一種針對工業世紀之反擊。他要的是類似飲酒後的醺醉感，帶來主體意識的剎那死亡，讓想像力天馬行空地進入忘我狀態。

快失去合理性的原因。畢竟波特萊爾〈現代生活的畫家〉所刻畫的藝術家不只活生生處在日常生活裡，而且擁有莫名越界意圖，這當中有無數不可測的、怪誕的流變，不是理念所能解釋：

由於目盲，人領會揭開幕紗之後的連續性，看到永遠一模一樣的範型；而便是為了這原因，新之發現有著魔鬼般邪惡，它猶如下地獄之輪迴。（TE 220）

生活因流變而變得不可預測，刺激人越出理性和意識哲學框架，向未知探尋。阿多諾引用荀白克的名句：「不嘗試追尋的人將

一無所獲」（celui qui ne cherche pas ne trouve pas）（41），深層地形象出這條「本能解放系譜」最為重要的提示：一種「否定的人類學」（anthropologie négative）（MM 157）。

我認為阿多諾的「本能解放系譜」，用來支撐「前衛藝術的文化否定和和解」乃「真理」的論點，至此已觸及核心意圖：即指出新藝術叛逆文化和社會，其實是一種對主體和意識哲學為主的人類學之摧毀行動，此否定行動在阿多諾看來就是真理內容。

（三）二十世紀上半的前衛運動

如果波特萊爾為「本能解放系譜」奠下為何需要前衛的理由，那麼接下來可以看到此系譜對接著的前衛運動及其前衛藝術家持更為開放的態度。

這個發現是重要的，因為它彌補了其他系譜過度集中在特定的前衛藝術範例上——如荀白克、卡夫卡、貝克特和畢卡索等，相當程度可以減輕阿多諾只以部份的前衛藝術家和作品為論述範本的誤解。

阿多諾並未忽視二十世紀上半，幾波前衛藝術運動，所締造的新時代意識，尤其是「本能範疇」的徹底敞開與放逐性格。

五波密集的前衛運動，見證了這樣的徵象：未來派、立體派、表現主義（expressionnime）、達達運動和超現實主義。當中，應該注意《美學理論》高度評價詩人阿波里內（Guillaume Apollinaire 1880-1918）所提出藝術非意向性（caractère non-intentionnel de l'art）和藝術的非意識（inconsciente de l'art）等論點：

> 對藝術非意向性的強調，以及對某個歷史時刻所觀察到的不重要藝術表達的強調，像魏德金（Frank Wedekind 1864-1918）瞧不起那些藝術的藝術家，像阿波里內關注以藝術的非意識叛逆自我意識

的立體派起因；這種意識是啟動藝術的理由——文化批判，此藝術擺脫了純粹精神的本質幻象。（TE 23）

藝術的非意向性和非意識，乃出自於文化批判——對主體和意識哲學為主的人類學之摧毀行動，這是「本能解放系譜」所要強調的前衛性。阿波里內的論點也應連結到《美學理論》沒有提到的馬利內蒂（Filippo Tommaso Marinetti 1876-1944）的未來主義綱領。後者要求切斷古典，全面拋棄現實之存在價值，如秩序（國家的、法律的和道德的）與傳統（宗教的、文化的和語言的），以勇氣、大膽和造反來打倒美術館和圖書館，他說：「我們正處於世紀之岬角上」（Ferrier 1988:99）。

這種示威性的漩渦，便也是「本能解放系譜」從「超現實主義夢樣混沌」（chaos onirique du surréalisme）（TE 128）看到行動訴求。如同布荷東（André Breton 1896-1966）在一九二四年和一九二五年兩次的超現實主義宣言裡，修正實驗與想像力，要求真正的行動與實現。

阿多諾認為儘管這些主義在想像力與社會行動之間並未達成預期理想，但它一心一意否定藝術，鞏固幻象或敞開想像本能，開拓出不再具有靈光的藝術，但「這種抗拒物化世界的第二次物化，讓本能更形擴大，有助於藝術與美學新面向的展開」（Adorno 1984:143）。

關於阿波里內的藝術非意向性和非意識冒險，德洛內（Robert Delaunay 1885-1941）的筆記裡有相當生動的描述：

現實主義是所有藝術的永恆品質，它決定美感、持久和自體一致。

在繪畫領域裡，我們尋求純粹方法，或用最純粹方法表現最純

粹美感。

進行對比，確保色彩活力，是最有力的現實表現方法〔…〕。

我們於此觸及表現性的繪畫藝術，遠離過去、擬古和森嚴形式。藝術成為造形的，不外乎於美感靈感裡喚起人最柔軟之本能（無關乎文化、知識、技術和方法）。

最好的繪畫只是一條線圈著太陽與人形成的陰影。

但我們目前的繪畫方式尚達不到幻象，既然我們還有光線（明亮色彩、深暗色彩、互補、色階和並置），既然所有色彩靈巧地創造和諧。

沒有主題，沒有對策：這不意味是文學主題，那是自生的；繪畫主題全然是形象和視覺力量，它應該是本能之純表現。

永恆主體只在本能上找到靈感和明亮視野，屬於明智之人去發現最美與最具張力之極限。（Ferrier 1988:131）

第三波前衛革命，因此啟開了波特萊爾所無法想像的兩個面向：1. 前衛藝術否決了藝術與現實的界線，提出現實與藝術幻象的直接關係，波特萊爾自治性觀點於此受到質疑；2. 技術和物質必然將藝術帶入具體的獨特時刻，具鮮明的意涵，往後「本能範疇」將不是形而上的，也不是固定不變的，它將隨具體的時間因素，進入偶然性的反應層面，結果將不可預測。

從盧梭的公民美感教育，經波特萊爾的想像美術館，到阿波里內的藝術叛逆社會，可以看到阿多諾「本能解放系譜」，以二十世紀前術運動為追溯基點，所涉及近代人的生存處境與社會變化問題，都離不開「藝術衰敗」這個視野：

藝術作品陷入非意義中〔…〕。一種藝術衰敗的歷史視野，便是整個特殊作品之觀念。（TE 173）

　　「本能解放系譜」在這個部份的論述，大致可歸納出三個方向：1. 聚焦於已經發生的前衛經驗上，來支撐哲學「擺脫主體」的主題；2. 應用這些前衛例子，引出多樣遠景的論題，避免論點為我思所侷限；3. 將美學議題緊密連結在某件前衛作品，同時將歷史、文化和社會問題不斷納入。

　　當中，杜象一九一〇年代的《泉》和《Roue de bicyclette》等現成物並沒有被述及，不過以夢、童稚、性欲和瘋癲等非理性相關的新媒材遊戲有過無數討論，所以許多前衛藝術沒被討論到已顯得無關宏旨。

　　整體而言，「本能解放系譜」由剪接、組合、拼湊和蒙太奇式論題和難以計數的片段所組成，用意都為了支撐「前衛藝術的文化否定和和解」乃「真理」的論點。

　　令人印象深刻的是，阿多諾透過這條「本能解放系譜」捍衛了前衛藝術對文化、歷史和社會的否定性，特別的是整個碎片的佈局方式，都和狹隘的歷史建構成激烈的對比。

　　也由於阿多諾的美學著作就像脫序的前衛藝術作品，因而單一方向是不可能涵蓋的。當我們用放大鏡閱讀時，可能多少遠離碎片表達的思想訴求，可能立體影像較適合吧，只是要強調的是在展示這條「本能解放系譜」時，不應忽略其空間影像（image spatiale）特徵，及其處在起作用中的文字張力。

結論：真理辯證在阿多諾美學裡的重要性

　　「真理論述場域」應該是阿多諾將「浪漫主義美學術語帶入前衛藝術討論」中最為重要的一個。

　　從整個操作方式來看，「真理」和所有阿多諾所運用的術語似乎沒有太大不同，既扮演類似拉著一串粽子上頭的關鍵結，以此為

中心放射狀地拉扯著所關心的問題；也類似梭子編織功能和作用，超出經緯規則，隨需求而發生；更類似觀測鏡，藉由觀測或探測前衛事件的整個因由。不過，如果它和其他術語在操作形態有不一樣的地方，那就是它的廣延性、貫穿性和複雜性。因為其輻射範圍之廣，以及操作上和其他術語、其他系譜巧妙且細膩的疊合、串連功能，確實沒有其他術語堪與之比擬。

無疑地，《美學理論》是真理這一術語的主要展演場域，而《理性辯證》在物化（réification）和主體化（subjectivation）之間的「本能」追索則是主要動力源。

「真理論述場域」的值得關注，不僅在於前衛藝術、哲學、歷史、文化和社會的跨域性，更在於一種極端大膽的設想：將西歐分岔的兩大哲學系統[6]融入馬克思主義裡，遂行文明和理性的綜合性批判。它最為出色的地方，也是所有術語中實踐得最為徹底的，便是由新視域（vision *autre*）／烏托邦（utopie）和回憶（souvenir）／歷史（histoire）兩大動力系統，所扭鉸出的思想張力。《美學理論》出版後記，提到這部阿多諾藝術哲學既不「哲學」也不「藝術」（見 TE 464），和這樣的視野有關。此兩大動力系統的特質如下：

1. 新視域／烏托邦動力系統：「真理論述場域」的新視域／烏托邦，混合著期待、賦予和探尋三種動力，都和超越現況或逃離現況，探詢未知之域有關。首先是在黑夜中對黎明來臨的期待狀態，這是在黑色孤獨、沮喪、無助和失望的現況中對光明的憧憬；接著在現況中看到前衛藝術的激烈形象——如同「海中真正的瓶子」（la vraie bouteille à la mer）（Adorno 1962 :142），那是看到黎明剎那的激情，從而傾全力去證實它的真理含量。最後從歷史、文化和社會等多面向和各式各樣角度，搜尋起源因素。當然這三種動力是以同時方式發生的。它涉及在時間停頓中，進入當下範例與歷史相互關係，一種超出我思之外的自由探索，並憧憬由此形成的思想、藝術

和真理視野，可以有效地開展新的知識可能，能對質於社會史。

2. 回憶／歷史：「真理論述場域」，凸顯出了「回憶」（anam-nèse）的重要性。「回憶」既不是緬懷過去，也不是回到過去試圖再現過去，而是一種從當下前衛作品範例引爆的諸多歷史片段的閃現。「回憶」涉及阿多諾否定語言、歷史和文明之思想動機，它與「真理渴求」密不可分。它讓所謂「作品就是歷史」（TE 174）成為可能。

由新視域／烏托邦和回憶／歷史所引出來的「真理論述場域」，明顯有別於實證主義，或者說它的力道可以從實證主義的角度衡量出來。實證主義本身便是需要自我控制的理論，其理性建立在支配本能的基礎上。而阿多諾的「真理論述場域」則讓自己進入整個激烈的世界狀態（état du monde）。正如新視域／烏托邦和回憶／歷史，是一種自傳式的內在邏輯，一種自己纏繞腦際的流亡夢魘，直覺在此扮演驅動角色。這影響了「真理論述場域」的走向。如果直覺論述力量，等同於對人的處境之憂慮，那麼阿多諾的部署便隱匿著潛能，值得給予「知識份子的哲學」的封號。

柒

康德、席勒、黑格爾、尼采與阿多諾

> 阿多諾稱知識份子不怕把哲學弄成「後蘇格
> 拉底」(postsocratique)。此嘲弄的說法影射了
> 海德格的前蘇格拉底，同時也暗示了在偉大
> 哲學之後，蘇格拉底的繼承，詭辯派批判的
> 辯術要比柏拉圖信奉者來得忠誠。(Habermas
> 1971:231)

　　上述是哈伯瑪斯為阿多諾所寫的專著裡一段摘錄，主要談到阿多諾與大學同事在專業上格格不入的原因。知識份子與遵守教條教授的緊張關係，起因於哲學家走入歧途成為作家。按哈伯瑪斯的說法，哲學家作家化始於黑格爾，在近代偉大哲學家裡佔有重要比例，如齊克果為宗教作家，尼采是哲學作家，班雅明書寫有伊斯蘭建築風味，他們都深深影響了阿多諾（232-233）。

　　作家化使阿多諾成為與眾不同的哲學家。在這影響之外，有一個因素是阿多諾書寫所以獨特的關鍵。這就是將浪漫主義美學術語，當成前衛作品與歷史、文化、社會之間的關係詞，進行藝術、知識和思想問題的探索。透過這些術語，阿多諾才能夠穿入哲學和美學上重要的思想家，將他們的思想一一帶入前衛藝術事件裡，從而出現大小不一、或批判或積極面的思想系譜。在美學和藝術問題的系譜裡，出現最多的當數**康德、席勒、黑格爾和尼采。這些思想家便是本章所要討論的對象。**討論這些思想家與阿多諾美學的關係，不只能揭開自治性美學轉到政治性美學的關鍵環節，也有助於了解為何阿多諾需要讓自己成為作家的緣由。

一、康德與阿多諾：從主體美感判斷到非二元論的藝術論述

　　阿多諾需要讓自己成為作家，主要用意是避開十七世紀以來的主客體二元認識論。

　　擺脫主客體二元論的修辭手法，阿多諾的擬人化（person-
nification）手法最具典型，如「藝術作品傲慢地想超越自己」（TE
139），「藝術作品擔憂自己的自治性」（136），以及「藝術作品的本
質在於喚醒自治性的重要」（146）等。阿多諾讓前衛藝術成為主
詞，將它看成一種生命體、一種世界或一種宇宙全部，不歸為人類
主體性特權的用意至為明顯。擬人化的功能因此凸顯了，議題的引
出點不取決於阿多諾的我思，而是前衛作品自身跡象。最為鮮明的
例子，《美學理論》的〈外貌與表現〉（apparence et expression）藉
由前衛藝術叛逆造成「去美感」、「去藝術」和「事物化」（139）
為由，指出前衛藝術亟須一種新概念，超越客體美感和主體感受的
限定。「外貌」此一術語極富彈性地代表或綜合了前衛作品語言變
異的怪異形象身分。

　　這是說外貌問題，乃前衛藝術因某種行動造成的，需要綜合的
辯證場域來澄清其來龍去脈，主客體認識論的主體判斷原則無法承
擔這個任務。

　　當外貌被以一種人文產物（produits humains）對待，這時哲學
家需要轉換為作家身分，利用創造性的書寫手法追溯歷史的美學成
果，當中康德美學的美感判斷——一種以主體審美判斷決定作品外
貌特徵的方法論，便需要檢討、批評和修正，為非二元論的藝術論
述進行理論上的捍衛。此捍衛側重於：為了探索前衛藝術外貌問
題，避免陷入主體哲學的封閉生理興奮（des stimulis isolés），首需
改弦易轍運用各式理論，深入歷史、文化和社會範疇，而這需要一
種獨特的藝術論述讓思想綿延不絕。

（一）「無功利快樂」公設的問題：蔑視生理本能

　　阿多諾將康德理論定性在「佛洛伊德藝術理論的反面」（TE
26），後者視藝術為慾望的實現（réalisation du désir）。事實也是

如此，因為康德的《判斷力批判》本就是品味判斷（jugement du goût）的考訂，它著重於分析「判斷」的各種可能條件，理解美或崇高（sublime）發生於自然物或藝術作品的狀態。康德並非以客體為對象，而是探測主體判斷，找出具普遍性意義的決定原則（les principes determinants）。整部《判斷力批判》將品味判斷定義為「主體決定原則的判斷」（Kant 1995:181），康德的意圖，不在於對藝術作品的結構表示意見，也不在凸顯客體的質感問題，而在於從客體（藝術作品或自然物）外貌引出的主體目的自身的自為判斷。此中的思想癥結，在於將主體目的自身的品味判斷，看成客體性質。

　　以品味判斷為例，他實踐的認識論，策略性著重在發生於主體自為批判層面，而非探討客體，這就是著名的「無功利快樂」（plaisir désintéressé）、「無目的之目的性」（la finalité sans fin）和「非概念的普遍快樂」（plaisir universel sans concept）。阿多諾批判康德美學，主要集中在這三種美感決定原則上。這個批判是重要的，因為唯有批判主體哲學最為關鍵的美感決定原則，才能澄清為何阿多諾需要以客體優先的非二元論的藝術論述，來面對前衛藝術外貌問題。

　　「無功利範疇」（La catégorie du désintéressement）規定，主體在美感狀態裡不應喚醒任何功能性，或者說主體進入美感狀態的首要前提，便須拋掉任何實用利益。這一前提意味著，美感判斷不以認識客體為目的，也不以道德或信仰估量客體，而只由主體藉客體引出目的自身之想像遊戲，體驗美感快樂：「每個人應承認，一旦介入微乎其微的利益，就算利益只是一部份，也就不是純粹的美感判斷。為了讓美感扮演角色，就應完全拋棄事物存在世界的關係。」（Kant 1995:183）。然而，進入主體的「無功利快樂」的美感判斷，真的和客體無關嗎？既有關也無關。有關，指關係到的不是客體內在結構，而是客體外貌，也就是說「美感快樂和客體的存在

表現有關連」（satisfaction qui est liée pour nous à la représentation de l'existence d'un objet）（TE 26）。無關，美感判斷實質發生於主體自為的目的自身裡。美感判斷涉及客體外貌，出自康德主體主義的假設，它暗示主體美感判斷和客體美感品質有關連。但問題在於從外貌品質所引發的快樂為何一定無功利性呢？康德本意顯然擔心美感快樂之層次，留在生理上的立即效果，他設想美感快樂應超越生理本能，進到一個異於動物的文化層面。就這問題，阿多諾指出「無功利快樂」學說，面對美學現象是非常不高明的：

　　如果快樂缺少康德所說的利益（l'intéret），就成為非常模糊的快樂，就一點也不適合做為美的定義。以「無功利性的快樂」之學說面對美學現象是非常不高明的。「無功利快樂」會將藝術的美學現象簡化為形式之美，它最大的問題在於孤立，或簡化為我們所說的崇高感之自然物。（26）

　　這是認為「無功利快樂」最大特色是越過封閉的生理興奮，以文化層面為主的美感快樂。它的特色，也是它的問題所在。此問題出自兩個層面：1.「無功利快樂」要求自為的目的自身，如果它涉及文化層面，那麼就可能屬於象徵主義，而非陌生的創造範疇，這就無法適用於前衛作品越界性的目的自身性質；2. 如果「無功利快樂」是以文化層面為主的美感快樂，那麼這是一種共鳴性的狀態，這也同樣不適用於前衛作品陌生的怪異外貌。

　　《美學理論》批判康德的「非功利美感快樂」學說最大的特色，並非出自阿多諾，而是出自此學說與前衛作品外貌問題的對質過程。

（二）「無目的之目的性」公設的問題

「無目的之目的性」（la finalité sans fin）規定，主體進入美感狀態的另一個前提，便是去掉任何現實目的和理念。這是說，美感判斷出自無目的之目的性，和任何外在的現實目的無關：「客觀目的性只能由明確目的之中介才能認知，這只有概念才做得到。而美感判斷則建立在純粹目的性上，也就是一種沒有目的之目的性上，那是完全獨立於善之外的，因為善預設了與客體有關係的客觀目的性。」（Kant 1995:205）康德的「無目的之目的性」學說，和《美學理論》指陳前衛作品具有外貌自體或外貌自治性特徵有某種程度的關連。《美學理論》提到前衛藝術的遊戲過程，拋棄了外在世界的價值，此遊戲乃是一種不具現實目的或現實理念價值的「自身目的性」（finalité en soi）（TE 277）。後者指涉前衛藝術是一種反主體意識和反文化的非意識行動。因而，美感判斷的「無目的之目的性」和前衛作品的「自身目的性」表面是相似的（都是目的自身），但實質上的差異在於前者期待一種「無目的之目的性」的自由狀態，而後者則是以非意識虛擬，越出主體意識和文化的具體行動。

前衛藝術外貌的「自身目的性」，和康德美感判斷的「無目的之目的性」學說之間另一個無法相提並論之處，便是前者的「自身目的性」乃複雜的前衛作品現象，屬於「物」的範疇，而後者的「無目的之目的性」學說則為主體判斷狀態，屬於主體範疇。這是性質差異。

在這一點上，《美學理論》是從康德的另一個主張來進行批判的。康德提到美術雖不應有現實目的的摻入其中，但同時又主張美術作品的美感外貌具有社會和文化溝通性：「美術相對的是一種表現形態，它本身有一種目的性，雖然那是沒有目的的，但仍有社會溝通性，其精神會對文化作出貢獻。」（Kant 1995:291）

　　「無目的之目的性」學說的基本矛盾，在於「透過作品的技術
會形成功能性形式，這時藝術作品便和它的無目的性發生矛盾」
（TE 277），同樣，當主體以沒有現實目的之狀態，進行美感狀態
的目的性時，此刻美感狀態的文化溝通便和「沒有現實目的」發生
了矛盾。康德在此留下「無目的之目的性」學說二律背反的矛盾特
質。

　　《美學理論》的前衛作品「自身目的性」和康德的「無目的之
目的性」學說之間的差異無庸置疑。但康德的「無目的之目的性」
學說的悖論，卻可在《美學理論》應用前衛作品外貌和探尋外貌問
題之間看到。這種悖論涉及對前衛藝術外貌起因的探尋。

　　康德與阿多諾的差別，在於前者以「無目的之目的性」哲學設
想作為人的主體性基礎，而阿多諾觀點則源於前衛藝術模擬特質，
他讓藝術論述扮演前衛作品外貌「自身目的性」乃真理的論證。阿
多諾的藝術論述並非擬想，而是顯揚前衛藝術外貌「自身目的性」
乃真理，他說：「藝術作品為自身和為我們的組合，呈現的是自身
存在（l'être en-soi）的影像」（166），這個「為自身」指的便是前
衛藝術外貌「自身目的性」，而「為我們」指的便是真理意含，前
者屬於作品自身存在性，後者則是對歷史、文化和社會的否定性。

（三）「非概念的普遍快樂」公設的問題

　　康德另一個美感決定原則：非概念的普遍快樂，規定「美予人
普遍快樂，不靠概念」（Kant 1995:198）。何謂非概念的普遍快樂？
康德的解釋是，客體形式引起主體純美感的靈魂觸動，是一種非
概念的普遍快樂，他說：「透過美感觀念，我領會這種想像力的表
現，是沒有任何思想可界定，沒有任何概念適合談它，沒有任何語
言能完全觸及和表達清楚。」（Kant 1995:300）。這個公設涉及兩個
層面：1. 主體面對客體產生美感判斷，此美感狀態無法以概念方式

來界定；2. 主體面對客體產生美感判斷，此美感狀態不能由概念知識（la connaissance conceptuelle）取得。前者涉及對美感狀態的論述要求，後者涉及主體美感判斷乃自為的目的自身，而非別人的告知。這兩種層面均強調直覺（intuition）在美感判斷和論述的重要性。換言之，主體美感判斷或論述的直覺要求，均以避開概念和現實規範為前提：

> 面對藝術作品，應該意識到它涉及的是藝術，而非自然物；尤其在藝術形式裡，其目的性便在於解放所有專橫規則之強制限定，這和面對自然物是一樣的。正是我們認識力之遊戲以自由感覺，為目的性，唯有取決於這種快樂，才具有普遍的溝通性，這不是概念能做到的。（Kant 1995:292）

《美學理論》指出，主體美感判斷或論述的直覺觀，乃康德「《批判力批判》所以具革命性的地方，儘管沒有遠離古老的美感效果範疇」（TE 26），但反面來看，則是「藝術降為陳詞濫調」和「美感享樂主義」（l'hedonisme esthétique）（129）的始作俑者：「資產階級便是以這種立即的敏感性掩護自己，因為資產階級意識到唯有這種直覺觀可以掩飾缺陷，而且作品也可迂迴地以美感形象活絡現實」（129）。

附和《美學理論》此一看法，比格指出十七和十八世紀主體美感判斷和論述的直覺觀，「並不沒有盧梭主義的直接性（immédiateté）和天真（ingénuité）意義，後者可對質於貴族的隱藏；相反的，它被用來作為貴族行為的理想的、虛構的文化實踐。」（Bürger 1990:198-199）比格強調的是，當直覺成為資產階級的愉悅途徑，它其實已失去反社會價值的抗議性格；同樣，當美感判斷和論述沒有直覺性時，兩者同時也將失去魅力。

《美學理論》以什麼取代康德的「非概念的普遍快樂」公設呢？這就是在提出外貌的同時，也指出它具有引爆思想的「繁多性」（multiplicité）（TE 141）可能。外貌和由其引出的繁多性思想，不僅無關主體美感判斷，而且可以避開概念論述。這主要是在外貌和思想繁多性之間，是由一種反意識支配的混搭書寫來執行。

繁多性思想的優點是，避免前衛藝術外貌被簡化成單一的美學觀點。由於拒絕判斷，它沒有任何限制和疆界，其成果勢必遠遠超越康德的主體美感決定原則。

可以這麼結論：康德美學只侷限在美感判斷的考訂，它讓美感判斷作為理論和實踐的統合者，特別當美感判斷被嚴格限定在主體權能上，也就限定美感判斷為一種哲學設想，這截然不同於《美學理論》的藝術論述。

不過，《判斷力批判》的主旨，並不在於建立一套藝術理論或美感理論，而是在嚴密的社會體制中，提出異於理性思想的感性超越世界。就此而言，這個目的論（téléologie），實際也為前衛藝術外貌的「自身目的性」奠下思想基礎。對此阿多諾在批判康德美學的同時，也給予中肯的評價：「康德的目的論性格，讓推論知識在面對美感判斷有所顧忌。」（TE 258）

二、席勒與阿多諾：從人的解放擬想到二分法的藝術觀

「自謝林把美學稱為《藝術哲學》，此後美學便專注於藝術作品」（TE 89），這既是《美學理論》論及自然美轉換到藝術理念論的關鍵環節，也是「本能解放系譜」提到的「藝術是人探尋和擴張本能之場域」，一個「目的性缺席」（absence de finalité）（401）的遊戲主張。為了了解這個環節的轉換原因，本節要深入討論《人類美感教育書簡》這本十八世紀末葉重要著作。

（一）藝術作品與人的解放

《判斷力批判》關心的不是類似包姆加登界定藝術美的性質，而是把問題放到分析美感判斷的認識力上，考訂當中判斷的理性決定模式，但席勒不再採用概念的分析模式。他認為美學應該著重於主體參與角色，用感覺感受藝術外貌美感。

這是主張在人與藝術的互動關係中，人的感受性既不應純粹由本能主導，也不完全由藝術主導，而是受到藝術牽引從而做出一種賦予性的（attribuée）反射動作，最終目的是：在美感醞釀中，人獲得完全的自由。但其前提必須拋棄康德的理性分析模式：

> 在康德體系之實踐部份占主導角色的理性觀念，只在哲學家身上才是分開的，不過我確信人永遠是整體的。〔…〕康德這種分析技術，讓知性揭示真理，卻同時掩蓋了情感；因為不幸的是，當知性理解客體內在意義時，一開始的理性模式便破壞了客體的整體感覺。如同化學家，哲學家藉分析來發現客體成份，他把客體放在嚴謹技術上處理，並認為這種方式才是自由本性之作為。為了補捉外貌感覺，卻要強迫這種外貌感覺處於規則鏈裡，將美感形體撕裂成概念，使其活絡精神陷入貧乏的文字概念中。本能的感覺在這種概念分析影像中消失了，更在如數學分析家的理解下，真理被理解成不合常情的觀點，這不令人震驚嗎？美感的全部魅力取決於神秘層面，當美的各種元素被分解開來，事實上，美感也就失去了。
> （Schiller 1943:83-85）

此前提可以理解，但問題是當席勒所謂「主體以自決感覺感受外貌美感」，此舉既非主體理性的分析模式，亦非客體層面，那麼所謂賦予性的反射動作的美感決定權，指的是什麼呢？在第十二

封信裡，他說：「當在樂器上彈奏一個樂音時，這時只有這樂音是真實的；當人感受到這個真實時，整個他的最大確定，便還原為存在的獨特形態。感性的本能就全然地展示出來。」（185）這段話說明了他傾向以藝術外貌為主體判斷美感的基本依據，主體與藝術美感之間應保持某種特殊的平衡。在第二十六封信裡，則宣稱主體美感判斷，是主體行使自己的絕對權利：「所有真實存在都源於外在力量的自然，相反的，所有外貌也都源於人作為主體的想像力，所以當人按自己法則界定外貌時，他不過是行使自己的絕對權利而已。」（343）

這兩段話證實了席勒所謂「賦予性的反射動作的主體自決感覺」，指的既不是在主體上，也不固定在客體外貌上，而是設定在主體與藝術外貌的交錯和糾纏空間上，一個可將自我個性消除的感受狀態，換言之，這是一種利用藝術美感消除自我個性的功能主張：

> 在美感狀態裡，人就是一種量的統一體，一種被某種內涵充滿的時刻──或者甚至說他已不存在，這時感覺統治了他，他的個性自我也消除了。（185）

席勒這種可消除自我個性的藝術哲學主張，既類似叔本華─尼采的美感主義，也類似阿多諾面對前衛藝術的模仿式論述。不同的是，席勒這種主張有著公民教育的實用政治訴求，而阿多諾對前衛藝術的模仿式論述權能，則出自歷史、文化和社會的否定性。

此外，席勒從藝術美感的功能論，也衍生以遊戲角度看待藝術作品的形成方式：「藝術是一種遊戲，凌駕於社會實踐及其目的性之上，是進入自由的途徑，使人成為真正的人。」（221）；同時也談到媒材，但只提及媒材使藝術家的素質具體化，以及媒材與形式

的關係[1]。因此，從藝術的遊戲說和媒材上的樸素界定來看，加上上述「利用藝術美感消除自我個性的功能」主張，可以取得如下看法：席勒的主體自決涉及美感與自由雙向效用，即藝術美感能幫助個體從道德世界解放出來，有助於以人的清純之姿進行政治解放：

> 如果人道主義只是類似詩主體所抽象化的思想──如同黑格爾和席勒的視野，那麼人道主義只停留在警語層次，那麼它真的和藝術作品無關。因為依照作品語言（langage），人道主義可在模擬中感受到，它屬於非概念因質〔…〕。作品的非理性模擬性格，就哲學而言，其人道主義是以富饒的張力暗示出。（TE 197）

席勒的藝術的美感教育，犀利地將人的解放寄託在藝術作品上，這對以後西歐藝術哲學發展起了絕對性的影響。甚至也應該說，阿多諾從前衛作品的外貌問題性，遂行語言、歷史、文化和社會批判，也是建立在這個基礎之上的，儘管《美學理論》批評席勒美學的主體自決，頂多只是抽象的警語層次，擬想居多，且欠缺具體的行動視野。

（二）遊戲與美感主義

席勒的「藝術作為主體自決」，雖然不涉及藝術作品複雜的媒材技術的表達問題，不過卻提及藝術既是遊戲（jeu）行為，且具文化軌跡（voie de la culture）性質。前者為可引起主體自決的人本主義範疇，後者則屬於藝術創作和意圖。

這兩種看法，尤其是後者，將為往後的「前衛藝術運動和自治性美學」起了推動作用。此中的關鍵，便是遊戲讓藝術無求於現實，只追求外貌，所擴大的人本主義將為文化帶來決定性的影響：

無求於現實和津津有味於外貌，則是人本主義的真正擴大，和文化的決定性關鍵。（Schiller 1943:339）

藝術作品能喚醒個體的人的本能，即是因為作品外貌美感能帶領個體進入感性境域，擺脫「外在秩序」（ordre externe）（339），取得「內在自由」（une liberté intérieure）：「這種內在自由，使我們看到一種力量，它不依賴外在客體，並有拋棄客體糾纏的足夠能量。」（339）。在此可以發現，席勒已有將美感主義（esthétisme）理論化的意圖。儘管席勒尚沒有尼采於一八七一年所寫的《悲劇的誕生》，內中標榜酒神—美感—縱欲，作為歷史轉折（tournant historique）要求。但他已將藝術看成遊戲與美感主義兩個範疇，一個涉及逃離的藝術行為，另一個涉及解放的美感經驗。此兩範疇都有否定或對抗現實意味，這是以後阿多諾的真理內含。如同第二十六封信談及尼采在十九世紀末所提到的具有面具性格的外貌（apparence）美感主義：

我們提出如下問題：在什麼情況下，外貌在道德世界裡擁有合法地位？簡潔回答如下：即當外貌是美的時候，同時也等同於道德世界；也就是說外貌不意圖取代現實，也不為現實所取代。（347）

主張藝術是一種遊戲，其美感外貌則可以將人帶到另個世界，這兩種觀點讓我們閱讀《人類美感教育書簡》時，強烈地感受到一種歷史目的論。這種歷史目的論，預設了古代文化經驗已步向終點，由藝術的美感教育可喚醒人內部的清純天真和本能。換言之，幸虧藝術和美感遊戲，得以在法律與倫理之間，投入第三種不受支配的自由狀態。這是由於本能失去（la perte de la nature）而引爆美

感革命的理由。

此新的藝術觀和新的憧憬，雖想納入政治議程，卻尚未具體，必然在開放的未來不斷地追尋。當中席勒還有一個細膩的藝術外貌看法，影響以後理論界對藝術作品一分為二的論述方式。

（三）《人類美感教育書簡》的最終意圖

藝術作品和美感經驗之間，既互為關係，又是兩碼子的事。席勒因而將外貌分為視覺外貌和觸覺外貌；前者相當於阿多諾的藝術論述，後者相當於外貌自身：

輕視美感外貌，也就是輕視一切美的藝術，因美感外貌為藝術本質。〔…〕本能可使人超越現實，而觸及外貌；本能事實上擁有兩種感覺才能，藉外貌認知世界。眼睛和耳朵之感覺，通常不會注意客體質感，而野性肉體的觸覺則會直接接受。也就是說，我們眼睛所看到的，不同於觸覺所接觸到的，同時（知性的）聰明可以直接清明地直抵客體。由觸感獲得的客體，得承受來自客體的作用力；而眼睛和耳朵所直覺的價值（une valeur autonome），他有了審美的自由，他的遊戲本能得以充分發揮。（339-341）

如同阿多諾一樣，席勒區別視覺外貌和觸覺外貌，事實上就強調觀者面對外貌時，不要限定在外貌本身的質感，能讓自己的想像力可以天馬行空地自由奔騰，但其前提應：1. 擺脫現實的目的性和理念；2. 擺脫外貌自身的質感。這是說，席勒發展出來的視覺外貌的美感現象，出自兩個面向之對抗：一邊現實與身體／本能的對抗；另一邊外貌形式與人／自由的對抗。這種對抗在席勒美學裡是必須的（不像叔本華視拋棄現實意志和道德理念，為自我紓解和自我救贖的前提），他不只需要現實與本能的對立面，也需要美感外

貌與自由之間的對立面。

至於觸覺外貌，牽涉到作品自身或外貌自身，這一方面席勒視為真理化身。他認為藝術外貌，出自於藝術家拒絕隨波逐流，追尋自己的夢想，是夢想與現實之衝突的情感結晶。美感現象能和真理發生關係，藝術家的中介角色是不可或缺的：

> 藝術家如何在時代的腐敗環境中保持自我呢？那就是拒絕隨波逐流。他向上遵循自己特有的尊嚴和法則，而不是向下朝向幸運和需求。藝術家應避免徒勞的事，如一些瞬間流逝的跡象，同時也應避免以幻想的精神，或迫不及待地以絕對原則捕捉時代的平凡事物；他把現實領域留給自己的知性；而理想將必然性和可能性統合起來。他把理想烙印在虛擬和真理裡，烙印在想像力之遊戲裡，烙印在創作活動裡，烙印在一切精神和感性精神裡，默默地將理想投入時代之遼闊中。（153）

席勒提到外貌與真理的同體關係，這方面他合理地求諸於藝術家，指出藝術家的創作／遊戲為介入現實的動作，這個動作證明外貌自身與理想／真理表徵有直接關係。席勒因此賦予藝術家極為崇高的地位，視為生命理想的中流砥柱，有所為有所不為，為理想投入時代洪流裡。

《人類美感教育書簡》最終意圖，在於建立藝術美感、道德真理、歷史哲學與政治的聯繫。當中包括三個核心問題：藝術與道德真理到底何種關聯？藝術在人本主義進化中扮演何種角色？美感如何能應用於政治，如何激發主體突破道德限定，遂行政治解放？

他提出的解決方式，大致以美感外貌為核心。這個具結構性的系統哲學，思想來自多方面，包括科學的歷史進化論（évolutionnisme）與人道的自由主義（libéralisme humaniste），例如萊辛（Gotthold E.

Lessing 1729-1781）和福爾斯特（Johann G. Forster 1754-1794）。歷史進化論與人本的自由主義，讓他相信：人的精神在歷史長河中有朝向自由的本能。另外，《人類美感教育書簡》以人為本的思維，也類似萊布尼茲的單子論（monade），但篤信感性生活（vie sensible）和精神生活（vie spirituelle）某種能量，足以激發人的社會關懷，則又越過了萊布尼茲。

席勒和康德均宣稱，美感狀態為一種自治性（autonomie）動作，後者全力於概念認識力的考訂，前者卻細膩地討論感性本性（nature sensible）與精神本性（nature spirituelle）的平衡，乃至於提出這兩個區隔疆域，會在美感狀態中合而為一，將靈魂推到一個不確定的自由狀態。

因此《人類美感教育書簡》是一本綜合性理論，儘管是兩百年前的著作（一七九五年出版），其中兩點主張依然不過時：

1. 席勒的藝術美感教育，似乎時而相信美感的發動出自本能，時而又強調美感為一種義務／責任的意志行動。到底美感出於直覺或發自理念呼喚？這種不明確，讓美感不侷限在黃金比例的視覺美感，從而保留了美感作為一種現象的深刻性。這種見解相當程度出自於進化的藝術哲學觀。

2. 從《人類美感教育書簡》的第三部份（第十七─二十七封信）討論美感、政治與道德所涉及的人類進化，可發現席勒提及的美感，流露客體宇宙與主體兩種本性（感覺本性與精神本性）的同一性思想。這種啟蒙時期思想特有的，人與自然、人與社會、人與政治之形而上的理想色彩，奠下了現代／當代藝術哲學不斷擴衍中不變的精神標竿。

今日來看，作為自治性美學的經典而言，《人類美感教育書簡》的豐富不容置疑。正如比格所說，席勒使用一種抽象的理想性（idéalité abstraite）思維，將藝術家界定為「時代的兒子」（fils de son époque）（Schiller 1943:151），藝術可以「拯救人本主義及其尊嚴」（art a sauvé l'humanité et sa dignité）（153），並致力於建立藝術外貌與真理的關係。這種美學觀最具特色處，在於視美感外貌與真理為同體，在於視美感外貌為資產階級社會的自由象徵，隱含對抗資產階級社會的異議情愫（Bürger 1990:182）。

《美學理論》在轉化席勒美學的同時，犀利地指出它的問題所在：

> 藝術所以成為真善美之競技場，那是因為在美感反思中，排除了那些邊緣的，但有充分依據的混濁事物，致將精神強制地納向真善美之中。（TE 90）

從許多角度來看，席勒美學的思維方式，仍然可在阿多諾捍衛前衛藝術外貌嗅出某些相似，特別是外貌自身、外貌與真理等二分法的真理辨認的觀點上。不同的是，前者屬於在資產階級社會處境裡的超越擬想，真理為普世和理想的，阿多諾則從前衛藝術叛離美感外貌，提出世俗、日常經驗和人的自覺的真理意含，以及人的生存處境問題。

三、黑格爾與阿多諾藝術哲學的關連

《美學理論》區分「主體美學」（l'esthétique subjective）和「客體美學」（l'esthétique objective）（TE 211）語意極為含糊，一邊出自於對藝術作品的主體反應程度，另一邊出自於藝術作品優先性或主體美感經驗的優先性。儘管含糊，卻也基於主客體辯證法發生於事物裡，將黑格爾美學看成「客體美學」。

黑格爾視藝術為絕對精神的第一時刻，藝術本身是主體精神與客體精神的統一體，這對康德而言是相當不可思議的。

　　黑格爾如此衡量藝術，原初並不涉及美學理論，而是關心絕對精神的知識問題。美學理論乃是絕對理念為符應現實，進行有限與無限的和解所導出來的知識形態。這也是為什麼，絕對精神透過藝術作品的客體觀點，貫穿在歷史系統裡，而其主體觀點則同時連結在藝術的立即直覺，宗教的內在化再現，乃至哲學的概念中介等的無限性上。由此《哲學百科全書》確立了古典希臘藝術、基督教啟示宗教和思辨哲學，分別為最真實的藝術、最真實的宗教和最真實的哲學，為晚期《美學課程》的實踐做了準備。

　　合邏輯地，在實踐過程中，原本視藝術界定活動為本體論的認知，最終卻不得不導向與本體論相矛盾的藝術認識論。

　　《美學課程》的這個衝突，是在一邊從哲學領域期待藝術成為絕對、無限的思想場域，另一邊從藝術特殊內容導出的論述，兩種不同層次交會而造成的。儘管黑格爾並沒有平息形上與形下兩種論述活動的衝突，但哲學設想和藝術論述雙重理論方案，一邊由象徵、古典和浪漫等三種藝術形式的理論，一邊透過建築、雕刻、繪畫、音樂和詩等五種藝術類型的語言系統，卻強力地統合在演化的絕對精神，形成有許多矛盾的綜合體：藝術哲學。這也是為什麼我們會認為此藝術哲學有一半的客體性的理由。

　　雖然這樣的客體性，與二十世紀客體優先的藝術哲學仍有一段差距，但已遠遠拋離主體限定在沉思或超驗的十八世紀美學模式。

　　也就是說，如果拿黑格爾美學對照席勒美學，可以看出後者在具體的藝術作品與現實之間的實質討論是欠缺的。因而，開始把具體的藝術現象和理想的美感外貌視為一體，一併考慮藝術現象與現實、外貌和真理之間的關係，從而建立一套藝術哲學，黑格爾應該是起點。

（一）黑格爾建構外貌概念

黑格爾的藝術觀奠定在兩個基本前提：一方面視藝術為一個可無限發揮的思辨場域，以之對抗無法延展的科學的知性知識；另一方面視藝術為一種心醉神迷的在世存在（être-au-monde extatique），以之對抗經驗的在世存在（être-au-monde empirique）（見 Schaeffer 1992:175）。這除了設想真正的藝術作品不是用來服務於某種超驗意義（signification transcendante），也不是用來服務於一種外在目的，而是它以自身特有的存在尋求自己的目的性；同時，也設想了此自身存在具有知識性。

按黑格爾的說法，那就是在藝術裡，精神轉入無限範疇，拋棄了有限範疇。在藝術裡的無限精神範疇，是知識與現實、主體與客體、靈性與感性，既對立又和解的結果，具有理念的自我同一和自我芬芳性格，也就是他所稱的絕對精神。

整個問題的關鍵便在於，黑格爾如何從藝術取得知識呢？他的作法，就是《美學課程》的實踐。知識形式取決於藝術作品與理性分析之間的結合，以及藝術作品與哲學思辨之間的共鳴。其精義在於：理性掌握自己的對象與自己所設定的目的性，且意識到自己同一於真實（réel）。而其重心就是重新評價藝術外貌，進而證明「藝術作品乃真理」。

黑格爾論證「藝術作品乃真理」是一個繁複過程，和阿多諾的論證有某種相似性，即都基於「心醉神迷的在世存在與經驗的在世存在」之間的對抗性。不同的是，後者是在連結前衛作品的否定性與真理的同時，重建了真理意含，而前者則注重一個基本面：本質、現象、藝術外貌和真理的關連性。

我要說的是，沒有黑格爾的藝術外貌和真理之間的論證成果，阿多諾的藝術哲學便沒有了立足點。尤其，黑格爾以兩階段評價藝

術外貌的方式，和阿多諾的「形象自身和外延論」有某種神似。

　　黑格爾的第一階段涉及反向論證，即先論證現象既是存在真理也是本質時刻，接著論證藝術外貌乃存在真理，如同阿多諾先論證形象自身，後論證「形象自身乃真理」一樣。

　　黑格爾首先問現象是什麼？《邏輯學》（*La science de la logique*）和《美學課程》分別指出，現象不僅真實，而且是存在之真理（la vérité de l'Etre）：「現象是真實的，並非由於它有內在和外在的存在，也並非由於它代表整個現實，而是它的現實符應主體概念」（Hegel 1995 I:152）；「整體而言，現象是存在之真理，一種比存在之真理更豐富的決定，那是由於現象本身匯聚著自我反思（la réflexion en soi）和另種反思（la réflexion en autre chose）。」（Hegel 1994:564）

　　接著，他問什麼是本質？他說：「本質並不存在於顯現之後，或者越出顯現之上，因為本質就是存在本身，存在就是顯現。」（l'essence n'est pas derrière l'apparition ou au-delà d'elle, mais, du fait que c'est l'essence qui existe, l'existence est apparition）（Hegel 1994:225）；「本質之觀點，整體而言，便是反思的觀點。」（547）

　　本質既是反思觀點、存在本身，也是現象本身，更是存在之真理，那麼從藝術角度言，藝術外貌作為現象，那不只是藝術本質，也是真理：

　　提到整個藝術要素，如外貌及其幻象是粗鄙的，這種說法是在外貌沒有意義之前提下，才成立。但外貌基本上是屬於「本質」的，如果真理不顯現於外貌，如果真理不為某人──無論它自己或視為精神，那真理就什麼都不是了。因此，這不是一般的顯示，〔…〕而只有在外貌之特別形式裡，藝術才有效地賦予真正的思考可能。我們同意這樣的視野，即從外貌，可進入藝術創作之存在，

基此，外貌可被定義為幻象。（Hegel 1995 I:14）

　　藝術外貌不僅是本質、現象，而且又是幻象和真理，那麼這裡便涉及黑格爾第二階段的論述。此論證主要澄清傳統對於外貌作為幻象的非議。傳統美學非議外貌的幻象性格，通常是以現實經驗的實在、有效和真實等價值，批評幻象的不切實際：

　　對於幻象之非議，基本上是相較於現象展現的外在世界及其立即的物質性之間，以及呼應於外在世界之我們自己的情感世界和我們內在的感性世界。（14）

　　他認為幻象這個詞，兼具存在真理與虛構兩種特質，因此贊同如下雙重論點：1. 既然藝術呈現一種自足的敏感現實，不僅不知自己身在何處，也不知自己屬於精神範疇，那麼藝術作為感性世界乃是一種幻象和虛構；2. 從另一個角度來看，當藝術透過想像力將感性世界轉化為幻象時，事實上也是精神表現，那麼作品不僅揭示了真正的存在，同時也是真理（Vérité）時刻。他從根本上指出，現實的真理和藝術的真理是兩回事，而且前者比後者更不可靠，他稱藝術外貌／幻象為「可靠的實在性」（l'effectivité veritable）和「優越的實在性」（l'effectivité supérieure）（14）：

　　在生活經驗和我們自己的現象生活裡，我們習慣於實在、現實和真理等價值，但這些和藝術是背道而馳的，藝術並沒有這樣的現實和這樣的真理。事實上，整個內在和外在之經驗現實領域，也並不是真正實在的世界，它比藝術之純外貌和幻象性格更不實在。可靠的實在性只有越過外在事物和感覺直覺性，才能找到。〔…〕藝術所強調的價值及其顯現，正是這些普遍力量之自主性活動。無疑

的，本質性也顯現於內在世界和日常的外在世界中，尤其顯現於貧乏的、偶然的混沌形象裡，以及被感性立即性和被專斷成單純的情況、情節和性格所簡化。正是如此，藝術去掉現象中不好的世界幻象和外貌，賦予這些表現一種優越的實在性，一種實在性誕生之精神。因此，以單純的外貌，藝術帶來有價值的顯示，超過了日常的實在性所看到的，那是優越的、更真實的存在。（14-15）

在黑格爾眼裡，經驗世界（le monde empirique）的本質，反而不像藝術的純粹本質，它混合著非本質的東西，我們所看到經驗世界構築出來的實在、真實和真理，其實都是人為虛構。同樣，拿歷史文獻反對藝術的幻象外貌，說它不真實，這也是錯的，「因為歷史著作並不似繪畫有立即存在的元素，後者屬於精神的外貌（l'apparence spirituelle），而且歷史內容留下日常實在性的偶然，它的錯綜複雜與特徵，但藝術作品卻讓我們看到永恆的力量。〔…〕，它沒有歷史著作令人討厭的執拗。」（16）

因而相較於哲學思想和宗教原則的現實性，藝術外貌的表現可稱為幻象，這是藝術的優越性，它「會通過本身而指引之外的東西，指引出表現的某種精神性東西。」但現象的立即表現如歷史著作、哲學思想和宗教原則，則不是幻象，它的立即表現卻會歪曲和隱藏可靠的東西，「比起藝術作品開闢的，通向理念之通路，自然和日常世界的堅硬外貌，所賦予的精神就格外顯得困窘。」

基此，可以總結，黑格爾的藝術外貌觀念，傾向於將敏感性轉移到精神的實在性上。那是一種濃厚理智味道的絕對和至高型式（le mode suprême et absolu）和真理領域（sphère de la vérité）：

一邊我們同意藝術之高層次，同樣也得提醒還有另外一邊，它既不關於內容，也不關於形式，而是「絕對和至高型式」，後者將

藝術真正意圖帶至精神意識。因為，藝術正是由於自己的形式，劃定出明確內容。唯有某種真理領域，唯有某種真理層次，會表達於藝術作品裡；確實也應該的，當這種真理要求成為真正可靠的藝術內容，就必須依它本有的定位轉化為感性的東西，使感性的東西符合自己。(16)

黑格爾將藝術外貌的敏感性，提到精神的純外貌地位，在這種情況下，藝術外貌不再分別自體與詮釋，而是一種混合型的精神實體（substance spirituelle），它由外貌和解釋者的人文思想決定，鮮明地具有智識精神：

這為什麼在自然物之立即存在的比較下，藝術作品的敏感性，可提昇到純粹外貌之地位；藝術作品位於立即感性之存在與理想之間，它還不是純思想；儘管它的敏感性格，但也不是物質的純粹存在，如石頭、植物有機生命；較確切地說，藝術作品的敏感性是一種理想的敏感性，會不斷向外呈現出來。(55-56)

因此，可以理解，黑格爾視藝術外貌為幻象的理由，其用意在於一方面賦予藝術作品的敏感性及其真理意含，它超越日常的現實世界的實在和真實；另一方面賦予藝術作品的知識性格。這也是為什麼他把藝術明確地定義在如下三個面向：1. 藝術作品不是自然物，而是人文活動的結果；2. 藝術作品的形成，本質上涉及到人，更明確地說，它出自感性，並且訴諸人的感受；3. 藝術作品本身有其目的。

這整個定義，便是在主體與客體的辯證下，展示本質、真理、真實、意識、絕對和自由，從而納向絕對哲學（philosophie de l'Absolu）。

藝術外貌在此不只是理念的感性顯現，而且也是絕對精神的表現。

（二）阿多諾與黑格爾

從上述可見在黑格爾的藝術哲學裡，外貌扮演了哲學辯證與藝術論述的樞紐，這和阿多諾捍衛前衛外貌的策略極為相似。

不過這只是表面相似，前者是以理性掌握自己的對象與自己所設定的目的性，且意識到自己同一於真實；而後者剛好顛倒：由非理性書寫放縱自己的對象與瓦解自己所設定的目的性，讓思想呈現非同一，以非同一的真實來對抗現實的遮蔽。

此間的關鍵在於黑格爾外貌觀念太智識化，所建立的概念定義，不只和具體的藝術表現有相當大的落差，而且設想理性思想可以以真實超越現實框限。如同阿多諾所指出的，黑格爾美學忽略了「做」（faire）的模擬和非意識，以及過程的「流變」（le devenir）（TE 230）和「變化」（la modification）（150），導致其外貌概念，只「停留在藝術美的定義，卻沒有定義藝術」（230），在探討藝術作品的起源上是空白的。

這準確地觸及黑格爾美學的問題。他之所以看不到「做」的模擬和非意識，是因為他傾全力於將外貌敏感性智識化、概念化和理性化，根本不允許非理性和想像力於思想上的作用。因而，在理性運作下，藝術作品、精神理念和社會實踐被強力地統合一起，形成一種非美感的、理念的藝術哲學，和同時期叔本華的反 logos 的美感主義，呈鮮明的對比。

從而與其說黑格爾的外貌概念，忽略了「做」的模擬和遊戲過程，不如說他的藝術觀其實傾向絕對理念的社會實踐。他不允許藝術朝向非理性、逃離或拋棄，儘管在書寫上也致力於探測思想觸及不到之處，但理性要求，讓其作家性格無法盡情發揮。

作為古典美學，黑格爾用理智建構的藝術觀已達到巔峰。他的藝術觀
其實傾向絕對理念之社會實踐，他並不允許藝術具有非理性、逃離、
拋棄、解脫和救贖意味。

　　幾十年之後，尼采揭開西歐思想界批判黑格爾的序幕。在《華
格納案》（Le cas Wagner）裡，尼采指責黑格爾和謝林用精神蠱惑
人心，而德國人卻對他們建構的理念那麼莊嚴的學習和崇拜，其實
他們的思想充滿「陰暗、不可靠和神話」。（Nietzsche 1974:41）

　　阿多諾舉前衛音樂為例，說明黑格爾外貌概念，刪除了藝術之
所以是幻象的關鍵地方：

　　音樂內容嚴格講是插曲、動機、主題和制定：這些是變化的要
素。內容是本質的，全部發生於音樂時間裡。藝術家掌握材料，如
歌詞、色彩、聲音，各式各樣的聯合，發展出不同的技術程度，在

這尺度裡，形式也可視為「材料」；也就是，凡出現於形式內，均
屬材料。〔…〕材料的選擇，其應用和限制，是作品的本質關鍵。
從材料領域引出擴展，從寬廣視野建立材料作用，將伸展到未知領
域，〔…〕。材料概念是由如下方式交替設定出的：作曲家從音調
得出聲音取向，承認其本樣進行作曲，或作曲家激進地淘汰聲音；
交替手法近似於繪畫中的非具象和具象〔…〕。這是二十年代，我
們所意識到的材料觀念，除了歌者之語言習性外，類似悲苦之音樂
性質，材料上已取得新的表現地位。〔…〕可以自由模擬材料，
拋棄往昔藝術種類之界限，形式的藝術觀念已達成歷史解放。（TE
192-193）

　　阿多諾在此所指出材料的自由使用與模擬，是藝術解放的主
因，所解放的便是黑格爾過度內容取向的理念藝術觀。「拒絕進入
美感的模擬狀態」（194），便是黑格爾外貌概念特色。

　　就此而言，阿多諾認為「藝術並不會受限於某個範圍內」
（266）。儘管藝術過度迷戀媒材遊戲，避不開將自己廢除，讓自己
處在問題性狀態：一邊過度媒材化，將藝術推向野蠻（la barbarie）
狀態；一邊藝術想消除野蠻，「擺脫它的有罪性，但卻擔心減弱表
現力。」（266）但阿多諾卻認為前衛藝術媒材化的問題性，正是使
藝術「有活力和猛烈，得以拋開古典藝術的矯揉造作和永遠相似
性。」（266）

　　雖然批判黑格爾，但阿多諾以作品自身角度捍衛前衛外貌，
其實骨子裡依然有著黑格爾外貌論的「絕對精神的表現」（la
manifestation de l'Absolu）影子。

　　怎麼說呢？當阿多諾面對前衛藝術造外貌的反，出現造成奇形
怪狀的「非藝術」作品時，他採取的措施便是將藝術的自我廢除動
作，視為前衛藝術對歷史、文化和社會的否定行動，一種執行真理

的行為。此手法其實和黑格爾的外貌概念基礎：藝術作品乃絕對精神的表現，沒有很大差別。

從這裡可以看到，作為西歐當代藝術哲學而言，阿多諾可能仍未真正超出十九世紀初的藝術哲學基本設想。

儘管《美學理論》以極大篇幅不留餘地批判黑格爾，但他卻無法擺脫「藝術乃絕對精神的表現」此一黑格爾核心論點，因為一旦失去此前提，整個前衛藝術論述便無所依歸，形同瓦解。

四、尼采與阿多諾：兩種美學

尼采和阿多諾美學有何關係呢？《美學理論》並未直接提及。可是如果從尼采作為「非歷史性的美學奠基者」（le fondateur d'un esthétique rigoureusement anhistorique）（Bohrer 1990:133）來看，可以發覺和阿多諾從前衛藝術語言變異引出的反歷史、反文化和反社會，表面多麼相似。然而前者偏向叛離和受難的美感主義，後者從外貌問題性發展藝術認識論，認知及訴求有不同的著力點。問題應該是，阿多諾美學與尼采美學之間的差異是什麼？

首先，必須體認尼采美學以非概念論述、外貌敏感性、無定形、模擬、遊戲和非理性，所勾勒的表現概念（le concept de l'expression）和我思解體（la dissolution du Cogito），在西歐洲美學思想發展上具有重要的指標意義。

他宣稱：西歐文明的衰敗，起於藝術和精神的智識化，為了重振文明的活潑源頭，非理性、野性和肉慾是一帖猛藥。

（一）美感主義的美學與藝術認識論

《美學理論》對尼采美學在歐洲思想史扮演的角色，尤其美感及自治性對於理智結構和理性體制的破壞力，有相當深刻的描述：

就像尼采所知道的，藝術體態擁有某種凶暴的東西。在形式裡，凶暴是想像力；它勾勒出栩栩如生、語言形體、聲音、視覺經驗等輪廓。形式愈純粹，作品之自治性力量就愈大，作品也就愈凶暴。〔…〕太適應於人們，及其公共性，會甜化和減弱形式力量。藝術建構大家熟知的內涵，就會壓制活絡於遊戲中的本能優勢。這是藝術之原罪。這也是藝術不斷對抗道德的原因，因為道德壓抑凶暴的藝術表現。所以，成功的藝術作品，知道某種無定形（l'amorphe）東西，不可避免地使用凶暴，以形式——擺脫現實，而使自己變成有罪。（TE 74）

尼采與阿多諾被認為有某種相似處，便在於都認為外貌的自治性與敏感性具有對文化、歷史和社會的挑釁性。但在論述面向上則完全相異，阿多諾強調的外貌，涉及藝術問題性，而尼采的美感外貌則完全剔除真理和本質，要求本能、直覺、肉慾和歡愉。

在《快樂的知識》（*Gai Savoir*）裡，尼采提及古希臘人對外貌的頌揚：

啊，這些希臘人！他們和諧的生活：熱烈彰顯外表、習慣、時尚；愛慕外貌，信仰形式、聲音、諾言，以及外貌的奧林匹亞諸神；這些希臘人是那麼深刻地崇尚表象！難道這不是我們精神想要的另種冒險，令我們想攀登到最高、最險峻的思想頂峰嗎？難道我們不想從那高點檢視視野，從那高點向下看？難道不是想這樣成為希臘人？成為形式、聲音和諾言之崇尚者？藝術家之工作不也是如此？（Nietzsche 1982:27）

我們所學到的是否就是希臘年青人所學的？我們是否學到如希臘人所講的和所做的？我們是否拘泥在理性對話和辯證法裡不停地練習？我們是否學到希臘人舉止的美感與高尚，是否如希臘

人般擅長於對抗、遊戲、拳鬥？我們是否在希臘哲學家實踐的禁欲主義中學到教訓。（Nietzsche 1980:149）

尼采從頌揚外貌和凸顯酒神精神，而把美感外貌相對於蘇格拉底、柏拉圖和黑格爾等智識化主流歷史，視為西歐精神歷史性（l'historicité de l'esprit）的自我反思（auto-réflexion）。這便是他在《人性，太人性》（*Humain, trop humain*）第三節的表白：

> 從前精神並未被嚴格的思想條理所要求，然它已結成象徵和形式之網。現在事實已有轉變；任何聯結上象徵的，已變成低劣的文明象徵。這就像我們的藝術不停的智識化，我們的意志不停的精神化，但今日我們的判斷已異於百年前所認為的和諧意義。同樣〔…〕或許目前我們的生活形式，用前幾個世紀的看法而言，是更加醜陋，但以前的看法，顯然無法真確看到精神和內在，更深刻、更寬廣的美感了；今日，我們多麼需要單純的視野，讓精神能內爍光輝，讓優雅奇妙之比例，以及最雄偉壯麗之建築享有應有的價值。（Nietzsche 1995:36）

換言之，還是可以看到尼采和阿多諾相似的反理性系譜，即黑格爾思想所形象的歷史老化和精神化（le vieillissement historique et la spiritualisation），裡頭擬古的藝術象徵，正是文化和藝術無法符應現實變動的主要障礙，但僅止於此。

在反黑格爾視野下，尼采說：「我們對線條和形式的象徵主義已完全陌生，因為我們不再相信神了」（Nietzsche 1995:182）；但阿多諾走得更遠，他從前衛藝術看到呈混沌狀態的外貌特徵：「仔細看，現代藝術已成混沌狀態，〔…〕。如果以推論分析，自以為掌握了作品片斷，那會迷失於不明確和模糊中，這種難以掌握的情

酒神狄俄尼索斯（Dionysus，米開朗基羅的作品）。尼采頌揚酒神精神，指出了歐洲文明之淤滯和衰敗，正起因於藝術和精神之智識化，為了重振文明的活潑源頭，非理性、野性和肉慾將是一帖猛藥。

況，是藝術作品的外貌特徵。」（TE 136）

　　尼采從慰藉和擺脫生活重擔，賦予藝術美感對社會的超越性，他的作法就是以否定性解釋藝術美感。也因為這樣的設定，使得尼采美學的範圍侷限在反文化的美感論述範圍，而和藝術的社會、政治和歷史等非美感論述無關。

　　然而，阿多諾將論述放在前衛藝術問題性上，開展作品自身（形象自身）範疇、創作過程範疇、媒材技術範疇和應用範疇，並且進行獨特的語言部署，這樣的藝術認識論已經完全超出十九世紀特有的叔本華和尼采美學傳統。

從尼采特有的面具、鏡子和藝術生理學等論點，更可以看到和
阿多諾藝術哲學在層次上的差異。

（二）尼采的面具觀念

尼采用面具（masque）形容反象徵主義的藝術外貌，而阿多諾
則用難以掌握形容前衛藝術外貌問題性。

在《人性，太人性》裡，尼采放棄亞里斯多德的藝術基本要素
「可佈」（horreur），堅持以外貌觀念界定藝術，他認為藝術已轉移
到面具概念上：「對我們而言，建築物的美感在哪？那就像沒有思
想的女人之美麗臉龐：戴了面具」（Nietzsche 1995:183）。尼采的面
具比喻，是從他時代的藝術現象觀察得來的。面具同義於外貌，代
表著人的虛擬和幻象世界，屬於沒有底座的虛幻。在尼采處，外貌
為幻象、面具，而在阿多諾處，則是「pseudomorphose」。這個理
解，對尼采而言，最主要是把美感和真理區隔開來。在此，幻象和
面具的外貌，同現實的關係並非直接的，而是對質和對立的。正是
在沒有底座的虛擬世界裡，藝術展示其深度：

面具，足以表露人最強烈的慾望。（Nietzsche 1995:268）

與阿多諾一樣，尼采美學也記錄著十九世紀的前衛藝術問題，
如果從酒神視野或藝術作品觀點看起的話，可以發現外貌／幻象／
面具的觀念，確實得自前衛藝術開放式表現手法的影響。他的藝
術觀，已不再如亞里斯多德的憐憫和可佈的藝術觀，而是美感效
果（l'effet）和詮釋。在此，我們看到尼采的外貌觀有個「分叉」
（bifurcation）：一邊是外貌之純粹形式及其幻象光芒所導出的觀
點；另一則是外貌本體面向。雖然表面類似阿多諾的藝術論述與外
貌自體，但實質注重的問題卻不一樣。

關於外貌的純粹形式及其表象光芒的面向。

對尼采而言，此面向指的是面對藝術作品時的直覺性和突然性（soudaineté），它宣告外貌可以不斷施以詮釋，涉及到「看」、「如何看」和「從何種角度看」。「看」的直覺性與突然性，並不以進入理念和探索本質為目的，而是放任給看那一剎那來決定。為什麼尼采要擺脫理念的思維習性，強調直覺與本能？這是因為黑格爾思想的表現系統，在十九世紀下半葉發生動搖，首先是上帝依賴的超驗價值受到全盤質疑，我思的實體性隨著破綻百出，因而虛無主義興起，歐洲形而上思想趨向沒落。面對這棟古典大廈的解構，尼采首先結合赫拉克利特（Héraclité）的流變和遊戲，以及巴門尼德斯（Parmenides）的存在思想，凸顯差異（différence）的獨特性力量，將思想看成世界的表現。尼采傾全力論述美感外貌，正因為他認為差異與獨特性——強調和別人不同的心緒流變，可從美感外貌獲得。這種認知源自古希臘酒神狄俄尼索斯的啟示：

> 叔本華描述人被驚懼恐佈攫取時，將對現象界知識生出迷惑，理性這時會顯得不順暢。這是說，在某種震憾衝擊下，個人信仰被打亂，會出現美妙的心醉神迷，內在狀態升溫，這時就看到了酒神本質。將這現象比喻為醺醉狀態最貼切。大概原始民族和原始人群都會在他們的頌歌裡提及如此的麻醉藥效，尤其春天萬物欣欣向榮和希望啟動季節，個人潛伏的酒神激情，會蠢蠢欲動，隨著亢奮強度進入渾然忘我之境。（Nietzsche 1977:43-44）

尼采以酒神的醺醉狀態，解除個體的理念系統，賦予美感為一種解脫，進而獲得差異與獨特性。這是說美感外貌予人一種不可思議的感覺，這個瞬間作用罷黜了個人的理性認知和信仰原則，猶如：「在極樂大海的翻騰波浪裡，在香氣之波的轟隆響亮裡，吞

沒、喪失、無意識的最高狂喜。」（Nietzsche 1977:143）。換言之，
進入外貌的美感狀態時，已不存在任何的理智東西，唯一存在的便
是與美感相對質的殘酷世界。

　　所以，藝術外貌的幻象，便是愉悅的引信，便是透過愉悅叛離
社會體制和個人意志。這種看的方式，本身便是反社會、反理性和
反知識。美感的瞬間經驗，因此是尼采抗拒歷史和文明的法寶，具
有解毒意義。

　　阿多諾認為尼采的幻象外貌，最重要的便是在醺醉狀態裡，意
識的「變異」（le devenu）（TE 17），以及它透露「真理僅以變異形
態存在」（17）。但同時阿多諾也指出，尼采只侷限在美感狀態，仍
然看不到藝術「內在技術的演化和趨向世俗化」，致無法坦然面對
「當藝術顛覆美感外貌，體現另一種動人心弦」的藝術現象。事實
上，前衛藝術的「獸性、怪誕和褻瀆」（326），已超出尼采美學的
範疇。

　　在外貌問題上，尼采和阿多諾的相異處，在於阿多諾一點也不
贊同以突然、直覺和偶然來決定感受方向，阿多諾所面對的藝術現
象已無美感可言，他渴望從外貌的假象問題，引出批判的藝術認識
論。尼采的外貌觀，側重於進入美感狀態，他不像阿多諾外延地論
述外貌假象問題性與真理的關係。

（三）尼采的鏡子觀念和藝術生理學

關於外貌的本體面向。

　　如果說尼采的酒神狀態，只是外貌的一種感受，那麼外貌還有
自己的本樣和內在。外貌本體，在理論上，涉及到作品內容和藝
術家創造兩個層面，前者尼采以「鏡子」（miroir）（Nietzsche 1977:
52）形容，後者則屬於「藝術生理學」（physiologie de l'art）（Nietzsche
1991:397）範疇。

　　為什麼外貌如同鏡子呢？那是因為它巨細靡遺地映現生活之危難、恐怖和恩怨，尼采說：「當我們沈浸於外貌〔…〕，我們進入其中，如同真正的非存在，這時時間的空間和因果關係不停變化，那就像經驗現實。結果，我們實踐自己的現實於一瞬間，我們察覺到我們的經驗存在」（Nietzsche 1977:53）。

　　外貌如同一面鏡子，不只符應我們對它的原始期待——美感，而且也伴隨著文化記憶。如果外貌伴隨著文化記憶，那指的顯然不是歷史記憶，而是文明的起源，對尼采而言，那是什麼呢？那是阿波羅神的光輝燦爛與傳自中亞的酒神的對抗。此種理性美麗與縱欲狂歡的衝突力，不僅可滋潤人世間的一切恩怨的美麗因質，其外貌的肉慾因質也有救贖作用（fonction de la rédemption）。此文明起源問題，是尼采美學所以具「美感形而上」（métaphysique esthétique）的原因：

　　　因為我愈是在本能裡察覺到這些強大的藝術衝動，那種對外貌的熾熱憧憬，我會愈想去形塑形而上預設；就形而上設想而言，真正的存在、最初始的統一體——作為永恆的苦痛和矛盾，為了不斷得到解脫，確實需要振奮人心的視野和令人愉快的外貌。（Nietzsche 1977:53）

　　可以看到，尼采外貌觀念追求的不是理念，而是直覺與本能。尼采舉拉菲爾（Raffaello Sanzio Raphäel）的《變容圖》（*Transfiguration*）為例，無非提醒外貌本體是純化過的，具有原始的永恆苦痛和現實的「永恆對立」（l'éternel antagonisme）。（Nietzsche 1977:53-54）

　　另外，在藝術生理學範疇上，尼采強調的是一種心醉神迷的酒神藝術家。什麼是心醉神迷的酒神藝術家呢？尼采指出酒神藝術家涉及「我們」，而非個人的：「這不是我，也不是非我，而是第三種

拉菲爾的《變容圖》（Transfiguration）。尼采指出，外貌本體是純化過和處理過的原始之永恆苦痛和現實之「永恆對立」。

東西。」（Nietzsche 1995:421）酒神藝術家為了擺脫現實意志帶來的苦痛，進入忘我的創作狀態，那是沒有理念的，那是需要非理性的。

換言之，酒神藝術家與現實苦痛的關係，將由外貌體現出來。所展現出來的不只去主體性——反浪漫主義，而且也去理想的意志世界（le monde de la volonté）和個人化原則（principium individuation）。對尼采而言，外貌本體不是作品結構，而是快樂。

尼采賦予外貌本體三種形而上意義：1. 酒神藝術家為理智思潮

過度發展之救贖；2. 酒神藝術家之快樂為苦難現實之「最佳解毒劑」（un excellent contrepoisson）（Nietzsche 1982:400）；3. 酒神藝術家的忘我狀態，具有反威權、形式、偶像和意識型態之異議情懷。

酒神藝術家的救贖精神，所體現於外貌上的，不只在於它讓生活更有強度，而主要在於可將它放到生活之對立面上，就像透過救贖作為現世的揭發。我們看到，尼采的外貌概念之所以形似於阿多諾的外貌論的原因。也是從這樣的角度，魏默評價了阿多諾美學：「阿多諾的救贖光輝，是透過藝術中介，展示其現實意義，這種救贖光輝不來自現實世界，而是來自叔本華觀念：一個時間、空間、因果關係及個性之外的世界，阿多諾仍保有幸福的感覺主義，作為美感主義的精髓。」（Wellmer 1990:260）

不過，我認為《美學理論》並不以此為標的，或頂多只是用酒神藝術家論證前衛藝術模擬語言的非意識問題。阿多諾最為重大的課題，還是將外貌問題推向反再現和去疆域化的問題性上，發展非美感的藝術認識論。

儘管彼此差異極大，但不能忽略《美學理論》大篇幅對尼采思想的追溯和討論，尤其是罕見的讚揚口吻：「尼采是最徹底的去神秘化的人（démystification）」。（TE 356）

捌

非同一性思想與前衛藝術：
非同一性外貌理論

擺脫和諧概念乃是對外貌的革命。
（L'émancipation par rapport au concept d'harmonie se
révéle comme révolte contre l'apparence）（TE 136）

　　西歐當代藝術理論大致交叉論證於兩個獨立範疇。一邊，理
論者以見證者姿態，承認且鞏固藝術作品乃絕對自治體，貼近觀
察作品自身狀態，包括創作方法、媒材、技術和潛意識等，將其
否定徵象應用到歷史、文化和社會領域。另一邊，理論者鋪展藝
術表現效能，強調論述主權（souveraineté du discours）。前者側重
藝術作品自身範疇與應用範疇，將此當成批判的綜合理性（raison
synthétique），平行於其他類型的思想經驗；後者則將藝術定位於
一種顛覆「非美感論述」（discours non-esthétique）潛能，形塑理論
者的革命性論述[1]。在這相互衝突的兩者之間，建立內在聯繫，是
二十世紀七十年代以後西歐藝術理論的主要特徵。追本溯源，此思
維模式，源於阿多諾的《美學理論》。

　　我感興趣的地方，是在這聯合手法（procédé associatif）當中，
有關阿多諾接納前衛藝術的悖論和困境，所勾勒的前衛藝術理論內
含及其形成方式。相對於西歐阿多諾研究偏向於星叢文體，倒是散
佈在其中的前衛藝術陳述及其思考模式，卻一直缺乏系統的整理。
原因有許多，其中出自於一種學理忌諱：即既然碎片式陳述乃思想
訴求，系統化不是違背原意？這種疑慮相當層次導致阿多諾研究者
對此裹足不前。

　　沒錯，阿多諾論前衛藝術的首大目標，主要在創造新論述，修
正概念思維邏輯，乃至重擬非主客體的認識論。當中的藝術陳述似
乎只是衍生品。不過，我不這麼認為。因為對前衛藝術的思考模
式，尤其整個繁複的跨域鋪陳和諸多系譜內含，還是星叢文體得以
不趨向毀敗的原因，更是震撼的認識論得以震撼的理由，缺了這些

星叢文體不再是星叢文體，認識論便空無一物，而會變成一堆無意義的語言殘骸。

關於星叢文體，本書的第二、四章已經討論不少，在此我想深入隱匿於晦澀文字中的前衛藝術陳述。我的方式，便是從阿多諾論前衛藝術的兩個術語——非同一性（non-identité）與外貌（apparence）著手，藉這兩個術語的連結方式，其龐雜的陳述，扼要地進行系統整理，來理解阿多諾的前衛藝術理論形態和操作手法。

主要是試圖闡明藝術作品自治性與論述主權的雙向發展中，綜合的非同一性外貌理論，是如何形構和如何進行的。重點包括：1. 非同一性思維的起因與發展；2. 同一性外貌系譜；3. 非同一性思想與前衛藝術的連結；4. 非同一性外貌理論的內含；5. 非同一性外貌理論的操作方式。

一、非同一性思想的起因與發展

西歐理論界對於同一性思想（pensée d'identité）或概念思維的質疑，早見於黑格爾[2]，以及尼采的無定形（informel）文字，但真正實踐非同一性思想，結合前衛藝術的激進表現，在語言危機中指出一個多重的新語言範疇，從而揭開歐洲表現的論述（discours expressif）序幕，無疑阿多諾扮演了關鍵角色。

為什麼他要強調這種異於溝通常態的非同一性文體呢？哈伯瑪斯將此動機歸因於納粹的 Auschwitz 悲劇（參閱 Habermas 1990:241），《理性辯證》堪稱是在 Auschwitz 的驚駭狀態下寫成的。這本論文也是阿多諾初期興趣於齊克果和班雅明之後，哲學上的真正起點（Rochlitz 1985 :60）。它從「歐洲理性主義計畫的全面失敗」（60）角度揭發同一性思想的根源：1. 壓制本能（nature）讓西歐理性（raison）的主體哲學得以發展；2. 壓制本能與種族文化同一性的親密性。

它最後指出人類對自然的支配意識——科學、技術的理性意識，在於轉換為壓制人的本能，形塑理性文明，全面促成種族文化的同一性，此為集權、種族主義發生的真正原因。

如果《理性辯證》揭開了理性文明與同一性扭曲人的真正原因，給了《最低限道德》實踐非同一性思想的動力[3]，那麼接下來阿多諾將提出兩種抗擊策略來實踐否定的非同一性：知識策略與藝術策略。前者闡明於《否定辯證法》，後者則引出《美學理論》的語言行動。

為了摧毀同一性思想的知識模式，《否定辯證法》從概念的認識論層面，揭開同一性構成原理。它指出概念（及其同一性）的單義性和分類法，偏離客體原有的複雜多義：「唯有星叢，能從外部體現概念於內部所刪除的部分，這遠超過概念強要表達卻做不到的。〔…〕，概念潛在地從內部界定，同時發覺思想遠離事物。」（DN 131）在這本論文裡，阿多諾一邊為同一性哲學立遺言（testament），一邊指出新的思想天地。此新天地位於概念及其同一性所疏忽的客體與主體之間無法掌控的糾纏地帶，一個非關客體內部亦非關主體之「不可馴化的領域」（une sphère de l'indompté）（20）。

那麼何種途徑才能通向此新天地呢？

這就是將黑格爾的個別與整體的辯證法，轉換為非我思的、多重交鋒的「日常語言」（langage courant）（Habermas 1990 : 249）與對象的多重辯證。將原本侷限在主體視野的同一性思考方式，轉換為具有探詢烏托邦的世界知識視野。具體的操作方式，則是將概念帶入具有世界轉換的前衛藝術場域，「用心地藉概念打開那個概念觸及不到的，並且不會化約為概念」（DN 20）。換言之，概念與前衛藝術場域的對質，會讓概念原本的同一性，化為碎裂的運動狀態。

這個知識設想仰賴同一性概念與非同一的雙向操作策略，實質涉及一種對質、揭發、繁多、拆解和否定的反向辯證：「否定辯證法於起點時，便應聯結在同一性哲學之高等範疇上。」（120）便是在如此不可能性（impossibilité）裡，非同一性發生於其中。

《否定辯證法》基本上指出了「什麼才是非同一性語言？」這個根本性問題。它需要實踐，證實非同一性語言不僅有別於推論的語言（langage discursif），而且直抵現象起因。《美學理論》承擔了此一實踐任務。

這本書想藉由十九世紀和二十世紀上半凶暴的前衛藝術運動，發展《否定辯證法》所謂的非同一性語言。不過問題不是《否定辯證法》講的那麼簡單。因為既有陷入我思的恐懼，又得讓思想綿延不絕，這如何可能呢？我思那麼容易擺脫嗎？或者說一旦擺脫我思，思想要如何進行呢？說是藝術策略，但為讓思想綿延不絕，得仰賴藝術變異和非美感化（désesthétisation）的問題性，而又有對我思的恐懼，這使得《美學理論》的語言表達，完全陷入各式論點和多重探詢的懸而未決泥沼，用萬劫不復來形容不為過。

一種難以想像的晦澀和模稜兩可，將藝術帶向極化的問題性狀態，如下的語言表達俯拾可得：

自然美取決於超出自己的形而上感受，藝術觀念則以偶然性脫出這樣的神秘面紗。〔…〕它失去了藝術性格，〔…〕這暗示一種新藝術原則。〔…〕正是這裡，可以衡量其實體性。（TE 109-110）

探討藝術實體性，則依賴它所接納的非同一性，以之為自己內在需要，即歸結於偶然性。（137）

作品之特異反應，揭示集體反應形態。〔…〕也是為此理由，哲學詮釋應該以個別為基礎。幸虧表現的、模擬的和主體的時刻，藝術作品觸及客觀性；它（藝術作品）既非純集體反應形態，亦非

個別形態，而凝結在兩者之間的過程，此過程為社會的。（172）

也就是說非同一性語言設想，加上前衛藝術的「外貌危機」（crise de l'apparance）（136）或「外貌退化為無秩序狀態」（apparence régresse en loi chaotique）（145-146）使得非同一性思想的實踐更為複雜和激進化。

這樣想來，阿多諾選擇從前衛作品的論述，實踐非同一性語言，是意識性的。他應該也看到前衛藝術運動本身就是「從語言出走」和「癱瘓語言另起爐灶」的事件。事實上，《理性辯證》論述 Ulysse、藝術、文化工業與反猶太問題時，指出了技術與商品體制會「將個體化約為零，所引出社會控馭本能將達到空前地步」（Adorno 1974 : 17），世界正處於災難中，已透露端倪。

《理性辯證》不預期這個世界有轉向正面可能，這種悲觀論調，決定了往後思想激進化與否定性，和反映這個世界變局的前衛藝術之間的關連。《美學理論》陷入語言泥沼，反應的是一種走在兩邊無依靠的山脊上的孤獨感：

> 凡獨立見解的思想，會遭鎮壓、遺忘、刪除。不可否認還是會殘存某些東西。因為思想是普遍性的。凡以合理方式形成獨立見解的思想，應該他人也會在他處思想過。這種相信，會生產最孤獨和最無力感的思想。[4]

因而，我不認為《美學理論》的語言表達是一種災難，應該說那是透過激烈的語言行動，一種無政府主義或肉慾烏托邦的舉措。

尤其當《美學理論》將前衛藝術的問題性，當成「反系統」（antisystème）（DN 8）的指標時，實質不能忽略由此奇特文體修飾下，同一性、非同一性、工具理性、藝術他律、本能解放、作品概

念等等或對立或扶持的諸多系譜，乃至各式理論、前衛作品等的犀利陳述，所觸及的藝術和知識形態，在認識論上的啟示。

整體看來，阿多諾所追求的非同一性思想，真正的關鍵應在於語言、藝術和知識的外貌問題。後者將化身為和諧外貌與破碎外貌，直指同一性／藝術與非同一性／非藝術問題。

我將這個論述場域命名為外貌系譜。它發生於《美學理論》。

二、同一性外貌系譜

《美學理論》所勾勒的外貌系譜，較不像工具理性系譜和藝術他律系譜那麼負面，較趨向正和反面的辯證。我認為此系譜具有某種進步的演化性格，大致可歸納出古希臘、十八世紀的美學辯論、黑格爾與尼采等四個演化階段。

但不管怎麼說，外貌概念與真理、精神一樣，在西歐美學裡，具有舉足輕重的地位。日常生活中，外貌被用來形容某個事物的表象，由於外表常被認為是不確定的和迷惑的，因此帶有遮掩真相的意味。在藝術理論裡，它被以幻象、形式、有機體（organisme）和同一性看待，理論者用它形容美感和動人心弦之源，擁有視覺魅力，與之相對的是內在（immanence）、內容、本質或真理。從古至今，外貌便游移於美感與真理之間，具有模稜兩可的特質，這尤其在藝術理論、藝術哲學和美學範疇裡最為鮮明。

此系譜的第一個階段涉及柏拉圖和亞里斯多德。

柏拉圖第一個將美感外貌和真理區隔開來。他認為藝術作品及其美感外貌的虛幻不真實，不僅不能表達真理、愛和善，而且對社會有危害性：「詩、繪畫和一切模仿的藝術品，都和真理相隔甚遠，接觸它們引發心理感受，會背離理智，它們的目的既不健康或也不真實。」（Platon 1966:368）由於藝術的美感會引起存在與理念的懷疑，動搖概念的基礎和保證。柏拉圖的基本邏輯是，如果道

德、秩序和實用理念之於城邦的必要性，那麼脫序的藝術及其誘人的美感外貌應遭譴責。阿多諾指出，柏拉圖的說法，再次證明歐洲古代形而上學家，對藝術外貌的強烈不信任感，前衛藝術叛逆社會道德規範，恰「反映出柏拉圖藝術理念的偽造性」(TE 114)。

有別於柏拉圖，亞里斯多德重新將美感外貌納入藝術範疇。他不僅從模擬[5]角度，解釋藝術／詩起源於模仿，說它有著自為的統一特性，而且從藝術的感性外貌，可以取得心靈的淨化（catharsis）[6]，「至此形成兩千餘年歐洲古典主義傳統尊嚴」(303)。這是藝術同一性外貌的基本雛形[7]。

此系譜的第二個階段為十八世紀末葉的美學辯論。

在此階段，外貌概念真正形成完整體系。當中最為關鍵的發展，便是席勒從美感外貌蘊藏真理的角度，確立外貌的自治價值（valeur autonome）。寫於一七九四——一七九五年間的《人類美感教育書簡》，堪稱唯心主義美學設定外貌與真理的同體關係，最具代表性的著作。此書的第十四封信直接提到美感外貌乃道德疆域和真理疆域：

再者，由於感性本能在精神上駕馭了我們，也由於形式本能在道德上駕馭了我們，從而把我們首要的形式性格託付給偶然性，所以幸福可以和理想同步，形式可以和道德同步，依賴的便是偶然性。因此，在遊戲本能裡，上述兩種本能的一致——形式／道德和理想／幸福，屬於偶然層面；由於遊戲將這兩種本能依附在偶然上，所以當駕馭的感覺停止了，這偶然也隨之消失，遊戲這時去除了彼此之間的隔閡，讓形式融入素材，讓現實融入形式裡。去掉感覺和激情之影響，那麼遊戲就使感覺、活力同理性理念相一致；去掉理性法則之道德限制，那麼遊戲就使理性法則同感性趣味相一致。(Schiller 1943:209-211)。

　　從上述文字，可以看出席勒仍然是包姆加登（Alexander Gottlieb Baumgarten 1714-1762）和康德美學的信奉者。席勒說出了外貌的純粹性，並且指出在這個美麗的自治世界裡，同時擁有「一種內在解放」（une liberté intérieure）（Schiller 1943:339）和「生命最廣闊的意義」（la vie au sens le plus large）（213）。

　　席勒的外貌概念，兼具美感與真理意涵，相當程度繼承康德的善的主張。後者在《判斷力批判》裡，集中注意力於外貌，探討美感接受者所追求普遍有效的可能條件，將外貌敏感性發動條件歸因於文化記憶的象徵性（symbolisme）（Deleuse 1963:83），最後說：「美是善的象徵」（Kant 1995:342）。儘管席勒的美感外貌主張，因依附於公民教育藍圖，使同一性外貌觀念流露強烈政治性，但重要的是他令外貌概念，擺動於社會建設與社會否定之間。

　　為何啟蒙時期的思想家，那麼期待美感外貌的功能，那麼形而上地將美感外貌和真理放在一起呢？這並非巧合。

　　原來美感外貌和同時期的天才概念（concept du génie）均有某種非理性內涵。如比格的看法，同一性外貌和天才概念的提出，除了具反抗理性至上和科學至上思潮，凸顯非理性、想像力和誇張內涵外，其實也象徵自十三世紀商業革命以來，商人階層／資產階層的個體自我意識之高峰（Bürger 1990:205）。啟蒙時期的思想家所期待的藝術外貌，不單只有反藝術規則化和智識化的異議精神，箭頭甚至指向整個資產階級社會體制[8]。

　　此系譜的第三個階段指向黑格爾。

　　他將外貌概念進一步深植於文化價值。以本質、精神、現象、真理和美感合一為前提，他提到「外貌自身就是本質」（Hegel 1995I :14）的詮釋課題，同時指出真理不應是抽象的東西，它必然顯現出來。顯現於何處呢？不外乎體現於人的敏感世界與外在現象世界的衝突中：藝術作品。就外貌概念而言，黑格爾異於席勒之

處，在於前者認為藝術外貌不僅擁有強烈的現實與真實的存在，而且在歷史的相對化下，更為思想與反思的憑藉，能引出歷史。

外貌概念在黑格爾的視野下，呈現影響當代藝術理論深遠的雙重性：外貌自身與詮釋。《美學課程》（共三集，出版於一八三六和一八三八年間）當中一段話，淋漓盡致地體現這樣的看法：

> 藝術是在外貌——現象示威之真實含量，與幻象——這個壞的、變質世界之間揭開來，並且賦予這些現象示威一種高層面的實效，一種誕生精神之實效。而且，更甚於此，由外貌自身，藝術所帶來的顯現價值，超過平凡實效，將可瞥見更上層的現實和更真實的存在。（Hegel 1995I：15）

至於外貌概念真正出現截然不同的認知，起於十九世紀末葉的尼采，這是外貌系譜的第四階段。

在這階段裡，尼采拋棄了席勒和黑格爾在外貌與真理之間所建立的關係，同時排除歷史辯證思維。此舉相當符合去實體化的外貌本樣，後者可讓人自在地、天馬行空地邀遊於夢幻世界，「在我們眼裡那是外貌的外貌（apparence de l'apparence）」（Nietzsche 1977：53）。

在尼采心目中，外貌概念成為外貌的外貌，一種「鏡子效果」（effet de miroir）（Bohrer 1990：143），一種對外貌的原始期望，或某種理性、意識和歷史之外的東西。《悲劇的誕生》是尼采拋棄外貌的理性辯證，去除真理含意的宣言。此書指出藝術與精神的智識化是歐洲文明衰敗主因，為了讓文明重獲活力，酒神、美麗外貌、野性和肉慾是唯一途徑。至此，我們看到了藝術作品的幻象外貌、自治性及其美感，被視為文明再生和個體救贖的精神標竿。

但當美感外貌被過度強調身體的歡愉時，勢必造成身體肉慾和

靈魂理念的分離（尼采），同樣當美感外貌被以理念和真理看待，也勢必排除真實的愉悅感所扮演的解毒劑效能（席勒和黑格爾）。或與其說此兩類的外貌概念各有偏執，毋寧說它們各反應不同時空人文演化的要求。

最後《美學理論》將外貌系譜連結上十九世紀下半和二十世紀上半前衛藝術運動，並認為此運動實質叛離歷史的同一性外貌概念。可以看得出來，此系譜最終目的無非在席勒、黑格爾和尼采之間尋求協商可能，一邊以客體優先為思維基礎，辯證作品的外貌危機，為非同一性美學拉開序幕。

三、非同一性思想與前衛藝術的連結
（一）非同一性外貌觀點的形成

《美學理論》實踐非同一性語言（langage de non-identité），當中有一重要環節就是前衛藝術外貌危機與非同一思想的連結工作：此即非同一性外貌（apparence de non-identité）觀點的建立。

此一工作，不只讓前衛藝術可以被認識，也讓阿多諾思想和語言實踐得以開展。尤其是從非同一性層面論述外貌／語言危機，比海德格（Martin Heidegger 1889-1976）論赫德林和梵谷僅停留在論述條件的分析上，更令人體會到藝術和語言危機，實質出自社會更迭因素。

我們來看看非同一性與前衛藝術外貌危機連結一起的論述。

首先，以前衛藝術拋棄美感外貌為起點，指出是由於藝術納入現實事物，導致藝術遠離同一性的「想像的不真實王國」（royaume irréel de l'imagination）（TE 136），退化成野蠻的非藝術（non-art）：

因為所有藝術作品均包含形式、素材、精神和題材，勢必將現實融於作品裡，同時成形的面貌也必拋離現實：正是以這種方式，

作品映射現實情況。（139）

《美學理論》甚至以「將藝術視為敵人來成就作品」的非人性行動，直指外貌的非同一徵象，為一種罷黜靈光的文化變故：

當藝術以消亡應有的結構緊密之自治性為創作依據時，作品也就罷黜了靈光。靈光被排除於藝術之外，正反映人真正參與現實。而靈光之變態，今日所有的藝術無一倖免，這是與現實的非人性現象分不開的。（139）

阿多諾提到外貌危機具有四種解構特徵，都是非同一思想的體現：

1. 藝術物化（réification）：藝術媒材語言、技術和手法，直接或間接受到工業社會不斷湧現之新事物影響，表現趨向事物性（chosalité），遠離了大家熟悉的結構、秩序和節奏；

2. 藝術退化：世界所呈現的物化狀態，造成藝術家需要某種自傳式的想像世界，來換取束縛之擺脫，從而造成非理性、非意識、幼稚（infantilisme）和野蠻的退化（régression）（139）現象；

3. 非美感化：「藝術要求是無止境的，尤其它以超越現實來達成所要的；藝術的悖論在於適應著物化，以及對物化提出抗議；今日，藝術對當代問題的表態，不可避免地放棄有感覺的美感」（139）；

4. 有罪（culpabilité）（139）：藝術刻意避開結構緊密、美感、浪漫等外貌要素，既不繼承歷史意義密碼，也不再是絕對（absolu）的代言者，更不再連結於同一性美學，導致和社會美感習性發生衝突，這是前衛藝術的有罪宿命。

此外，他也提到前衛藝術外貌各有自己獨特的「虛擬性格」

（caractére fictive）。此虛擬「仍然和現實關係密切」（139）。它和現實若即若離的關係，出自於某種理想社會的烏托邦情愫，其虛擬意義「最終還是否定現實的」（139）。

這個認知是重要的，因為它讓阿多諾的非同一性不只是針對同一性的解構，本身也具備「外貌」的幻影（fantasmagorique），一種「非外貌的外貌」（apparence de non-apparent）（TE 172）。此非同一性外貌的幻影不是別的，是出自對藝術的解構所形成的樣態。

上述的雙重性認知，便是阿多諾發展哲學與藝術雙向疊合的觀點：非同一性外貌（見《美學理論》的〈外貌與表現〉）。這個論點的形成，讓思想得以進行兩個工作，一邊描述這個非同一性外貌是怎樣的性質：「可靠的藝術經受無表現的表現，如沒眼淚的哭號」（L'art authentique connait l'expression de l'inexpressif, les pleurs auxquelles manquent les larmes）（156）；另一邊怎樣的論述可以揭開非同一性外貌的緣由：「藝術作品的謎樣徵乃緊密地和歷史捆在一起」（Le caractère énigmatique des oeuvres d'art reste intimement lié à l'histoire）（159）。

我要說的是，非同一性外貌的形成，不是出自於將外貌危機看成非同一，而是出自於「直接認為外貌危機便是非同一的前衛行動，或非同一性思想的體現」。便是這種無空隙的疊合，阿多諾讓實驗性的非同一性語言發生於其中。

（二）作品與語言的非同一性外貌：《美學理論》的雙重特徵

《美學理論》在外貌危機和非同一性雙向思考裡實驗非同一性語言，當中還有一個環節也必須交代，這就是哲學與藝術的關係。我認為，哲學和藝術的親密性在阿多諾思想是非常重要的發想。

此間最容易引起大家的疑問，就是到底是先有非同一性思想，而藝術只是做為論證用？亦或藝術問題扮演了啟發非同一性思想的

角色？會有這樣的疑惑是非常合邏輯的，畢竟阿多諾所論述的前衛藝術家和作品，都巧妙地和非同一性思想站在同樣的立場。可是如果先有非同一性思想，而藝術只是做為論證用，似乎論述也不可能如此綿延不絕。

《否定辯證法》給了上述問題相當明確的答案。

《否定辯證法》討論藝術與哲學之間的問題，集中在〈無限〉（"infinité"）裡。它提及「對藝術作品的哲學詮釋，不能以概念再製造同一性，這會導致詮釋遠離藝術作品，而應是在詮釋中，體現作品裡的真理」（DN 19），接著又說，哲學不應疏離所指涉的客體，而且同時也應「保留傳統術語，即便它已呈廢墟狀態」（Adorno 1973 :368）[9]。這兩句話說明了如下事實：1. 阿多諾的非同一性哲學主題與前衛藝術之間的關係，不是偶然的，此一課題延續了十九世紀初浪漫主義思想的「藝術可幫助哲學開展新形態」的訴求；2. 阿多諾的非同一性哲學與前衛藝術之間有著緊密關係，不只出自班雅明和齊克果星叢觀念的啟示，在一九二四年接觸荀白克和馬勒（Gustav Mahler 1860-1911）音樂，以及閱讀盧卡奇和布洛斯（Ernst Bloch 1885-1977）著作時已經萌生此念頭。（參閱 Wiggershaus 1993:64-70）

所以問題不在非同一性思想與前衛藝術孰先孰後，而在兩者互為關係上：一邊非同一性思想扮演引導角色，從前衛藝術裡找到相應的作品；另一邊前衛作品對非同一性思想做出啟示，使之敞開來。

我要說的是，真正讓阿多諾在《美學理論》裡實踐非同一性語言，實質出自「前衛藝術的物化、退化、非美感化和有罪」等外貌危機特徵的模仿，以及反射性的延伸和連結。

當中，阿多諾是以外貌的雙重性為問題起點，一方面將非同一性外貌看成真理理則學（organon de la vérité），開展各式議題，

另一方面讓論述超出非美感的理性（raison non-esthétique），以實體（substance）方式進行語言和文體冒險。前者將畢卡索、寇克修卡、卡夫卡、荀白克、喬依斯和貝克特等作品問題，帶到歷史、文化、社會和哲學範疇，進行各式各樣的陳述；後者將論述當成前衛作品的色彩、線條、造形、物件、文字、影像和音符等，將文字功能轉到形象自身（figure en soi）的表現上。

便是基於如此邏輯，《美學理論》文體以類似前衛藝術最具爭議性的語言的非同一性，進行語言和認識論疑難的探索。

所以我認為，將語言從同一性轉到非同一性，目的不是為了讓哲學變成非哲學，讓理論變成非理論，而是凸顯「精神附著於商品範疇，〔…〕今日所謂意義具有的畸形性質」（TE 104）等現代性的諸多問題[10]。如羅斯里茲所說：

> 阿多諾美學之威力，不在於以藝術之形而上論述，回應工具理性，引出疑難，將之延伸到整個歷史，而在於應用一系列自己思想獨有的概念：外貌、顯現 (apparition)、精神、謎樣體質、真理內容、模擬、客觀表現，凸顯現代性的諸多問題。在此，美學理論的溝通性應避免壓扁批判力道。（Rochlitz 1985:64）。

整體而言，《美學理論》從外貌危機和非同一性想，發展出作品和語言兩種非同一性外貌視野。由於語言的非同一性議題，在本書許多地方已有討論，所以接下來我將探討非同一性作品外貌理論的建構理由和形成方式。

我的問題集中在：為何需要建構非同一性作品的外貌理論？以及此非同一性外貌理論是以怎樣的方式形成的。

四、非同一性外貌理論的內含

（一）非同一性外貌的自身範疇：作品主體與新認識論

《美學理論》的非同一性外貌論述，包含非同一性外貌的自身範疇和應用範疇。本節先討論非同一性外貌的自身範疇的形構內含。

我認為此部分最主要的，是阿多諾為非同一性外貌，提出了一種「新主體」（sujet nouveau）的觀點。這不只是整個非同一性外貌自身理論的基礎，也是阿多諾在主客體認識論之外，探索新知識認識論可能的重大關鍵。此作品主體，指的是一個前衛藝術家經由模擬過程所創造出來，但已經離開藝術家的獨立作品，後者擁有自為的動能世界。為何說它會是開展新知識認識論的重大關鍵呢？原因是既然它是自為的生命體，那麼認識它的前提必得拋棄傳統的「我思」，並且擺脫學門區分和編年學（chronologisme）的時間限制，齊聚各領域觀點，穿梭於歷史、文化和社會各種問題，才有可能揭開其來龍去脈。

這便是哈伯馬斯眼中《美學理論》之所以具有無可取代的位置，正在於它看到「資產階級個體性遭拋棄，古老主體（sujet ancien）消失，新主體（sujet nouveau）誕生的情況。」（Habermas 1990:248）

此作品主體主要基於兩個互為表裡的論點。第一個論點來自於觀察：前衛藝術之非同一性外貌，乃「藝術的特殊標誌」（marque spécifique de l'art）（TE 136），可資為歷史精神；第二個論點則出自第一個論點的推論：前衛藝術之非同一性外貌，烙印「對抗虛假之個體存在」和「生存價值的展示」（145），可資為人的生存處境的反思。

第一個論點涉及異質（hétérogéneité）觀，從「藝術作品的物質形體」（matérielle des oeuvres d'art）和「無法融合的殘缺異質痕

跡」(trace de la mutilation que celles-ci aimeraient révoquer)(144)
說法而來:

> 外貌的缺席,和退化成無秩序狀態,在那兒,無常和必然,使
> 藝術進到一個混亂領域;對於外貌,藝術不再有單一的掌控權利,
> 它廢除了外貌。(146)

> 倘若藝術表現是複製現實,就會陷入逼真的幻象裡,在此,藝
> 術家的主觀完完全全無用武之地,這種藝術表現為昔往大家所稱的
> 客觀性。客觀性的理想,在於使作品整體集中於呈現對象上,儘可
> 能在對象與作品之間完全一致。同樣,儘管藝術作品強調客觀性,
> 外貌上依然會有一種裝飾語言覆蓋著。因而,作品有客觀意含,又
> 有某種語言,但最後是以外貌呈現於外。不管怎麼說,藝術作品仍
> 因自治性,而不同於現實。〔…〕強調外貌,較來自作品自身,那
> 是以整體呈現的。不應以預設的形式觀點理解,相對的,解析外貌
> 時,應去除修飾的表象,〔…〕。藝術作品之內在運動,會形塑具光
> 芒的整體形態,但不意味作品就完全統合了散亂的異質。(144-145)

值得注意的是,此異質觀雖以罷黜外貌的美感為前提,不過仍
秉持異質外貌等同於精神、本質和真實的看法,不同的是,此精
神、真實和本質乃建立在藝術的裂斷和撞擊性上,而非往昔形而上
的和諧。這主要強調:前衛藝術的表現顯於非同一性外貌,此非同
一性外貌之所以予人強烈感覺,乃是因為它以獨特語言抵擋了商品
社會的流行。

第二個論點是從第一個論點衍生而來,主張:前衛藝術的非同
一性外貌,烙印「激進的社會實踐」和「生存價值展示」(145)
等。主要是從前衛藝術,提示人應以對抗「虛假的個體存在」,來
捍衛生存尊嚴:

　　藝術證明了精神為其外貌特徵，它有著獨特的本質（essence sui generis），同時確定了精神意圖為一種有活力的存在，以及以如此體現之。這種觀念，表明藝術罷黜了以審美模仿敏感世界的傳統模式，後者只把藝術表現約束在美的外貌上。然而，精神不只是外貌而已，它也是真理；它不只是一種具吸引人的有活力之自我而已，同時也是任何虛假之自我存在」的否定。（145）

　　在「對虛假的自我存在的否定」和「人的生存價值展示」上，以描述梵谷作品最為生動。《美學理論》說梵谷作品烙印同一性外貌偽造崇高美感的歷史災禍：

　　（往昔）作品價值取決於崇高的東西而壯大，這種崇高感不外乎為意識形態，崇尚威權和偉大之結果，但自梵谷畫了椅子和向日葵以來，崇高美感已被揭穿，繪畫低沈嗥叫著個體社會經驗之所有情感，首度烙印歷史的悲劇災禍。（194）

　　至於「憧憬和追求新的表現世界」這部分，《美學理論》引用的前衛例子不勝枚舉，不外乎強調藝術的原創性，涉及人向未知世界追索的冒險情操。例如對畢卡索和馬松（André Masson 1896-1987）作品的說法：

　　畢卡索的立體派作品，〔…〕那種艱苦追求的表現性，比受立體派啟發的追隨者——在原創性前低頭，更顯出其可貴。這種原創的表現觀念，以越出功能主義之論戰。（68）
　　超現實主義反對藝術偶像化（fétichisation de l'art）——如同特殊領域，它將藝術推向純粹形式之外。一些現代藝術家，例如馬松讓繪畫品質不再那麼確定，他們的表現是建立在醜聞與接納

梵谷的《向日葵》（1889）。自梵谷畫了椅子和向日葵以來，崇高美
感已被揭穿，繪畫低沉嗥叫著個體社會經驗之所有情感，首度烙印
著歷史的悲劇災禍。

（réception）之平衡上。最後像達利則成為同時兼具兩者，汲汲於名
利的畫家，而拉茲羅（Laszlo）和梵唐元這一世代，在幾十年危機
趨穩情況下，自以為是，其實矯揉造作成份居多。（291）

　　整體而言，作品主體含兩種特質：1. 擁有獨特風貌與生存
（existence）尊嚴：非同一性外貌流露對抗、冒險和世俗特質，不

僅真實且無可取代；2. 憧憬新世界：非同一性外貌流露著烏托邦渴望，乃虛假的個體存在和社會的同一性原則[11]的否定。

以上述的作品主體為基礎，阿多諾展開應用性的批判範疇。

（二）非同一性外貌的應用範疇：批判的外延論

有別於非同一性外貌的自身範疇側重觀察，應用範疇則是批判的。

那麼批判是以何種方式進行的呢？阿多諾進行的方式，是以作品主體的問題性，針對歷史的破敗過程、過去人道主義的虛幻和社會支配性體制，進行質疑性表達。

這主要是從前衛藝術的變異語言，所發展出的外延批評。此外延批評，最大的特色便是「從作品的越界問題性」進行跨領域論述，其操作模式是這樣的：避開對作品內在、隱喻進行分析，全力關注於作品表面語言問題，由此討論作品性質的轉換現象，以及將此問題性應用到歷史、文化和社會體制，進行詰問、對質和辯證。這種朝外部論述的作品中心論，主要強調一種可延伸的喚醒（éveil）工作，側重形象內容（contenu de la figure）的發揮，而非意義內容（contenu du sens）：

> 藝術外貌將喚醒詮釋上的擬造；它的可延伸和可擴張性，對於作品本身的意圖和作品整體性是陌生的。（145）
> 藝術作品之外貌，其敏感性源於精神本質（essence spirituelle）。外貌屬於精神本質，詮釋的外貌有別於此外貌，它以陌生於此外貌而具體化，他是外貌自身之外的。（145）

為何外延批評呢？箇中原因為既是越界的前衛作品，必然因越出藝術習性，而發生怪異的外貌，以問題性身分展示在那兒。面對

如此問題性作品，任何明晰陳述、概括論述或持我思方式，都容易陷入某種武斷或侷限，無助於澄清其複雜性。因此為了避開同一性概括邏輯和知性限制（limite de l'entendement），不斷地從作品引出論題，連結到歷史、文化和社會層面，不斷地讓問題呈放射狀和繁多化，便成為必要。

然而如何擁有不斷湧現問題的外延批評呢？那麼這就需要一種初始的直覺，一方面對作品起因的強烈好奇心，另一方面具有強大、獨立的問題醞釀的敏感性，能將作品問題拉到歷史、文化和社會層面。這種直覺發揮，在於相信前衛藝術之所以呈現非同一外貌，乃出於拒絕由準則、習慣、形式和意義形成的暴力的、不合理的和非反思的現實（réalité irréfléchie、illégitime et violente）。

在直覺的外延運作，阿多諾的操作趨向，主要為文化歷史和社會批判。

歷史批判的內容，由諸多散狀系譜組成，涉及的不僅僅是藝術他律系譜、真理的作品概念系譜，也不僅僅是工具理性系譜和同一性思想系譜，還澄清和前衛藝術運動有關的內在性、本能解放和非同一性系譜，而是整體性的、全面性的針對過去。進一步而言，直覺發揮，便是承認和接納前衛藝術各種奇形怪狀的開放性表現，與現象世界的殘渣的直接關係。

例如《美學理論》兩種常見的外延論述方式：1. 形式的同一性就像資產階級的主體同一性，而前衛藝術的非同一性就是對同一性暴力的拒絕或異議；2. 傳統藝術杜撰整體性（totalité），那是一種虛幻的統一體（unité），雷同於上帝創造整體性，而前衛藝術的非同一性外貌，便是對這些意味深長的傳統虛擬性格的擺脫。

歷史的外延論述大致運用傳統和前衛之間的悖論：

當代許多藝術表現介入現實偶然之瑣事，可以解釋為是對於外

貌之普遍性（ubiquité de l'apparence）失望之回應。（145）

　　具歷史意義的藝術運動，都有疑難性格，而這恰是藝術繼續存在和發展之推動力。（138）

　　反對複製外在世界，也擔負顛覆外貌的任務，表現主義啟開了真實的精神狀態（états psychiques）。（138-139）

　　這是一種類似盧卡奇的對立（antagonisme）史觀：前衛藝術不再是虛幻地或美感地呈現「沒有事」的狀態，而是潛在地挑撥一種歷史進程，它以拆穿美感外貌的虛假作為行動的開始。正如在他眼裡，卡夫卡、貝克特和荀白克等作品，化身為鏡子，認為它們忠實反應主體與意義的碎片狀態。

　　這是認為前衛作品有助於論者視野的擴張，其啟示來自於前衛作品對歷史、文化、社會的否定性。顯見，阿多諾閱讀前衛藝術的方式，並不完全仰賴哲學知識，而較是前衛藝術事件與世界知識的敏感關係，其認識力建立在拒絕我思的前提上，要求介入思潮、論戰和運動的社會行動。

　　為了傳達這種「否定性」[12]，《美學理論》論述前衛作品時，理性、非理性、表現、模擬、技術、社會、個體、知識和哲學等概念，幾乎呈交錯、糾纏狀態，根本不懼怕脫離常軌呈漂流狀，也不擔心問題呈放射狀和繁多化，處處流露重列表達方式的強烈意圖。

　　值得注意的是，重列表達方式的思維主軸，取決於從前衛作品所隱藏的歷史、文化和社會批判，確認「主體瓦解狀態」隱含的積極性視野。同時也由於多重角度的評述，導致語言越出語言學規範。此種思維特質在於，一旦不認為前衛作品隱藏著歷史、文化和社會批判，此一龐大論述隨即瓦解。所以，作品非同一性外貌的應用範疇，整個外延命題的成立，仰賴對「前衛藝術作為一種可能的知識對象」（objet moderne artistique d'un savoir possible）的強大信

心，並且確信它是遠離虛幻、解除神秘化和除魅的啟明物。

阿多諾由此將非同一性外貌理論的外延批判推向高峰，而這是帶著疑難的。

五、非同一性外貌理論的操作方式

（一）無限的擴張辯證與現時視野

類似尼采對外貌的兩個層面的思維方式[13]，阿多諾對前衛藝術的非同一性外貌，也採取兩種領域的交叉辯證：一是綜合的知覺視野（vision perceptive），另一是客體視野（vision objective）。前者是對前衛作品的直覺，各式理論連結與聯想；後者涉及前衛作品的模擬、動機、形成和面貌等。

客體視野涉及前衛作品的非同一性外貌及其目的性缺席[14]等論證，特別是關於藝術現實化、事物性和社會訴求的議題，這部分為阿多諾美學架構的客體範疇。而知覺視野，則綜合哲學、美學、歷史觀、文化系統、藝術、感覺和理解等層面，屬於擴張的知覺範疇。兩個範疇共同組成一個綜合性表達（formule synthétique）。

阿多諾知道，能否從知覺視野揭開前衛作品目的性缺席的秘密，為非同一性外貌的客體視野能否合法的關鍵。畢竟缺乏知覺視野的深層認識，必然影響客體視野作為知識對象的基本命題。所以，前衛作品的客體視野可以高估，端賴擴張性的知覺視野，在歷史、文化和社會層面辯證其價值；因此，對客體視野，阿多諾採取「以部份比喻全部」的論述策略，嚴格地專注於部分他心目中認為可靠的前衛藝術家及作品。至於知覺視野，則發揮綜合性的藝術分析及每件具體作品考量。可以說阿多諾就是以這兩種視野為核心，進行哲學／美學和歷史／文化對前衛作品的交叉詰問。

在知覺視野與客體視野的關係上，阿多諾的操作模式，大致是：當知覺視野是以「造外貌的反」作為前衛作品的認知，也體會

前衛藝術家將社會經驗直接投射於作品上──流露啟明與救贖雙重情愫，此時論者便醞釀於擴張性的知覺視野，將價值匯聚在「前衛作品為遠離虛幻、除魅、體現苦難和憧憬自由」的主軸上。也就是說，整個理論動力，乃是由前衛作品的非同一性外貌及其目的性缺席，所引發的一連串開放性知覺（perception ouverte）。這種開放性知覺，牽涉範圍極廣，包括感覺（sentir）、理解（comprendre）、意識到（être conscient）、判斷（juger）、承認（reconnaitre）和行動（agir）等能力的綜合發揮。

可以清楚發現，阿多諾的分析，引爆點來自於非同一性外貌及其目的性缺席現象。思維模式上，此種開放性知覺，明顯異於過去的作品內在詮釋模式。它的特點，在於建立以閱讀經驗為主的知覺視野與前衛作品問題性（客體）之間的區別、比對和匯聚關係。

《美學理論》讓這兩種範疇存在著極微妙的辯證關係，雖說綜合的知覺視野作為中介角色，卻又特別強調貼合客體視野，同時又兼顧展示啟蒙性的訴訟意圖。總而言之，客體視野在整個辯證中兼具思想啟示和問題引爆點，綜合的知覺視野依然為最後仲裁者。所以此種論述決非直譯式敘述，而是知覺視野與前衛作品問題性的共謀關係，幾近於不分彼此。

他將客體視野視為思想啟示和問題引爆點，也說明知覺視野確實需要更多的知識和更犀利的敏感度，才能在揭示客體訴求的同時，提出撼動力十足的論述。在此，對客體視野的判斷，實質等同於知覺視野與客體視野之間一個擴張性效應。它將是一個無限的擴張過程。由於處於不斷的界定和再界定狀態，所以它不僅拒絕同一化，也拒絕明確清晰的論斷，如圖示：

阿多諾否定辯證的擴張性空間圖示

P：知覺視野　　O：客體視野

客體視野	前衛作品的非同一性外貌與目的性缺席
OP 疊合	1. 非同一性作品外貌的自身範疇：作品主體與新認識論； 2. 非同一性作品外貌的應用範疇：批判的外延論； 3. 非同一性語言：星叢文體
知覺視野	哲學、美學、歷史、文化、藝術、感覺和 理解等開放的知覺範疇

　　整個辯證依據如下基本認知：前衛作品內含某種特殊異質素，具有公共意義，而且這些非同一的異質，足以代表裂斷傳統的特徵。便是由此出發，阿多諾引出前衛作品揭開現實面紗、前衛作品使現實清晰出來、前衛作品表現了現實內容等論述，從而將前衛作品界定在拒絕虛幻、除魅、體現苦難和憧憬自由上。就邏輯而言，阿多諾並無法實際證明，這些異質一定等同於拒絕虛幻、除魅、體現苦難和憧憬自由。不能如科學實驗的數據求證，最根本原因在於前衛作品非全然如廣告的立即呈現，而是不言明性質。

　　然而，如何就此認為這些異質一定等同於拒絕虛幻、除魅、體現苦難和憧憬自由呢？阿多諾仰賴的是腦中的思想親密化（familialisation）。也就是將前衛作品「造外貌的反」，直接視為拒絕虛幻或除魅行動。這種情況，類似看一件畢卡索作品，視覺感受到怪異圖像，而所以能讀出它是拒絕虛幻或除魅的暗喻，取決於觀者的歷史、文化和歷史記憶，以及社會經驗的綜合視野。

　　從作品確實無從證明與拒絕虛幻、除魅的直接性，但這樣的事實卻說明了阿多諾的藝術認識論涉及拒絕虛幻、除魅的思想訴求與作品問題性之間的親密性。如此的觀看方式，作品外貌的細微變化均必須算計在內，就像媒材、技術和方法的異變，均透露越界訴求

的訊息。《美學理論》會投入複雜的星叢語言，除了此種判斷依賴太多說不清楚的東西，無法如科學實驗可以清楚計算，也因為開放的知覺視野在轉為表達時，本身有讓語言表達那思想無法觸及之處的強烈要求。

因此，從前衛作品的非同一性外貌，發動對歷史、文化和社會的批判，這種實驗性，其實完全仰賴現時（présent）視野。一種在時間停頓中，讓各領域觀點齊聚一起，讓過去和未來於瞬間爆發的獨特思想模式。此「現時」會以較直接和較宏觀的位置，而和承繼性的歷史記憶發生衝突；所帶來在場的衝突意識，會引出更多的假設，促成行動（action）。

現時視野堪稱是阿多諾將前衛作品問題性（非同一性外貌）與拒絕虛幻、除魅接合一起，勾勒藝術認識論和新知識範疇的關鍵。

《美學理論》並置大量的非同一性評論，本身便可看作是阿多諾觀看前衛藝術的特有模式，這是基於「藝術作品較少是藝術家之私有產業或私有反射」（TE 25），一種社會文件（document social）的認知。雖然自康德以來，理論界承認藝術作品難以說清楚，阿多諾並非獨特例子。不過，阿多諾確實為前衛作品的非同一性外貌及其目的性缺席現象，指出一個觀看的可能模式，那就是：透過前衛作品，見證社會情狀，並引出歷史和文化的批判意識。

（二）承認式知覺

阿多諾的論證，顯示出一種正確知覺（perception juste）的邏輯。

也就是面對前衛作品的非同一性外貌及其目的性缺席，必須改變往昔以明晰定義作為評論作品的習性，避免「對藝術作品產生錯覺，遠離作品性向」（TE 137）。他指出「藝術作品活力之源，便是有某種東西中斷了目的性」（137），想要確切透視作品活力的原

因，將不是內在分析（analyse immanente），也不是推論性的理論方式，而是關注「外貌之獨特特徵」（136），否則「外貌之結晶物在細微分析下會消失不見」（136-137）。

前衛作品異質於外貌上相當顯眼，應該正確知覺它是歷史、文化與社會的否定。換言之，在《美學理論》裡，阿多諾論述前衛作品的態度，並非知識的陳述或純粹欣賞，而是對非同一性外貌及其目的性缺席的承認（reconnaissance）。阿多諾用「就是這樣」（c'est ça）（150），承認前衛藝術造反所形成的目的性缺席，進而運用多重、疊合、不清晰和不完全言明的知覺經驗，包括前意識、直覺、前理解、質疑，凝視在一種敏感顯現（apparition）的寬闊視野上。他認為，只要凝視作品外貌的異質問題，就能發現其顯現：

顯現意義的出現，才為作品帶來尊榮。（137）

承認因而一方面具有與前衛作品共舞或共謀的意味。這部分包括兩種體認：1. 前衛藝術的現實化或事物化，乃以獨特的藝術語言進行的，具有「從棱鏡觀看現實」（Menke 1992:119）的特性；2. 前衛藝術不僅揭露現實，而且能擦亮人的眼睛，啟開人對現實生活另種感覺。

另一方面，承認也涉及聯想、誇張和表現性的觀看。對阿多諾而言，知覺視野的發動取決於前衛作品的物化、退化、非美感化和有罪所引起的撞擊感，從而催促知覺視野履行一種比對動作，來回應前衛作品的挑戰。此撞擊感和「前衛藝術的造反」密不可分。它會激發一個開放性想像空間，包括重新評估藝術認知。整個的聯想其實都是環繞在前衛作品外貌的問題性。

阿多諾的承認，其實就是思想回歸客體的動作：一種從客體引出聯想和表現性觀看的哲學動作。由於這種思考模式，是將客體視

野──前衛作品的非同一性外貌及其目的性缺席,理解成一個具有聯合各種能力之作用場域,所以前衛作品的訴求(客體視野)與論述(知覺視野)之間可能不彌合,將不復存在。

當前衛作品的訴求與論述之間完全彌合的同時,也就兼顧到了藝術的主權和論述的主權。(不像美感經驗最終會和藝術作品分離開來)

此種思維模式雷同巴泰伊(Georges Bataille 1897-1962)所主張的藝術主權與論述主權的關係。他認為,在承認藝術絕對自治之前提下,關注作品創作問題,乃至相關的政治和社會效能,儘管論述結果不必然與藝術品相契合,但因此刻作品特質已入侵論述,也牽引論述進行藝術問題的探索,這樣所引出的「違背」(transgression)(Bataille 1987:350sq)論述,他稱為「內在的經驗」(expérience intérieure)(Bataille 1994:19)。此內在經驗的可貴處,在於獨特的和不可複製的創造性。

巴泰伊所強調的論述權能,並不侵犯到藝術作品的主權。如此的觀點可說與阿多諾的承認式知覺不謀而合。《美學理論》稱這種承認式知覺,為模仿客體的表現性論述:

> 藝術作品在那兒,詮釋者應模仿作品,使相同於作品。(TE 166)

扼要而言,承認式知覺就是思想徹底回歸客體。

我認為思想回歸客體,乃是內在充滿濃厚烏托邦憧憬的哲學動作。一種透過前衛作品的醒悟、憧憬和無暴力溝通的某種遐想。

換言之,從前衛作品引出的遐想,並不等於客體視野;因為遐想的動作,意味知覺視野在融合前衛作品問題性的同時,已經越過作品本身,作出「額外部分」。就是從這樣的角度,阿多諾運用客

體視野和知覺視野的糾纏空間，想像地將前衛作品推向除魅和憧憬
自由的啟明領域，從而成功地賦予藝術榮光。

此藝術榮光就是：前衛作品並不反應或體現現實的理性，相反
的，是理性需要藝術，因為藝術能帶給理性一些啟明（lumiére）；
沒有藝術聯想經驗，乃至於藝術帶來的叛逆情愫，我們的生活和精
神將是盲目的，我們的表達世界將是空的。

（三）非同一性外貌乃阿多諾美學的基礎

在此有必要提一下阿多諾針對大眾藝術（art populaire）的看
法。對大眾藝術的看法，最能看出非同一性外貌何以對阿多諾美學
那麼重要的原因。

無論是華格納、莫札特、史塔文斯基或 Jazz 音樂，凡是傾向
流行的、討好大眾的和市場的作品，對他而言，都屬於文化工業
（industrie culturelle）產物、文化渣滓或物化意識形態，都不具備非
同一性外貌的條件。《論華格納》（*Essai sur Wagner*）批判華格納音
樂的魔幻概念（concept du fantasmagorie），說他的音樂背後隱藏強
烈的商業動機，最能體現這種嚴格的藝術觀念：「隱匿某種附加動
機於作品外貌之下，這是華格納的形式法則。美感現象不隨意顯露
創作動機，以及它真實的附加動機，他的外貌以完美無缺展示著。
所以，外貌之完美，同時也是藝術作品面對特殊現實形成幻象性
格之策略。像華格納的《*Blendwerk*》歌劇，叔本華稱為惡劣的商
品。」（Adorno 1966:114）

在阿多諾眼中，大眾藝術所呈現的只是附庸於商品世界的物
化，唯一他看重的藝術，只有《理性辯證》所主張的：藝術的可靠
性在於叛逆和對抗社會，必須扮演擺脫束縛和表現苦難的中介角
色。

阿多諾對大眾藝術的偏見，引起新一代理論者的許多討論。

例如魏默提到:「像阿多諾這樣的判斷,不僅傳達了一位傳統主義者之預斷,導致阻礙了去發覺大眾藝術的特質,〔…〕大眾文化似乎糊塗地放入文化工業的背景裡了」(Wellmer 1990:285);蘇斯特曼(Richard Shusterman 1949-)則批判阿多諾美學對特定前衛藝術的偏好,以及某種藝術偏見和壟斷性。在《活潑的藝術:實用主義思想與普羅美學》裡,他指出有必要關注今日世界最具特徵的普羅藝術,例如美國黑人的 Rap 音樂和 Hip-hop 街舞等,然而它們卻不為西歐藝術哲學青睞,這是相當不公平的,因為它暴露貧窮、迫害和種族歧視,和物化的文化工業並無關聯。(參閱 Shusterman 1991:8;184)

這些討論相當程度凸顯了阿多諾美學建立的時代背景,以及底層非同一性與消費社會勢不兩立的思想觀。

因此,承認式知覺的重心在於「藝術顯現什麼」(Ce comme quoi apparaêt)(TE 137)以及失敗的技術特徵:「很多東西證明,藝術作品之擺脫虛假的形而上觀,是由失敗技術達成的。」(137)這種思維模式主要是要將藝術問題,導向「存在問題」[15],指出藝術隱藏人類擺脫束縛與苦難記憶的實狀。

這是承認式知覺之所以會等同於表現的論述」(discours expressif)的理由:

無可置疑地,對立(antagonisme)在現代藝術組成之眾多發動元素,可說是最具威力的,而當時青年馬克思以異化(aliénation)和自我異化(auto-aliénation)看待對立的。現代藝術並不複製對立,而是表現對立情況。在這種揭發裡,在其移轉裡,在意象裡,藝術成為另類的,如此的自由,反應出異化對個體活力的禁制。可能過去的藝術型態再出現於和平的社會,成為今日爭端不斷的社會之補充;但藝術重新回到和平與秩序,回到肯定式的再現

（représentation），回到和諧，便犧牲了自由。其實，並不適合於變革的社會中，勾勒藝術形式的輪廓。〔…〕或許藝術有一天較好是消失，而不是忘記表現苦難之職責，來取得藝術實體。這種苦難，正在於把不自由曲解為正面的人道內容。〔…〕藝術所以是藝術，作為歷史跡象，它能擺脫累積的苦難記憶嗎？（329-330）

藝術不忘懷歷史累積的苦難記憶，藝術不能忘記表現苦難，這種認知無疑打開了狹隘的歷史建構和往昔藝術美感原則之枷鎖。

這樣的藝術認識論雖對大眾藝術採取了不認同的態度，但不減損他以前衛藝術扮演普遍（universel）與個別（particulier）之間的鉸接，提供一個跨領域的烙印苦難記憶的，思考人的處境的思想視野。

結論：前衛作品的啟明性

《美學理論》實踐的非同一性外貌理論，在於勾勒了非同一的外貌自身範疇和應用範疇，它的確是阿多諾前衛藝術理論的核心內含，但我認為最重要之處還不只如此，而是在於前衛藝術問題性與開放的知覺視野之間的游移性，以及應用第一時間直覺或第一時間表達，從擴張性的辯證中，讓藝術陳述達到極度飽滿感。

因為藝術陳述遊移性及其飽滿感，才讓整個藝術問題推向一種仍在起作用中的特性，從而使得糾纏一起的外貌自身範疇和應用範疇發生繁殖的化學作用，不僅越出前衛作品本身，也躍出原本的陳述。

正是這種具繁殖和聯想的不定性化學作用，將前衛藝術帶向揭開現實面紗，使現實清晰出來，表現了現實內容，乃至具有拒絕虛幻、去神秘性、體現苦難和憧憬自由等張力範疇。阿多諾由此賦予了前衛作品一個無比榮光的身分。

　　此榮光不是指說前衛作品自身便以震撼無比的光芒在那兒。榮光並不存在於作品自身或內部，因為作品再怎樣都只是一堆無機物的組合。沒有賦予、關注或承認，藝術作品其實什麼都不是。當然這不意味著思想者完全主導了賦予大權。不，思想者需要藝術，更甚於藝術需要思想者。因為沒有藝術帶來的叛逆情愫或否定性，思想者的表達世界將是空的，生活和精神將是盲目的。

　　人需要藝術，因為藝術能帶給人啟明（lumiére）。這才是阿多諾的非同一性外貌理論所要表白的，也是給予前衛作品的最大獻禮。

　　阿多諾是無可救藥的無神論者，非同一性外貌理論的實踐再次展示藝術以擺脫束縛（émancipation）為其基本要求。不難發覺，阿多諾如同德希達（Jacques Derrida 1930-2004），理論工作乃是一種自然行為，他們永遠對理論外延成為形式，抱著懷疑態度。他們均不滿足於只提出術語（technologie）或符號學（sémiologie）之問題性，而是強調從藝術作品引申革命性和否定性效能，遂行批判社會和批判理性。

　　尤其對阿多諾而言，此種藝術否定性出自於他將社會理解成非真實的虛構，這是其理論得以進入一種讓「理論不可能性的理論」之對抗範疇的關鍵。

玖

否定性、前衛美學與藝術主權觀

從藝術到實踐的辯證關係便是其社會作用的關係。（Le rapport dialectique de l'art la praxis est celui de son effet social）（TE 307）

兩條論述軸線：作品自治與藝術主權

《美學理論》以兩條軸線，論述前衛藝術[1]：一方面，強調作品的自治性，注意藝術家開放性的創作步驟和技術，但論述重心並不像形式主義的風格和語言分析，而是傾向於探觸開放性的創作步驟和技術的緣由；另一方面，從開放性的創作步驟和技術衍生的變異作品，指出藝術態度和行為的改變具有顛覆性，但看法並不同於美感主義的接受方式，而是歷史文化社會的聯想。可以看到第一條軸線的作品自治性論述，明顯遵循康德和韋伯之後的藝術自治性論述系統，同意藝術乃藉區分論述取得身分，它乃「理性的多元複數結構」或所謂的學科裡的一份子，因此儘管前衛作品再怎麼踐踏自治性，在阿多諾眼裡仍然具有「如其所是」的自治性。

如果思想史的自治性論述幫助阿多諾重整破碎、怪異的前衛作品，得以發展另一種新的自治觀，那麼第二條軸線的「作品顛覆性論述」則勾勒出藝術的主權觀念（concept de souveraineté）。此藝術主權，回應了巴泰伊主張前衛作品乃政治和社會表態，此認知基本推翻了自包姆加登、康德以來的美感主義觀念。

第一條軸線：自治性論述夾雜著界內和越界，而第二條軸線則發展出綜合性的藝術主權。此「藝術主權」觀念，意識地超出第一條軸線的複數理性的區分結構，本身具有一種違抗（transgression）力量。這就是說，如果第一條軸線自治性觀念是從界內到界外有效性地描述藝術創作過程，那麼第二條軸線主權觀念則完全侵入非藝術論述，將政治或社會論述納入藝術領域。

　　大致的操作方式，是從論述前衛作品反對已知的自治性，彰顯此一新自治性的否定性質，然後將此否定性的自治性，應用到歷史、文化、社會、哲學或政治等範疇，進行所謂非藝術論述。

　　阿多諾美學最重大的貢獻，便是由此雙軸線的交互作用，指出三個前衛特徵，並且將它們理論化：1. 前衛作品的反藝術，證實了自治性和主權觀念兩種時刻並存的事實；2. 可靠的自治性藝術，應該是革命的；3. 前衛作品的雙重性格，不能單從自治性的純粹形式來看，也不能單從主權觀念來看。

　　這是自一九七〇年《美學理論》出版迄今大致的研究結論。

　　然而，關於阿多諾論述自治性和主權觀念二合一從什麼地方開始的，以及是如何進行的，卻沒有相關論述對此作交代。我除了將補足阿多諾連結自治性、否定性和主權性的手法這個部分之外，也將在接下的兩個部份分析由此所延展出的兩個議題：阿多諾美學為何可以看成一種前衛藝術的理由，以及博萊批判阿多諾藝術主權觀的問題。

一、阿多諾的作品否定性視野：自治性和主權性的連結關鍵

（一）作品的二律背反和認識力

　　到底阿多諾論述自治性和主權觀念二合一是從何處著手的呢？

　　雖然《美學理論》是在書中的最後一章，才討論「藝術的雙重性格：社會行為和自治性」，但其實該書的第一頁便已點「藝術失去自治〔…〕，是它無法避開的命運」（TE 15）問題，與十九世紀初黑格爾的藝術社會性主張有關。

　　阿多諾的思考點，明顯是以浪漫主義者的「藝術作為真理的理則學」（謝林）或「藝術作為絕對精神或真理的典範」（黑格爾），甚或「可靠的藝術作品應超越純自治性外貌」（諾瓦里）（Novalis 1772-1801）等觀念為開展點，說明前衛藝術的轉換關鍵乃涉及自

治性到社會性。儘管阿多諾的視野,已不同於浪漫主義者所設定的「藝術追求會溢出單純的自治性外貌」,但浪漫主義者仍是阿多諾連結自治性與主權性的根據。

「藝術追求會溢出自治性外貌」這個依據,得以讓他在〈外貌危機〉裡,討論造成「費解的、陌生的外貌」的原因,乃至作品自身陷入反自治性和開啟自治性的二律背反(antinomie)(參閱 TE 140);並在最後一章〈社會〉之〈藝術的雙重性格:社會行為和自治性〉小節裡,開展前衛藝術的新允諾,論述「藝術與社會體制的矛盾」(286),進而得出:藝術作品作為意識媒介,會以一種不可超越的方式,比非美感的理性走得更遠,它違背秩序、對抗體制,乃至叛逆一切。

整個論述最值得注意的,便是《美學理論》論述「費解的、陌生的外貌」,基本上是以康德的二律背反觀念,辯證前衛作品兼具叛逆和自治性雙重力量。而也正是由此,阿多諾提出兼具定義和預言的前衛藝術指標:「今天唯一可算是作品的,是那些所謂非作品的東西」(Adorno 1962:42)。

箇中過程便值得注意了。這就是阿多諾面對前衛作品的方式:環繞在作品周圍,從所找到的各種面向,徹底發揮認識力。面對前衛作品,徹底發揮認識力的理論動機,並非阿多諾獨創,它實際關係到戰後一個客體優先的理論大工程。這個有別於主體哲學的認識論大趨向,讓阿多諾和戰後的理論者(如德勒茲、德希達等)有著一個基本的共同點:以認識力(cognitif)的描述取代判斷,建構全新的藝術理論,和重建哲學、知識和思想性質。

以認識力接近前衛作品,辨識前衛作品的叛逆性或否定性,這樣的思維方式可以說充滿整部《美學理論》。其中,針對「認識力」在思想上重要性,最令人印象深刻的例子,當推阿多諾批判由柏拉圖所建立的美學形而上傳統。

阿多諾批評柏拉圖的方式，並不同於尋常理論界指責柏拉圖反對和誹謗藝術。他認為問題不在於柏拉圖拒絕藝術（再現藝術）的方式，而是他的拒絕，其實是要表達他心目中所要的藝術（本質藝術：即藝術應為真理化身）：「渴望美的承諾的實現」（TE 114）。阿多諾不在乎柏拉圖攻擊「藝術是一種欺騙（mensonges）」（116），既然柏拉圖批判藝術的理由是因為藝術不再承載真理，他在乎的是柏拉圖主張真理藝術，其實已給予藝術主權觀念這個部份。阿多諾認為柏拉圖最可惜的地方，是僅止於拿藝術真理觀批判再現藝術，卻不能對真理藝術的性質做進一步的描述。

對阿多諾而言，發揮認識力乃擺脫歷史文化社會制約，進行辨識前衛作品的叛逆性或否定性的有效途徑。這也是他拋棄浪漫主義和美感主義——將激進藝術理解成一種和解的中介，以新的角度看待藝術場域的關鍵。在他看來，藝術不應被理解成和解（réconciliation），也不應理解成一種作為美感沉思的立即性產物，而應理解成對工具理性的顛覆，或理解成一種激進的差異；換言之，前衛者是在拆解傳統自治性框架問題，而讓顛覆視野同步發生的。

這當中，前衛作品的叛逆性或否定性，只能以認識力才能達成。這一點，我認為是阿多諾美學得以成形的關鍵。

然而前衛作品為何是叛逆性或否定性的呢？這個高難度的課題，是由認識力擔綱，開放性地穿梭於整個作品否定視野裡。實質上，此課題本身就是阿多諾建立藝術理論的動力線，它集中在一個形象自身的論述場域上。

（二）形象自身：物的理論和思想經驗的理論

形象自身如何會是否定性的呢？

對此問題，阿多諾是倒過來看的。他並不論形象自身是否具否定性，而是以認識力將作品自治性看成否定性，其特徵就是形象自

身。所以我們看到：一方面，他將前衛藝術物看成一種否定性，提出形象自身作為前衛藝術物的代稱，類似羅蘭巴特所說的文本（lettre, texte）或符徵（signifiant），徹底排除意義（signification）或精神（esprit）再現的象徵性。另一方面，他將前衛藝術內部的材質和技術變異創作過程看成一種否定性，為了說明它是否定性的，他以作品展開的獨特時間性為觀察重心（Adorno 2003: 151-179）。也就是，形象自身作為否定性論題，是循兩條路線進行：一種涉及到材質和技術經驗的理論，一種涉及到（藝術物）物的理論（或客體理論）。無論從作品材質和技術變異之認識力描述，朝向物的理論（客體理論）發展，或從「物的理論」導向探究促成此藝術物的過程，在最後都以藝術否定性作結束[2]。

可以發覺，阿多諾在物的理論裡，徹底發揮認識力描述前衛藝術作品，來凸顯其否定性身分，主要在於抗拒「思想對物占為己有的理解方式」（拒絕陷入理性中心主義的思維方式）。所以阿多諾從藝術不規則（反規則）的材質自身現象，從藝術不再翻譯藝術家精神，以及從不可辨識的作品面貌叛離藝術深刻本質，乃至從自由的材料遊戲之非意義符徵等四個角度出發，以「如其所是」的方式，認知（前衛）藝術的三種否定：1. 否定同質同體的同一性形式語言——前衛作品趨向異質同體的怪異現象；2. 否定藝術被限定在形而上的美感範圍；3. 否定藝術被當作體制傳聲筒。正如《美學理論》從一開始，便指出前衛藝術理論應立足於如下基本點：「藝術失去明確性格」（TE 15），「它已變成另類東西」（16），已超越精神和物質、普遍和個別、知性和感性、他律和自律之二分法。

整體而言，「如其所是」的論述不外乎兩種手法：不是從傳統的詮釋學，拔除形象自身的意義和精神，就是從反詮釋學角度，標示形象自身的反感受問題。前一種反對以概念的方式捕捉作品意義，也反對以理解方式捕捉作品的延伸義，類似德勒茲對培根作品

的地理學描述；後一種批判美感主義的忘我特性，也反對尼采的外貌觀念及其美感主義。所依據的理由，在於前衛藝術已經退回到物質性上，其特質或其訊息是美感體會無法觸及的。

（三）形象自身屬於一種啟明性的美學經驗

這種以物為核心的手法和海德格看法一致。

在不離「物」的前提下，海德格傾全力分析藝術詮釋的諸多條件，認為美感主義是相當不合時宜的。所以在批判晚期尼采的藝術生理學裡，海德格說尼采冒著美感實際陷入忘我的危險，因為藝術生理學只停留在純粹的在場狀態，對於認識作品意圖沒有任何幫助。他質疑說：

> 將藝術同時定義成反虛無主義運動和生理學對象，這如同讓水與火混淆在一起。（Heidegger 1971 :90）

阿多諾對待形象自身的方式，避開了美感主義忘我的經驗論，堪稱是《美學理論》最大的特色。這是面對費解的前衛藝術物，關注其技術變異及其獨特的創作過程，一種以啟明為主的，承認「如其所是」的正確的知覺。承認「如其所是」，涉及的是一種觀者特殊的美學經驗：面對費解的作品形象，同時探索促成作品形象自身的特殊創作過程的原因。

這個特殊的探索活動，允許否定性美學論題的開展，走向與美感主義完全相反的道路。主要原因是美感主義者所強調的主體同一性融合，前提是對象物須具美感品質。然而，前衛作品費解的形象自身，則會動搖或中斷主體同一化的思想習性。

這個特殊的探索，恰是設定在費解的、非美感的形象自身上，探討衝撞經驗的啟明訊息。此啟明訊息，便是阿多諾整個藝術理論

所要揭示的。因此，阿多諾的理論，非常注意對象物的獨特性，以及由此引發的連結領域。

其實際的做法就是透過一種歷史進程的思想綱領——前衛藝術為主角，使美學思想不受制既有的歷史結構和文化體制的限定，進行觀點的跨領域，以及過去與現時齊聚一堂的討論。箇中活力在於避開同一性的主體查核，使勁地讓思想不停下來作出判斷性的「觀點」。這種非時間狀態的美學經驗，並非呈包裹狀的美感經驗，而較類似柏克森綿延不絕（durée）、不枯竭的時間性。

這種不限定的、跨領域的美學經驗（expérience esthétique），當然就不是由理解形成的。

我先前已經提到，既然前衛作品是費解的形象自身，那麼其美學經驗必然不屬於理解範疇。形象自身不能用理解的，因為在阿多諾思想裡，形象自身根本不是符號，也不是一種東西，它其實是應用物的理論和思想經驗理論，由三種否定性所組成的關係性場域：歷史進程、藝術叛逆和現時行動的關係所共構而成。

小結：形象自身作為新的美學範疇

形象自身的否定性論述，因為環繞在物的理論和思想經驗理論之間，而類似康德在美感賦予與物之間的關係性思想。康德的美感判斷理論，在於指出美感判斷不是直接比對才察覺物的品質，也不是將物孤立起來才體驗到快樂、才認同物的美的品質。美感與否，其實取決於思想經驗（expérience）。

阿多諾與康德的差別在於，康德的思想經驗最終回到主體，而阿多諾則在三種否定性共構中發生跨領域的（非主體）思想擴張。

這也是為什麼形象自身的否定性視野，是與積極的美學價值（une valeur esthétique positive）同義的道理。那麼此刻美感及其藝術概念已然失效。因為形象自身的張力，既不出於美感，也不出於

藝術，而在於越出此兩種框限的解構性。「形象自身」就是與歷史、文化、社會習性的裂斷時刻。

作為阿多諾美學的核心，形象自身的否定性視野，其實標示的是一種新的美學範疇：一個以作品為核心的政治美學。

二、為何阿多諾美學是一種前衛理論？

（一）西歐理論界對阿多諾美學的看法

上一節討論阿多諾連結自治性、否定性和主權性的手法，以及由此所形成的「否定性的形象自身場域」。接著，在這一節我想針對西歐理論界對阿多諾美學的兩派看法做另一層次的探討，我認為這個部分的探討，將可彰顯這個「否定性的形象自身場域」乃是一種前衛理論。

西歐理論界對阿多諾美學是怎樣的看法呢？可歸納成兩派：一派認為阿多諾美學的建立主要是為了哲學問題（比普納、哈伯瑪斯等）。這一派將阿多諾美學看成兩種理論的疊合：首先，差異性思想經驗主要在於避開同一性主體哲學，這是哲學預知性的；其次，差異性思想經驗應用在前衛物的形象自身上，透過反思，進行前衛物的估高（surenchère），這是美學經驗的。另一派認為阿多諾美學的建立，乃源於反同一性哲學與前衛物的形象自身的連結，既成就了新哲學，同時也為前衛物建立了新的認識模式（齊瑪、吉姆內茲等）。

扼要來說，這兩派都認為阿多諾是從區分和疊合三種領域來發展美學的：1. 否定性的或差異性的思想經驗（expérience de la différence ou de la négation）；2. 前衛物的形象自身場域；3. 兩者的關係性。

前一派認為第一個領域思想經驗預設了差異要求——攻擊同一性哲學，它被應用在前衛物上開展綿延不絕的探索，實踐非主體思

想。進而對阿多諾美學持負面的看法：這種哲學差異訴求其實不必參照前衛物的藝術經驗也可以進行，強加於上的結果實際減損了前衛物內涵。後一派認為阿多諾與前衛物之間形成的美學，或許實踐了攻擊主體哲學的設想，但如此的實踐，卻讓美學既有反主體哲學的內容，又兼及前衛物的論述。因對阿多諾美學持正面的看法：從前衛物所實踐的非同一性，因建立在反同一性的再現美學上，既凸顯了前衛物的價值，又勾勒了前瞻性的跨領域美學。

顯然這兩派看法，觸及了「為何要以前衛作品為思想開展場域？」和「如此的開展到底減損了或增加了前衛物形象自身的意涵？」兩種對阿多諾美學不同層次的審視。

我不想陷入兩派的爭論裡，而是想討論阿多諾美學在「差異的思想經驗」和「形象自身的前衛物」之間的論述，以估高處理此兩個領域的同時，所造成的誤解，尤其是持「阿多諾美學減損了前衛物的形象自身意涵」這一派的看法。

我認為阿多諾美學是否是一種前衛理論和這誤解有關。

（二）阿多諾美學指出接近前衛物的方式

我的問題想討論否定的思想經驗和形象自身之間的關係所衍生的誤解。這個誤解主要起於差異的思想經驗是用來解釋形象自身的藝術經驗，而非從形象自身的藝術經驗推論出的，因此判定阿多諾美學簡化了前衛作品。

會有這樣的判定，原因來自於：反同一性哲學源於阿多諾對歐洲哲學發展的認知，這是哲學和思想方面的主題，和前衛物的美學問題無關，當它介入前衛物的論述，會造成只顧及開展非同一性的差異思想，導致忽略對象—前衛物形象自身的美學或藝術問題。造成誤解的關鍵，不在前衛物的非同一性動搖同一性哲學的層面上，而在於這預設過度一廂情願地賦予在前衛物的形象自身上。

　　的確，討論阿多諾否定性美學在思想和前衛物之間存在著如此間隙的問題，並不容易，因為這是蛋生雞、雞生蛋孰先孰後的問題。

　　然而，奇特的是，在《美學理論》裡，這個間隙並不存在。關鍵在於阿多諾的論述方式。也就是阿多諾讓每一次的論述，總是黏疊在非同一性思想與前衛物之間，而思想的延異（diffarence）——歷史、文化和社會批判，也依樣循著此兩條暨各自發展又重疊一起的軸線發展著：一邊思想的否定性，透過非美感的形象自身，開始美學經驗過程，這是以反同一性哲學和草擬新知識性質為目的；一邊透過前衛物的否定性，提出有別於藝術認識論的獨特美學，這是以草擬新的美學經驗或新的藝術認識論為目的。無疑地這是阿多諾意識到，在反同一性哲學與藝術認識論之間架上橋樑，將是新美學或新藝術認識論的關鍵。

　　因而他的做法便是將反同一性哲學和前衛物的反再現美學結合一起。這不是將「non-identité」或「anti-identité」的複合修辭模式，賦予在前衛物上，而是將「non-identité」、「anti-identité」和「non-art」、「anti-art」不分彼此地等同起來，甚至也將反同一性和反歷史文化、前衛物與反工業社會等問題一併放進來。

　　強力連結的結果，也就造就出一個史無前例的跨領域的混搭美學。所以在《美學理論》裡，下面這段摘錄所討論的「藝術同一性的無效」、「美學同一性應為非同一性辯護」和「藝術非同一性和現實的主體同一性之間的矛盾」類似表達方式，四處可見：

　　任何藝術作品都涉及到自身同一化，都以強烈手法對待所有對象物，但作為主體同一性卻是不成功的。美學同一性應為非同一性辯護，後者在現實裡會在主體同一性的要求下被刪除。（TE 19-20）

　　如果將下段摘錄中的藝術作品改為思想，非藝術家主體改為非思想家主體，也未嘗不可：

　　藝術作品是經驗生命（vivant empirique）的副本，更有甚的是它包容了經驗世界所拒絕的，它擺脫了經驗世界的束縛。**藝術**與經驗現實（réalité empirique）的分界線，不會因為**藝術家**英雄作為而不見，**藝術作品**確實擁有獨特的生命（une vie sui generis），〔…〕。**藝術作品**之所以有生命力，那是它以非自然物方式說話，那是它以**非藝術家主體**方式說話。它以內部獨特方式說話。（19-20）

　　思想是經驗生命（vivant empirique）的副本，更有甚的是它包容了經驗世界所拒絕的，它擺脫了經驗世界的束縛。**思想**與經驗現實（réalité empirique）的分界線，不會因為**思想家**英雄作為而不見，**思想**確實擁有獨特的生命（une vie *sui generis*），〔…〕。**思想**之所以有生命力，那是它以非自然物方式說話，那是它以**非思想家主體**方式說話。它以內部獨特方式說話。

　　非同一性思想與前衛物之間得以黏疊的箇中關鍵，在於《美學理論》的「non-identité」之給定條件（énoncé），出自於創造性十足的「思想不可能性」：拒絕明確或拒絕界定就能給予形象自身開放的美學經驗。

　　也就是說非同一性思想與前衛物之間得以黏疊的箇中關鍵，乃在於阿多諾隱藏在否定性視野背後三種串聯的思想邏輯：此即「撤棄同一性哲學就能解放思想」，「撤棄同一性哲學就能指出美感理解或藝術詮釋學（herméneutique d'art）對前衛物的無效」、「撤棄同一性哲學就能更貼近藝術物和開啟新藝術場域」。可以說這是在「non-art」和「anti-identité」雙向引導下，將歷史、文化和社會問題插入當中的間隙，發生交互作用，所開展出一種非常獨特的「思

想不可能性」的論述方式。「思想不可能性」搖動了明確或界定，也讓思想和前衛物之間不再有間隙，而這是環繞在「前衛物的形象自身」上進行的。

用白話講就是：阿多諾藉由反同一性思想、形象自身的叛逆性和不可能性的思想動作，讓理論以一種問題性方式連結上前衛。

在他看來，只有反藝術意義和反美感理解，才可能觸及前衛物的叛離和越界問題，只有以否定和不可能的方式才能提醒我們和前衛物之間必然有著一種永恆的陌生和不可理解性（如果可以理解、可以知道藝術意義，那就不叫「前衛」了）。「思想不可能性」最後的結果，也就是擺在我們眼前《美學理論》晦澀、混雜、模稜兩可、難以閱讀的文體（語言殘骸！）。

這是阿多諾美學被誤解為太多的否定同一性思想，太多的歷史文化社會批判，太少的藝術內部討論之原因。

就像閱讀丹托的《藝術終結之後》這本書，藝術豐富性在文獻的堆積中遭刪除的誤解一樣，然而但托的終極訴求卻在「開啟新藝術」這個層次上。同樣，阿多諾將反詮釋學應用在前衛物的形象自身上，否決「可理解性」（intelligibilité），否決同一性藝術和美學，他的意圖也在另一個層次：以「非藝術」論前衛物的可能性，以「思想不可能性」給出對世界不存幻想的悲觀。儘管由於混搭不同層次的論述，讓反同一性思想和形象自身的逆性在重複疊合時，發生理論（思想）的極度緊張性。其目的，無非都是朝前去認識一種藝術身分的改變（modification），尤其阿多諾美學更含納了時代更遞過程的災難和危機。

這使阿多諾美學有能力去適應任何一種藝術身分的改變。

畢竟為使反同一、反詮釋和反理解之思想前提得以確保，必然得將一種概括性的自治性理論，轉變成一種獨特的前衛理論，將整體否定性（藝術）現象之分析，轉到前衛主義的否定性描述。

（三）前衛美學與外延的認識力

由於阿多諾讓反同一性思想成為接近前衛物的方式，使得它的美學較側重於「前衛物進入不可辨識範疇」的強調，而對「前衛物的特殊語言」的豐富性持保留態度。這是阿多諾避開理解、避開隱喻和避開感受，去勾勒那不可辨識的世界，回應前衛藝術家對藝術世界的越界問題的必然。

此種思維綱領造就如下特性：否定性美學僅能用在前衛藝術，對其它則沒有辦法。因而它只能是一種特殊的藝術思潮的前衛綱領，而不可能是一種概括性的藝術理論。

也就是說，阿多諾美學以「否定修辭」論述前衛經驗，著手勾勒新的藝術場域，乃是以這些前衛經驗為「藝術概念」帶來何種改變為優先的。這也是為什麼否定性美學所勾勒的新藝術範疇，是經過一定的量之挑選或觀察而來，而不會只適用在單一的前衛作品上。所以前衛及其越界性，乃否定性美學的思想對象，但它並非是目的；而只能說前衛理論乃阿多諾透過前衛物建構反同一性思想的衍生物。這就可以解釋為何阿多諾美學，較注重勾勒概括的前衛物否定性，而較不注重前衛物更為複雜的內部問題的原因，因為反同一性思想和新的認識論才是真正的探索對象。

因而，阿多諾美學所勾勒的前衛藝術理論（或藝術認識論）和反否定同一性哲學，還是必須分開來看。雖然前衛藝術理論的反詮釋學、反隱喻和反感受，確實是透過反同一性思想的論述才建立的。將它們混在一起，將看不到過程中因前衛物、反同一思想和諸多外延陳述（含歷史文化和社會議題，以及人為科學的各種理論）等混搭的複雜化學作用，所延展、繁殖或偏離的「增值的新層面」（Deleuze 2001 :386）。

細膩地析論上述問題，主要是要指出當中阿多諾施予前衛藝術

的一種特殊認識動作：環繞式的認識力（cognitif périphérique）。

此動作涉及到對前衛物異質的「如其所是」態度，以及所開展的歷史文化社會批判。為何必須環繞呢？環繞，就是不進入其中，只以前衛物外貌之「如其所是」，作為審視歷史文化裡的藝術、美學概念問題，以及作為資本主義工具理性的對立面。可以說，阿多諾環繞式的認識力，就是一種反詮釋學的內向途徑而行的外延理論。

外延理論其實也就是「思想不可能性」，因為那必須從前衛物看出其問題性，又須創造否定性的歷史、文化、和社會議題。它意圖另類視野是鮮明的，既然要發前人所未見，也就得走在沒有依靠的山脊上，或在密不通風的叢林（歷史文化社會龐大領域）自行開闢小徑。

如下一段，阿多諾示範了他如何以現代作品為論據，遂行歷史的藝術概念之外延性評述：

> 現代藝術的辨證性，最大的訴求便是擺脫外貌特徵，就像鹿想要擺脫成熟的鹿角一樣。歷史性的藝術運動之疑難，在於掙脫藝術概念讓藝術能持續存在。如同反寫實主義的表現主義運動，也屬於反外貌的行列。相對於現代藝術對抗外在世界的複製，表現主義運動更趨向於真實精神狀態之赤裸裸的表現。然而對抗的結果，藝術作品便退化到不折不扣的事物性（chosalité），彷彿它們越出藝術、它們的混雜遭到懲罰一般。（TE 138-139）

外延性的藝術理論，也是對十九世紀初耶拿浪漫主義者謝林的思想課題——「藝術履行一種哲學未來典型」（Schelling 1978:41），作更進一步的轉換。這個轉換，就是藝術哲學在「藝術」轉換之際，扮演思想的激進角色。如果藝術的前衛性就像黎明號角，那麼

藝術理論以後視鏡重新審視歷史裡的藝術概念，以否定性面對現實社會的工具理性，就成為勾勒新藝術性質和角色的必要手段。所以，阿多諾的反詮釋學和前衛物形象自身論述，乃合而為一的。

重新檢討藝術哲學陷入意義領域的困境，外延性的認識力試圖從前衛物最基本的元素、材料和表達等語言變異，進行否定理論的開展。

作為反同一性和前衛物之間的橋樑，「外延的認識力」及其「思想不可能性」彰顯了前衛藝術理論注定面對的兩種疑難：第一種，凡越界的前衛物，必然無法詮釋和無法感受，澄清它需要「外延的認識力」及其「思想不可能性」幫忙；第二種，由「外延的認識力」及其「思想不可能性」所營造出來的藝術認識論，勢必是實驗性的。

（四）阿多諾與海德格

如果開展「外延的認識力」，是為了避開對作品意義或美感的內在分析（analyse immanente），那為什麼必須要避開內在分析呢？原因是一旦對作品進行意義詮釋，結果不僅不可能觸及該作品是否具有創立性，也只會陷入時代形而上學意義的複製。

海德格是最先將藝術拉回「問題性」身分，從而提到此「問題性」的歷史創立功能的重要思想家。

他認為「藝術」是建立在生存的作用（fonction existentiale）上，即藝術具有形成衝擊（choc/Stoß）與撞擊（percussion/anstoß）的能力。此衝擊乃由作品本身的揭示（révélation）能力引起：揭示並非作為其存在—創造（être-créé）之滯留，而是作為此存在的當下事件。就存在物—作品的獨一無二主題，便是事件本身的如其所是，他提到：

作品以其本樣出示，絕對是非凡的。但這不是作品以其存在─創造之事件下的震動；而是這種事件：作品以作為這種作品的本樣出示，作品投射自身，以及永遠環繞作品周圍。更本質的是作品的展現，更充分的是作品以其自身作為事件的獨特發出光芒，而非不存在。更本質的是這種衝擊會產生感覺，而更在不習慣的改變與更獨一地成為作品。（CMP 73-74）

在這段摘錄裡，幾個主題交錯其中，也類似阿多諾的外延思想。首先，海德格視作品的存在─創造為事件，揭示存在─創造為事件，才揭示生存本樣；其次，作品一旦處在「自身開啟的存在物」之開啟性，便會打擾我們：

跟隨這種打擾，便意味著：把我們的日常關係轉變為世界與土地，將我們的進行和我們的估量，我們的認知和我們的觀察含納在一種克制（retenue），此克制允許我們停留在作品所發生的真理裡。在停留裡，這種克制轉過來允許作品如其本樣的存在創造。這個：允許作品如其所是的是一件作品，我們稱之為作品捍衛。而這只是為了捍衛作品忠於其真正的存在─創造，也就是當下在場的作品特徵。（74-75）

藝術讓我們得以進入另一種現實，得以重構對世界的看法。這種認識方式含括三種否定性：1. 藝術作為存在揭發，對抗常規；2. 藝術作為自我芬芳的實體（entité autotélique），對抗它律；3. 藝術作為心醉神迷，對抗不真實的在世存在（être-au-monde）。

便是從這三種藝術否定性，海德格主張「我們聽任，來自詩本身固有的獨特性所含括的，以及其獨特性所取決的。」（Heidegger 2001:241），藝術論述可以讓思想引出藝術所想說的，但不能過度

解釋。

　　儘管海德格在藝術的歷史創立和三個否定性上，和阿多諾外延性的「形象自身」認識方式相似，不過，在藝術論述意圖上，還是不同的。

　　海德格的藝術詮釋前提，是一種豁亮（éclaircissement），「這些豁亮，既不試圖在歷史—文學研究作出貢獻，亦非為了美學。它們來自於一種思想需要。」(7)他將藝術詮釋看成「言語」對象，對他而言，藝術品就是存在之措辭（dict de l'être），本身就是存在思想，將其存在之措辭翻譯出來根本沒有必要，因此展示在論梵谷《農鞋》上的思想不是和「可計算整體的存在物」打交道，更不和「普遍性的存在物」打交道，而是建立在如其本樣的存在物（étant comme tel）。

　　那是對「有什麼」（il y a）的沉思（méditation），對「事件」的沉思，對存在如其所是的誕生（éclosion）的沉思，藝術品並不再現一種存在物，而是使存在豁亮開來（mise en oeuvre de l'éclaircie de l'être）。所以海德格不把《農鞋》當作作品，而當作產品描述。但對阿多諾而言，則是營造跨域的美學經驗，揭開形象自身的秘密。

　　他們的差異在於，如果海德格的藝術詮釋條件是建立在藝術品本就是一種豁亮、一種創立上，從而僅止於條件的澄清或提示；那麼阿多諾則是藉由理論者的思想否定性（思想不可能性）和作品叛逆性之雙重否定，所強力勾勒一個全新的藝術哲學，則屬於具體的praxis行動。

小結：具體的 praxis 行動

　　這種「強力勾勒」便體現兩種外延論述：一邊是以思想經驗為名的藝術否定性（對歷史文化社會環繞的差異論述），另一邊以物

的理論為名的「形象自身」開放性（對前衛物的外延勾勒），彼此相互輝映。儘管在後一項上，冒著將「形象自身」的藝術品拉到純物質性的危險，但那是方便進行美學經驗的無限差異論述；儘管在前一項上，冒著忽略藝術內在豐富性只談歷史文化社會批判的概括性，乃至造成語言含糊性，但那是為了勾勒外延的藝術前衛性和新的知識可能。

相較於海德格接近本體的思想意圖，阿多諾的「思想不可能性」不只反映前衛藝術與歷史文化社會的交鋒實況，而且流露「不間斷前衛論」的必要。唯有不斷革命，時刻要求差異，人才保有一絲自主性。阿多諾美學可看成政治美學的原因便在此。

這種美學是將十九世紀和二十世紀的前衛藝術家或作品，想像成資本主義社會物慾價值裡唯一僅存的人性之真理堡壘，藝術的前衛或對同一習性的越界，不為別的，為的是捍衛「人有不受宰制的非同一權力」。

三、阿多諾的藝術主權觀

（一）阿多諾藝術主權觀特色

叔本華—尼采的美學傳統，從慰藉、擺脫生活重擔或救贖角度，賦予藝術及其美感對社會的超越性，因而將藝術與美感的性質定位在否定和自治上。他們的作法，就是以否定觀念解釋藝術的自治性，將藝術自治性看成美感形式，由此勾勒藝術認識論。因為這樣的設定，使他們的論述範圍，限定在美感判斷範圍，而和非美感的論述無關，例如藝術的社會、政治和歷史牽連。所以，在叔本華—尼采的美學傳統裡，可以看到美感論述和所有非美感論述之間鮮明的鴻溝。也由此，當藝術否定性出自美感慰藉和救贖時，那麼它的否定力量便限制在美感外貌範圍上。

阿多諾美學的否定性，並不屬於叔本華—尼采這樣的傳統。他

不讓藝術否定性限制在觀者的美感經驗上，而是從前衛經驗出發，革命性地投入非美感論述上。

他知道，從前衛藝術問題性出發，能讓思想避開內聚和呈中心化的主體哲學，發展多重視野，也能讓藝術理論擺脫美感限定，對藝術問題進行跨領域論證。一方面，反對唯美主義，作為藝術介入社會的主權觀念基礎，這點和巴泰伊的藝術主權性（souveraineté de l'art）看法一致；另一方面，細膩地以兩條軸線發展藝術主權性：1. 將前衛作品看成非—意義、非—知識和遊戲，一種非意義和非知識的詩性創造體，由此申論藝術的反社會常規、反社會體制，這條軸線涉及文體的主權性；2. 從前衛作品自足的技術、材料之戀物問題性，發展前衛文藝特有的「反社會之內在運動」（TE 289）。

然而，問題在於為何阿多諾讓他的藝術理論成為藝術主權理論？我們現在已經知道，阿多諾從文體和戀物等兩種問題性發展藝術主權，主要是為了避開同一性哲學（或主體哲學），探索新的認識論。因而假使想了解他的思想和理論之訴求，便不能不了解他的藝術主權論述，同樣，想了解他的藝術主權論述內容及形式，便需要了解他賦予藝術論述的顛覆潛能，一種美學經驗的有效性（efficacité）：此美學經驗的有效性，涉及一種非常獨特的藝術問題性和否定性的思想方式。

換言之，建立以問題性顛覆一切的藝術主權，與反同一性和反再現的思想課題是一體兩面的。所以想了解阿多諾美學，必須了解它從藝術之外所發想的歷史、文化和社會問題，這些都是從前衛物的戀物問題性引發的。

因此，可以這麼歸納，阿多諾的否定辨證，思想皆出自批判理性和同一性，藝術哲學上的成果便是勾勒了藝術主權性，而思想上的成果則是實踐了獨特的星叢文體。藝術主權性與星叢文體此兩種成果合在一起，構成阿多諾美學特色：否定的美學經驗。

（二）博萊批判阿多諾的藝術主權觀

那麼否定的美學經驗，是否讓藝術理論遠離了藝術的感性範疇呢？

這樣的藝術哲學是否只是解決哲學困境下的衍生品？太強調藝術反社會的主權性格，加上所選擇的藝術範例又太菁英主義，是否侷限了原本前衛藝術多元複雜的作品內涵呢？

在此，我不想再解釋阿多諾美學之所以這樣的原因，而是想透過新的美學世代（羅斯里茲稱之為「後阿多諾美學思潮」[3]），當中批判阿多諾最具典型的一位理論者思想，重新觀看阿多諾從前衛藝術經驗，論述藝術主權性之美學問題。這就是博萊在《批判浪漫主義》（*Critique du romantisme: la modernité littéraire suspectée par la philosophique*）和《美感與歷史主義》（*Esthétique et historisme: Le concept nietzschéen d'apparence*）裡所指出的：阿多諾美學繼承了浪漫主義之哲學理性、美感經驗和創作的現代星叢（constellation moderne）意圖，都避開不了「哲學—歷史馴化美感和藝術」的缺陷。

他認為，儘管阿多諾也知道浪漫主義美學的困境，也企圖透過多重的星叢語體，避免馴化藝術，但在勾勒藝術認識論時，仍然陷入「以非同一哲學避免哲學馴化藝術範疇」的困境。博萊的質疑是：非同一性的星叢文體就不會減損藝術的感性元素嗎？他指出，此中的問題在於一種企圖全面掌握藝術解釋權，從而將藝術引向社會、文化和歷史革命之政治要求，導致理論完全脫離感性的藝術範疇。這就是所謂的藝術主權性嗎？這種藝術認識論並非始於阿多諾，而是從耶拿浪漫主義，經黑格爾，到馬克思一脈相傳。

博萊為了批判阿多諾藝術主權觀——對豐富多元的現代藝術的激進解釋，因而追溯浪漫主義的美學問題，來解釋阿多諾的藝術認

識論問題。

博萊指出，浪漫主義美學就是一個「將藝術自治性之美感本體，轉到社會、政治領域」的思想運動。這個大家眼中的美學現代性的起點：將藝術完全逐出美感大廈，一點都不神秘，正是由哲學作莊主導的。

我對博萊批判「耶拿浪漫主義藉由哲學─歷史範疇將藝術逐出美感住所」沒有意見，而是想了解他以什麼論據捍衛美感現代性（modernité esthétique），反對將藝術政治化和社會化的阿多諾美學。

畢竟就現代和當代文藝的多元和豐富而言，博萊的論點是值得注意的。儘管他認為只要將美感誇張化（emphatisation），以類似波特萊爾的想像美術館和尼采的藝術生理學，彰顯美感和藝術的天馬行空，便可解決理論馴化藝術的缺陷，從而擁抱整個複雜、豐富的現代和當代文藝。先不管博萊的美學主張，是否給出對眾聲喧嘩的現代和當代文藝有效因應之道，起碼經由博萊批判阿多諾美學，可以看到源自法國大革命的自由理想，將藝術從美感本體推向救贖或政治性之兩條美學軸線（或兩種藝術認識論），一種為浪漫主義的藝術主權觀，一種則是叔本華─尼采的美感救贖與藝術生理學，橫跨在十九和二十兩個世紀爭鋒的激烈實況（參閱 Seel 1993：46-47）。就這一點，討論博萊以美感現代性，批判阿多諾美學便相當值得。

什麼是博萊的美感現代性呢？雖然繼承尼采的美感救贖與藝術生理學，但博萊的美感現代性並不拘泥於此，而傾向包容度更大的姚斯接受美學（esthétique de la réception）。博萊批判阿多諾美學的兩個中心論點，也就是美感現代性的兩個論據：1. 強調藝術自治性；2. 估高藝術美感。第一個論據要達成批判阿多諾美學的目的，稍嫌薄弱，因為從藝術自治性來分辨藝術與非藝術的理性之差異，

仍然不足以說明從非藝術的理性，在論述藝術感性範疇，會簡化或減損藝術感性範疇；至於第二個論據要達成批判阿多諾美學的目的則需要一種想像，因為誇張或估高美感論點，在於相信美感會激發延展性的感性狀態，此延展性的感性狀態優於阿多諾美學的非美感理性。這兩種論點，最終要指出，從藝術感性範疇進行誇張或估高聯想，將不會造成類似阿多諾美學或浪漫主義者對藝術感性範疇的馴化或減損。

不過，博萊的問題在於，實踐藝術感性範疇之誇張或估高聯想，仍必須設定誇張或估高能帶來「高等的真理價值」，且此真理必須能表達「藝術感性範疇」，而這只能依賴論述才能具體化。問題是論述與藝術感性範疇乃兩種不同質性的東西，如何能證明對藝術感性範疇的論述，不會造成減損呢？

我發覺博萊在批判阿多諾美學過度激進的同時，也使自己陷入類似阿多諾「在重建美感和藝術時只能透過哲學來反對哲學馴化美感和藝術」的困境。

博萊的問題在於，設想了一種「等同於藝術感性範疇的哲學論述」，來批判阿多諾美學遠離藝術美感範疇，然而博萊所謂作品自治性與美感估高論點，還是得仰賴哲學。他的設想可能只是憑空，畢竟當哲學發揮辨識藝術感性範疇的高等能力，在擴大或估高美感價值時，還是只會擴大哲學自己的價值。最終還是會越出「藝術的感性範疇」。

這樣博萊最後以美感為核心的哲學誇張，可能也會製造出類似阿多諾的星叢文體吧。是否如此，這我不知道。不過，大部分批判阿多諾美學的學者，解決的辦法都只留在設想層面倒是事實。《美感與歷史主義》這篇論文便是典型模式。

（三）阿多諾美學與浪漫美學之差別

從博萊的美感估高主張，可以清楚看出阿多諾藝術主權性的思想特色，而從博萊批判浪漫主義美學，則可發覺阿多諾藝術主權性與十九世紀初浪漫主義美學的關聯。

按博萊的說法，浪漫主義美學當時應該在哲學思辨美感和藝術時，指出藝術主權與美感功能的雙重性才對，然而欠缺藝術實例的論據，只能在藝術形而上學與現實和解上耗盡精力。那麼阿多諾的藝術主權觀是否落實了浪漫主義美學當初的憧憬？這種美學是否為了對抗美感純粹主義，而專注於藝術主權性，是否為了反形而上學，而更貼近於作品實例，發展更尖銳的美學經驗？美學否定性是否因為允諾論述的顛覆力量，而超出了藝術學門的區分規範？

之所以向阿多諾提出這些問題，是因為他的美學仰賴的正類似博萊所主張的估高。不同的是阿多諾的藝術估高（包括藝術性質、藝術創作過程、作品技術、作品物質性和藝術的非美感化等議題），乃出自前衛運動的啟示，具有重建「客體優先」的認識論意圖；而博萊的美感估高，則是抬高肉慾主義（sensualisme），及其「美感的附加價值」（la plus value esthétique）（Bohrer 1990:161）。我要說的是，阿多諾的藝術估高創見，其實轉化自謝林、叔本華到尼采一種藝術形而上學的傳統，此形而上學的傳統是為了發現一種高等的真理，而提高藝術美感來針對日常的理性（138-140）。

因此浪漫主義美學儘管有著藝術主權性的憧憬，但缺乏實例，而游移於藝術估高的形而上。如果這是浪漫主義美學的面貌，那麼阿多諾論述藝術主權觀（藝術估高），打破學門區分規範，則可視為現代性美學主要特徵。換言之，浪漫主義與現代性之間的分野，並非出自歷史觀念，而是依據「形而上的藝術主權觀」和「以具體的藝術主權觀超越藝術學門的區分」兩種思想觀點。我這樣的看

法，恰和博萊認為阿多諾美學繼承浪漫主義美學的講法不同。

博萊的美感現代性論點中，值得注意的地方是他認為「美感誇張化」避免哲學馴化，可透過批評達成（159），但前提是不可化約為哲學，才算成功。然而，阿多諾實踐藝術主權觀，也是透過批評（critique）[4]完成的；因為他是以前衛作品之問題性，進行開放和離散的歷史、文化和社會批判，而讓思想和論述超越內聚和中心化的主體哲學。「批評途徑」，是阿多諾美學異於浪漫主義美學之處。「批評」讓阿多諾完全不會陷入類似浪漫主義美學，猶豫於藝術形而上學、自治性和估高之困境。

當然，博萊和阿多諾的批評還是不同的：前者關照全面，後者僅以少數的菁英藝術為範例。這種差異，反應了兩個世代（現代性世代經歷了二戰傷痕）在不同情境下對世界的不同態度。基本上，新世代的理論者不認同將藝術現代性簡化為越界及其政治性，希望以較全面的感受態度，接納不斷挪移、具地域性、更細碎的和更新奇的現代和當代文藝。

（四）批評乃阿多諾藝術主權觀的核心

阿多諾和博萊在批評視野的差異，不僅凸顯了阿多諾解決「哲學馴化藝術和美感」的疑難，另覓表達途徑的開創意圖，也間接指出了批評意識在現代性裡的關鍵角色，更說明了現代性乃建立在挖牆腳的批判精神上。

這是一種在前衛作品和一切已知之間的衝突地帶，將前衛作品當作否定之物，進行反社會、批判文明和臧否歷史的挖牆腳工作。它以極高的偶然和隨機性，特有的細碎、小塊狀和離散性，趨向詩性、表現性文體。如此的批評行動，基本上認為前衛作品就是事件本身，它不需要任何解釋或詮釋。從前衛作品批評一切已知，也不是要取代藝術作品，相反的，那是相信前衛作品乃人對世界的希望

場域,那裡潛存著某些開創意志,有必要放到知識和歷史場域,使之豁亮開來。

那裡最有可能實踐浪漫主義美學渴望但做不到的:此即藉由「批評」深入知識和歷史場域,重建藝術的角色,執行藝術、思想與世界三位一體。換言之,「批評」因為和已知知識的對立關係,而有拓展和引申的實驗性;它不是翻譯,而是在再現框架之外,開啟另類思想可能的一把鑰匙。

按阿多諾的做法,那是利用對象的經驗,一種借助前衛作品攻擊藝術概念之問題性,來取得新影像或新視野的方式,就像透過選擇性的稜鏡(prismes)來觀看世界一樣。這正如芒克(Christoph Menke 1958-)看到的阿多諾美學意圖:

> 將藝術理解成批判的社會否定〔…〕。按這種的觀點,藝術流露著潛在性、能力和觀念,儘管目前還不能實踐於社會,但擁有可萃取的密傳現實和社會實踐的可能性。(Menke 1993:19)

此種開放性的非美感論述(藝術主權論述或藝術社會性論述),其激進性在於要求處在沒有依靠的山脊上(永遠拒絕熟練),那是從知識和歷史的人類學高度捍衛藝術感性範疇的。這也是為什麼阿多諾提出藝術主權性的同時,不主張有所謂作品說明書,不主張有所謂「以哲學或社會學進行藝術翻譯」的原因。

小結:批評途徑

整體而言,藝術論述大致有兩種途徑。如果它以哲學途徑實踐,那意味著藝術感性範疇是在「普遍的知識」裡表達;如果它以批評途徑實踐,那意味著藝術感性範疇是在「到處發生的場域」(champ de l'ubiquité)(參閱 Menke 289)表達。第一種情況,藝術

感性範疇或藝術訴求，是透過哲學論題實踐出來，這種方式自認論述已觸及藝術訴求；第二種情況，由批評所實踐的論述，自認可經由藝術問題性，發展獨特的美學經驗。可以說，哲學途徑特質，在於賦予藝術一種哲學普遍性價值，而批評途徑則較注重透過思想場域，對藝術進行全面性的重建。如果前者指的是浪漫主義美學，那麼後者則屬現代性美學。

不過這只是思想劃分，對於現代性世代而言，實際情況更為複雜。我認為，批評途徑，乃現代理論者面對哲學困境的因應之道。試想在哲學處於重建之際，怎會有「哲學途徑」呢？如果同意批判方式乃是在主體哲學之外另闢的（哲學）蹊徑，它仍沒遠離哲學重建意圖，那麼其實阿多諾藝術主權觀仍舊有著浪漫主義美學之哲學主導特徵，不同的是它透過批判途徑，避開了浪漫主義美學「以哲學和歷史馴化藝術」的泥沼。

藝術和藝術作品便是事件本身，但它卻不曉得自己在歷史和知識世界的地位，它需要人文科學使之豁亮開來。阿多諾的藝術主權觀，並不是翻譯或詮釋，而是透過一種開創性的思想理論，越出再現思維邏輯，指出前衛藝術和前衛藝術作品在歷史和知識世界所造成迴圈及其效應。

此因前衛藝術之問題性（否定性）而生成的思想理論，既是再現的藝術哲學之外的新藝術哲學（美學），也是再現的哲學之外的新哲學，更是再現的知識論之外的新知識理論。

後記

雙重的作品政治

　　阿多諾足夠複雜到必須謹慎以對，起碼在審視整體他的著作時需要步步為營，詳細研讀多樣的藝術論述，尤其在音樂、戲劇、文學和繪畫之間不同層次的論述樣態。無論以最貼近方式觀察文章裡的作品問題性身分、形象自身場域鋪陳，以及連結歷史、文化和社會的激烈性，或衡量它們出現的時機，以何種程度表達，它們停住的理由，以及何時又出現，出現的面貌有何改變等等，秉持開放的態度是必要的。

　　永遠站在觀察者的位置，是面對他不間斷前衛論的攻擊性思想，和流變的星叢文體的必要條件。

　　阿多諾將他的非同一性思想寄託在前衛作品上，進行非常獨特的論述，幾乎不是作品內部的意義探索，而是一種過去藝術論述所沒有過的「應用」（usage）：作品自身的物質性問題（作品自身範疇）和作品之外（應用範疇）兩者之間的思想展開。完全拋棄文獻學和藝術詮釋學，這是一種完全黏貼在作品上具創造性的作品功能主義──一種作品的政治應用，其實踐依賴非同一性思想的發揮，發展以作品問題性為中心的碎片的非藝術陳述。

　　那裡有一種哲學家與作家兼具的革命性作為：應用作品的問題性超越美感研究，以及極化語言超越語言學規範。陳述和語言之間的絞扭，就像走在兩旁沒有依附的山脊。它涉及雙重的作品政治（politique de l'oeuvre），一種前衛作品的否定性，另一種星叢語言的否定性，前者由後者表達，後者則以另一種前衛作品出示。也是對此介面的觀察，得以捕捉到他思想的形成方式。清查阿多諾繁複的這些操作，並且觀察它們的變化地帶，是本書的中心主旨。

　　最後，我想記下阿多諾美學的幾個關鍵特徵，作為書的結束語。

術語與系譜問題

阿多諾美學的整個關鍵，完全仰賴術語（technologie）操作。尤其是作品自身範疇與應用範疇能夠緊密地發生交互作用，乃至在歷史、文化、社會和前衛藝術之間論述的跨域性，關鍵正是術語於當中扮演串連角色。

不同於德勒茲的術語來自地理學、醫學、音樂學、科學或數學等，他使用十九世紀初的美學術語（概念），如藝術、外貌、真理、理性、表現、主體性和精神等。使用過去的美學術語，涉及極為犀利的策略。

術語並不是用來詮釋，而是類似織布機的梭子功能，作為一種關係性的串連。同言反覆（tautologie）為其特色。它時而指涉過去，時而關乎前衛作品，有時連結歷史、文化和社會問題，有時涉及創作，有時扮演觀點交鋒的串場者，有時作為介入思想無法觸及的引導線，有時探觸人的生存處境等等。它的角色游移在疆界與反疆界、固定與敞開、意義與無意義之間，具有瓦解、定位、探詢、虛擬、不定性和運動狀態等各種功能。尤其術語因投射和所連結的領域，需仔細觀察其路徑、速度和姿勢，才能推敲到它的位置和含意。它的含糊和晃動特色，是星叢文體處在晶體作用的緣由。

阿多諾的原始用意，出自於勾勒非同一性論述，而其問題引爆點則是前衛藝術的悖論[1]（paradoxe）和困境（aporie）。術語既是星叢文體的敘事、範例與並置發生交互作用的催動者，也是整個論述問題性的基本動力。這當中必須要提到由術語所引出的系譜。

星叢文體的格言句子並置體裁，雖避開了因果論，但也讓文體成混沌狀態。如果它還具有表達效力，得以向歷史、文化和社會傳遞解構訊息，這實質仰賴術語帶動的諸多系譜運動。它是維繫過激的星叢文體不致崩潰的支架，儘管它以碎片方式散佈其中。阿多諾

運用系譜運動支撐星叢文體，成功地讓陳述與語言呈現雙向的扭絞張力。《美學理論》堪稱是此訴求的顛峰之作。

散佈在星叢文體裡的系譜運動，大體上不出思想和藝術理論兩大類，各環繞在傳統與現代兩種面向上，作為整個論述場域的相對軸心：一種屬於源遠流長的系譜，另一種支撐前衛藝術運動並納入歷史進程的系譜。前者以工具理性系譜為主軸，交纏著藝術他律、外貌、同一性和作品概念等系譜；後者以本能解放系譜為主軸，輔以內在性、非同一性和時間等系譜。其中較為特殊的是橫跨兩面向的外貌系譜，這是阿多諾深入西歐思想史深處進行正反辯證使然。《美學理論》幾個主要系譜見右圖：

以碎片方式面對歷史和文化，以及以碎片方式部署分期或分階段，是《美學理論》組織系譜的最值得注意之處。因為是碎片，所以不可能系統化和結構化，也由於是碎片組合，所以不陷入理所當然的和單一視野的詮釋，如黑格爾的理念的和進步的歷史主義。因為是碎片，所以總是流露出追尋歷史起源的渴望。碎片並不是以成為歷史的方式發展著，而是以逆反的方式去瓦解歷史的。碎片既可視為一種檔案的觀念，也可視為晶體觀念。

系譜是另類的考古學，不是為了建構歷史，而是從拆解歷史指出前衛藝術的叛逆和否定理由。總之，系譜因出自前衛作品問題性的外在連結，呈碎片狀態，所以不是靜態的（statiques），也不是同質的（homogènes）。但不管怎樣離散、碎片、變化或晃動，所有系譜都是作為支撐一種作品目的論或一種作品政治而存在。

反過來說，系譜之所以在星叢文體裝扮下展示威力，不能忽視一個哲學上的奇特事實：哲學家作家化。

1. 三大時期的工具理性系譜：

理性文明是一個透過語言、藝術和文化理論，將人放在規範的框架裡的系統

原始和混沌

第一個時期	第二個時期	第三個時期科學理性
道德理性	神學理性	：「理性」與「科學」同義，
：「理性」（raison）	：中古時期	為一切的指導方針。
源於古希臘，	「理性」化身	
指涉人與神之間	為神性與人性	
關於世界想像，	之綜合體，	
為人本主義	介於上帝和	
（humanisme）	世界之間	
代名詞。		

2. 藝術他律系譜

藝術他律性的	藝術他律性的	藝術他律性的	十九世紀為
第一時期	第二時期	第三時期	藝術他律性
：古希臘藝術	：宗教藝術	：文藝復興與	朝藝術自治性
		古典藝術	的轉變期

3. 外貌系譜

柏拉圖與　　　　　　　　　席勒的　　　　黑格爾的　　　尼采的
亞里斯多德的外貌觀念　　外貌與真理　　藝術外貌　　　面具觀

4. 本能解放系譜

十八世紀的　　十九世紀的　　二十世紀
盧梭和席勒　　波特萊爾　　　上半的
　　　　　　　　　　　　　　阿波里內與
　　　　　　　　　　　　　　前衛運動

5. 內在性系譜

康德　黑格爾　馬克思　　　　前衛藝術運動
　　　　　　　恩格斯
　　　　　　　工作概念

哲學家作家化

哲學家將自己當成作家，算是走入歧途吧！

怎不算走入歧途呢，想想看哲學家原本透過文字系統扮演真理王國的締造者，卻轉換為藝術家，將原本是表達的工具，變成表現對象，突然之間，真理王國被晃動的文字裝飾網所蓋住而隱晦不明。

如果阿多諾不想進行傳統哲學家所謂的系統研究，那是因為「拒絕系統形式」不僅是他的哲學主張，也是趨向直覺性作家的理由。

作家化是阿多諾抗擊推論邏輯的手段。哲學家為何作家化呢？原因是當文字、句子和段落得符應形式和語義邏輯，用來再現腦中的想法時，語言也就屈從於語言學框限，但箇中問題不在於形式和語義邏輯讓表達受到限制這麼簡單，真正問題是語言學背後的文化和歷史意識形態。這個如影隨形的意識形態，阻斷了語言表達在歷史意識、社會經驗和憧憬未來所可能扮演的角色，才是嚴重所在。因而哲學家作家化，其實本身就是對語言學背後的文化和歷史意識形態的抗擊行動，一種擺脫國族或文化母體的叛逆行為。

哲學家作家化對哲學和語言的解疆域行為，不是單一事件，它同步於整個十九世紀中期以來的前衛藝術運動。

作家化也是阿多諾對思想缺陷（lacune de la pensée）的辯護。因為真正從事件深處引爆的思想，將出自思想者心靈的共振，這樣的思想將自體存在。不可能和系統和計算的思想同一層次，也無所謂缺陷，因為它深入其境而烙印時代問題，會展示思想偏執性。

對阿多諾而言，作家化意含哲學想揭開覆蓋本能和非意識的遮蔽物。這樣的議題雖然類似於十八世紀的思想議題，但一點也沒有先前的猶豫和矛盾，因為那是在融合馬克思和佛洛伊德主義下的行

動。這不涉及推翻古老主體，或歡欣鼓舞地迎接新主體的誕生。作家化的行動，決不是虛構一種新主體：它是在社會沉重束縛下以苦痛多於解放保有抗議力量，藉由前衛作品問題性，一種趨向無定形（amorphe）的抗議行為。這種無定形的異議行為，再度發揮了康德思想的疑難（aporie）特色。

此疑難在於，當主體意識到自身時是自由的，與此同時主體又是不自由的，因為是處在同一性範疇的緣故；當主體呈非同一性狀態時是不自由的，然而又是自由的，因為主體呈非同一性狀態時，激情攫取了全部，此時主體脫離了同一性框限。之所以陷入如此疑難的迴圈，在於真理的渴求。此真理渴求是以限制為中介，會在綿延不絕的追求過程中展示力量。阿多諾將自己作家化，同樣身陷此疑難。他不會不知道此疑難，也不試圖越過此狀態。

正如康德善用的悖論，哲學家作家化，並非真正作家化。

它其實是建立在哲學方法論問題上的舉措。《否定辯證法》提示了哲學家作家化，將讓哲學通向未知之域，而《理性辯證》則宣告非同一性對抗同一性歷史，必需仰賴前衛物的問題性。它們設想了，一種作家創作模式，可以通向知識烏托邦，——透過濃稠文字深入概念觸及不到之處，並且不會化約為概念；它們都明白指出了，澄清前衛物的文化變故緣由，應避開個人（personne）角度，以前衛物為優先。所以客體優先——探索前衛物的問題性，是哲學家以作家化進行哲學開展的前提：1. 作品問題性，允許擺脫主體與歷史的因果限制，讓書寫有極大化自由空間；2. 作家不枯竭的好奇心，可讓論述場域，呈敞開狀態。

哲學家作家化勢必如猛虎出閘促成極化的語言表達。如何避免語言漫無邊際的游牧，而失去思想訴求呢？由美學術語所帶動的歷史、文化和社會反思，以及思想和藝術陳述的無數系譜部署，諸如眾多光彩奪目的前衛範例評論、深層探討歷史思想家於人的解放進

程之理論精義等，便扮演不可或缺的角色。

不過，阿多諾作家化的語言冒險及其特殊操作，並非唯一例子。

今日有三種美學思潮都有這樣的特色：德勒茲、丹托和阿多諾。他們的力道可由實證主義衡量出來。後者應用禁欲的理性衡量一切，人的視野框限在邏輯、意識和理性裡，本身便是一種思想限制。德勒茲以艾甬（aiôn）時間營造根莖文體，丹托的「世界藝術」觀念，既依賴系統的邏輯實證主義（positivisme logique），又期待在語言世界有所發揮，都是從語言表現層面，重新解釋了科學性。總之，哲學家作家化，強烈期待直覺（intuition）能扮演驅動角色，是相應於實證主義為了理性控制本能，反而離理性越遠的問題。

這是體認到人以實證主義的理性衡量一切，並無法觸及到世界的變動徵象。

作品主體性

阿多諾美學另一個重要成果，就是從形象自身指出了作品主體性。這個重大的發現，關鍵之處在於區隔了作品自身的顯現（apparition）世界與觀者看作品的知覺（perception）。為何說這個區隔是重大的發現呢？

過往二元的認識論是奠基在主體體驗與歸納兩種時間上，但這樣的認識會有兩種侷限。第一種侷限發生於認識對象時主體的體驗，如果所認識的對象涉及到類似前衛藝術事件這麼重大問題時，只從個人角度出發，根本無以為繼；第二種侷限發生於對第一時間體驗所得的訊息加以歸納的時候，這是因為歸納時容易以個人信仰、習慣和偏好出發，排除陌生、異質的東西。換言之，這樣認識論最終會促成主體「中心主義者」（centralisateur），因為他所抓住

的東西僅以自己感興趣、可激起活躍的部份。這是由於主體的世界知覺（perception du monde），本身就是減化和篩選的活動。

我要說的是，阿多諾開展作品問題性，乃至放射性地連結歷史、文化、社會和各種跨領域理論，正是將作品看成是一個自為的且會不斷發出訊息的生命體。這是一種既保持在第一時間的「包羅萬象的變化體」（régime de l'universelle variation）──克制自我中心化，又發揮思想者眼觀四方吸納各式論點，避免造成胡塞爾學派（les husserliens）所說的縮減（réduite）後遺症的行動。這種朝向新認識論冒險的悖論設想，便完全仰賴前衛作品的問題性：一種非人類主體性特權的物質的生命體。

這種物質或材料的主體性，允許阿多諾去搞亂人類知覺，去捕獲處在非知覺層次的諸多否定性力量。按阿多諾說法，它是有生命的、不由自主的、非有機的、怪異的、幼稚的、野蠻的，擁有自己感知事物（percepts）和情感（affects）的「反─藝術的」前衛物。它自身的威力，一點也不需要以人類自然知覺作為範本。這是阿多諾美學發展作品政治的根本基礎。

以形象顯現的作品自身的感知事物和情感，堪稱讓阿多諾找到一種前所未有的新的藝術創造旨趣，也讓阿多諾在眾多傑出的當代理論者中脫穎而出，有著未來思想家的氣勢。

阿多諾的作品主體性真正的貢獻，除了指出一種接近前衛物的方式之外，更在於超出二元主客體的人類學，對知識認識論丟出一個革命性的提問：人在面對現象或對象時，能否以排除自身語言、信仰、習慣和成見等意識形態的思想方式，討論現象或對象在知識世界的位置，既不損害現象或對象的獨特性，又能自由地、綿延地穿梭於所有學科、範疇和理論之間，納入自身的社會行動且無所限制地發揮創造力呢？

作品之外的美學範疇

雖然說在阿多諾美學裡作品自身範疇與應用範疇彼此互為倚角，而作品自身範疇也是他的美學在藝術理論界被視為最具特色的部份。但其實這個作品自身範疇的兩大論點——形象自身及其否定性，後一個論點屬於論述的工作自不待言，前一個論點，其實也是為應用範疇的需要而建立。這都是在作品之外的。

也就是說，阿多諾美學的「形象自身」理論，有一基本的馬克思主義觀念，那就是反同一性，類似德勒茲的機器（machine）觀。這個深具戰鬥性的「形象自身」觀念，最主要便是指出：藝術以形象自身的實驗和探索，本身是超個體（transindividuel）和社會體（corps social），它是政治的、行動的，而非詮釋（herméneutique）的；藝術創作不是自我芬芳（autotélique），也不回到藝術家個人，它就像某種人生存處境的表態，將製造政治效果的經驗，指向社會。

這基本上是將形象自身潛在地當成「社會體制與馬克思主義社會批判」之間，一種密碼和裂口的雙重行動的慾望機器（la machine désirante）。這是改裝過的上層結構與下層結構互為的衝突理論。

也是在這樣的角度下，前衛作品不能用「藝術」形容，而是用「形象自身」的如其所是來形容。因為「它所言和它所想」（ce qui est dit et ce qui est pensé）既不屬於私人、純精神的觀念，也不隸屬社會內部，而是以反—藝術或非—藝術作為切斷社會母體的異質。它按自己的時間性，透過切斷作用，啟開社會體制之外的視野。

整體來看，阿多諾美學雖以作品為中心，但效用卻全然在作品之外，說它是一種作品政治不為過。

藝術的問題性身分

阿多諾將藝術問題分成兩個層面來看：藝術與作品。

怎麼說呢？這是因為他是從作品問題性為開始，或者說他是環繞在作品週遭，開展應用範疇，從而反逆地去碰觸不直接處理的「藝術」身分。

阿多諾美學裡的「藝術」（art）一直是負面的，不管是藝術他律系譜所指的附庸性，或是用來修飾前衛作品的「反─藝術」或「非─藝術」。他只相信作品政治，此既不是想像，也不是象徵；他只相信作品自身為慾望機器，此既不是結構，也不是幻覺；他只相信作品的實驗性，此既沒有詮釋，也不是意味深長，而是看作是冒險的、陷入黑洞的經驗紀錄。

作品所言和所想，這是彰顯創作過程和以創作過程作為表現自身作法。此作法類似傅科的《知識考古學》的觀點：作品的真正功能，按其起作用的樣態，本身就是一種殊異的機器或生命體。作品提供聞所未聞的和不可見的力量，做為對抗資本主義社會體制。也是從這種批判功能，阿多諾視作品為臨床感性，具有（社會行動）真實力量的價值，本身就是問題性身分。

我們也可以用「模擬」來界定阿多諾所強調的作品性質。「模擬」不是在歌頌創作者如酒神般的放縱，也不是用來談藝術如何可能的創新問題，而是對前衛藝術家「為何以非意識拒絕自己應有的說話模式」的提問。它既指涉作品異質，也指涉某種在表達上陷入黑洞的摸索狀態。所謂的「作品」其實是前衛藝術家在邊緣的處境下搜尋逃亡途徑的痕跡。

在《理性辯證》促成一種捍衛非同一性的作品身分，它非關乎藝術美感，而是關乎本能解放；《否定辯證法》透過前衛作品立下哲學遺言；而在《美學理論》則是藝術死亡說明書。這樣的作品觀

念，說明了「藝術」一詞無法用來談論正在發生的「越出藝術的前衛現象」。

但不僅如此而已，從作品的問題性理論所引出「反─藝術」或「非─藝術」問題，主要還是為了重新勾勒「藝術」身分。也就是說，儘管《美學理論》時而拿「藝術」概念對質前衛作品，時而將「藝術」放在他律系譜進行批判，或將「藝術」當成不斷越軌和變化路線，尋求各種接駁可能，游移於現實之外的感性空間，或將「藝術」當成否定性的臨界，都離不開在「藝術與非藝術」相對性中，將「藝術」驅離其原定的美感住所，來點出藝術的問題性身分：藝術是衝突狀況引起的獨特行動；它遊走於表達邊緣，實際承載了時代災難和諸多疑難。

破壞性的阿多諾美學

如果以圖像學的方式，描繪阿多諾美學的話，毫無疑問那會像面對一九三〇年之後激情縱慾的畢卡索繪畫，會像面對一九六〇年代眼鏡蛇畫派爆裂的畫面，也會像面對沃霍爾（Andy Warhol 1928-1987）的《布瑞洛箱》而手足無措。但決不可能出現類似潘諾夫斯基筆下杜勒著名的版畫《憂鬱》，繁複、巧妙、明確且細膩的分析邏輯。因為阿多諾論述濃烈的無政府主義和肉慾烏托邦（utopie sexuelle），根本是一種放棄駕馭慾望，以衝動和直覺換取束縛的擺脫，反同一的否定思想。

圖像學擁有高超的分析和邏輯能力，可以精確地勾勒概念的剖面，如同杜勒有著敏銳的幾何圖解功夫，能準確劃出對象輪廓。不過，可能潘諾夫斯基會和杜勒一樣，有著敏銳的幾何圖解功夫，可以精確捕捉對象輪廓，佈置精妙絕倫的文字或畫面，達到分析和描繪的極高點。但同時也痛苦地體會到在精妙分析和圖解之外，還有另個範疇進不去。那就是人的生存處境問題。圖像學預先假定了智

識型態，忠實於嚴謹論據和依循系統性實證，本身就是極度的理性實踐，可以告知和澄清，但缺了經驗處境的投注，這樣的美學就像學究一樣少了些什麼。

但也不是說阿多諾美學不是理智型態，而是它激烈的系譜和脫序的語言，本質上就是從經驗世界出發，針對智識型態及其系統形式的抗擊行為。更不必說，它對二十世紀最具叛逆的藝術家特別青睞，以作品政治，將作品看成歷史、文化和社會的否定，遠遠不同於圖像學僅守於嚴謹論據和系統實證。後者的特點出在所搬遷的房子過度講究衛生，一種科學和邏輯分析造成的排除性。潘諾夫斯基將「美」轉為掌握作品的造形原理，然後逼向對作品「最高風格原理」的認識；缺點是：整個圖像學可以說依賴百科全書來解釋藝術作品，致力於理解和解釋作品的意義，基本上不具備碰觸作品起因的能力。

阿多諾美學的否定性，絕對是對傳統美學範疇的一種搬家行為。

傳統美學的客體美感和主體判斷範疇，就像大家常在神怪電影裡所見到積滿灰塵的老舊建築物，對當代美學家而言，既不是清除建築物內外灰塵，也不是更換家具，而是搬家。不過，阿多諾的搬家，是破壞性的。

此破壞是雙重的。一邊他將傳統主要的美學術語，置入前衛藝術、哲學、歷史和社會裡，扮演論述場域的串連角色，同時成功地在辯證、詰問中破壞美學術語的原有意義；另一邊如果這種以破壞傳統美學來襯托前衛作品否定性，以廢墟凸顯前衛作品的異種芬芳也是美學的話，那其實完全不像圖像學對美學的建構性。

阿多諾美學的工作是從可觀察到的事實（前衛事件），到不可見的歷史、文化和社會體制的否定性詰問，這種否定性角色並不將美學看成價值理論，也不將藝術當成美好形象。此雙重破壞，因而

不是紮根在學門傳統，也不是搬遷到一所講究衛生的新房子裡，而是以經驗現實（réalité empirique）為經，從作品感覺到的去找要找的為緯，要求美學和藝術承擔警訊和啟明角色。

註 釋

總 論

【1】 耶拿浪漫主義（romantisme d'Iéna）形成於十九世紀初。第一代浪漫主義思想家的課題，主要投入重建統一性（unité），他們的方式是透過知性分析力量（la puissance disséquante de l'entendement）的掌控，作為通向自由寧靜的世界觀，最終目的是使大革命所爆裂的文化，得以恢復和諧有機。他們體會到重建思想統一性，涉及主體絕對的認知，而藝術乃「絕對」的最高典範，因此，藝術將承擔此重責大任，藝術將彌補思辨哲學的衰退。像大施勒格爾（August Wilhelm von Schlegel 1767-1845）、費希特（Johann Gottlieb Fichte 1762-1814）、謝林（Friedrich Wilhelm Joseph Schelling 1775-1854）、諾瓦利斯（Georg Philipp Friedrich von Hardenberg Novalis 1772-1801）、施萊爾馬赫（Friedrich Daniel Ernst Schleiermacher 1768-1834）和蒂克（Johann Ludwig Tieck 1779-1853）等浪漫主義思想家，就是按此途徑發展思辨哲學的。他們將藝術作品看成哲學可靠的理則學，同意藝術奇蹟優於哲學，認為藝術可以內在地穿過我之智識直覺，統合意識與非意識，揭開 Odyssée 的精神，而哲學僅能暗含地進行猜測。

【2】 圖像學具有三個特性：1. 具有學院嚴謹的知識傳承和教育功能；2. 整合和歸納的科學精神；3. 對已知文獻的詮釋，具有現象學的延伸創造性，強調新的發現。整個圖像學可以說完全依賴文獻，依賴已知百科全書來解釋藝術作品，致力於「理解」和「解釋」作品的意義，基本上不具備碰觸「作品起源原因」的能力。

【3】 藝術作為問題對象，黑格爾提到一種不確定性、否定性和未知性，則是從荷蘭繪畫和藝術作為絕對精神演化所得出的看法，在《美學課程》的第二冊，他指出：「浪漫藝術之所以到了發展終點，在於外在與內在之偶然性，以及外在與內在之分離，此情況使得藝術否定了自己，這說明了意識為要掌握真實，須越過藝術，尋求較高形式的必要性。」（Hegel 1996 II: 134）。這樣的衰微觀點，不由於浪漫藝術的「品質變弱和風格降低，而是由於藝術失去其本質」（Heidegger 2004 I:82）；所謂失去本質指的是藝術和再現絕對之基本任務的直接關係已失去，藝術不再處在人的領域裡做為應有的指標方式。也就是黑格爾看到藝術不

再停留於既定的形式和內容，而是進到沒有邊界的範疇。在《美學課程》，我們目擊黑格爾將「絕對」的形而上藝術認知，並置在對現實荷蘭繪畫的一種科學的認識論上，而讓藝術處在一種矛盾的、不確定的矛盾情境。

【4】「思辨藝術理論」（théories discursives de l'art）這個專有名詞出自沙費爾（Jean-Marie Schaeffer 1952-），狹義指十九世紀出耶拿浪漫主義學派、叔本華和黑格爾美學，廣義涵蓋尼采和海德格，參閱其著作：*L'art de l'âge moderne:L'esthétique et la philosophie de l'art du XVIII siècle à nos jours.* Paris: Gallimard, 1992.

【5】《存在與時間》以 Dasein 直指存在─思想─詩三位一體，此乃浪漫主義的思辨藝術理論課題。Dasein 所涉及詩的問題，基本圍繞在兩個不同的觀念上：1. 以「詩／藝術是一種存在（Sein/Être）之前本體論（pré-ontologie）的解釋（ex-plication）」，和「詩／藝術乃前文明（天真和直覺）的象徵」為基礎，進行三種方向的思辨。第一、捍衛詩／藝術外向的思想訴求，強調詩／藝術應被看成哲學最佳的詮釋對象，它也是哲學開展新可能的途徑；第二、提出詩／藝術的整個容量，除了可見的詩作／藝術品之外，還得加上各式各樣、不可限的哲學詮釋；最後，主張詩／藝術本身具「本體論之啟示」，它具有可延展的自治性。2. 以「詩自身」為基礎，主張詩的語言本身便是生存尊嚴。海德格主張，詩之存在尊嚴的傳達，乃在於「話語以詩說出來」（parler en poème）。由此構成海德格理論的核心訴求：詩與哲學連結一起。

【6】〈藝術作品的起源〉指出前衛藝術性質和時代形而上學之間的辨證關係：「無論如何，當存在者全部以其本身要求開啟，藝術便觸及它作為歷史本質的建立（instauration）。在西歐，這種建立首度突然發生於希臘世界。接著，想談論存在，需以遵守規定的方式發揮。由此，開啟的存在者全部，轉變成上帝創造下的存在者。這樣的情況發生於中世紀。此存在者在現代時期的初期和進展中重新轉化。存在者變為能夠計算、可以識破和支配的東西。每一次以其特有的本質，打開一種新世界。每一次，存在者之開啟，透過精神高度、存在者本身的真理建構，要求它的建立。每一次，發生一種存在者之開啟。它強制在作品裡。這種強制，透過藝術實現出來。」（CMP 68）

【7】與尼采悲劇「起源」、班雅明的「起源」觀一樣。

【8】傳統的藝術哲學確信美感本質上是屬於偉大藝術的，它本身就是區別美麗與醜陋之判准點。丹托必須拒絕「傳統藝術哲學」的價值哲學

觀，否則無從認識越界的前衛作品。

壹、

【1】 參見 Lettre d'Adorno à Benjamin du 18 mars 1936, reproduite dans T. W. Adorno, *Über Walter Benjamin*, Francfort: Suhrkamp, 1970, p.126. sq.

貳、

【1】 摘要：本章旨在闡明阿多諾以評論通向星叢文體的理由。前言，為本文的論述方法。第二部分，指出阿多諾的評論出自於回應歐洲語言危機，以及受到班雅明和瓦雷里的影響。第三部份，透過與笛卡兒知識原則之比對，提出阿多諾的評論做為通向星叢文體的途徑，乃是以模擬、反思和過程，具有勾勒新知識性質之意圖。第四部分，透過與黑格爾辯證法之比對，說明阿多諾的評論是以游移性、非同一性和非概念，建構批判性的星叢文體，來面對變化中的物化社會。第五部分，分析《美學理論》的星叢文體，指出阿多諾評論的特徵和目標，並討論新世代學者批評阿多諾的一些觀點。最後，歸納出阿多諾將哲學觀、前衛藝術、社會思潮、歷史文化、烏托邦憧憬和世俗世界等觀點齊聚於評論裡，遂行瓦解概念、系統、規則和同一性，開啟了一個跨領域的和表現性的評論時代。

【2】 在啟蒙時期，狄特羅的藝術批評發展自巴黎的沙龍展，他以自然主義的寫實觀，推薦美的藝術作品，作為公民藝術教育與品味養成，由此展開歐洲藝術批評之先河。也就是說，美感教育為歐洲藝術批評最先開始的動機；而其美學觀則反應當時的藝術認知，正如狄特羅說：「藝術表現整體而言乃是感覺之形象」（Diderot 1994:696）。

【3】《文學評論》（*Noten zur Literatur*）共計四冊，分別出版於一九五八年、一九六一年、一九六五年和一九七四年（前三冊橫跨阿多諾思想發展最重要的五〇、六〇年代，後一冊在他死後五年付梓，Francfort：Suhrkamp），堪稱阿多諾從文學推演「進步的現代性」（modernité progressiste）（Wiggershaus 1993:513）最具典範的著作，重要性不亞於《否定辯證法》和《美學理論》。

【4】〈哲學之現實性〉（"Die Aktualiät der Philosophie"）和〈哲學家語言之論題〉（"Thesen über die Sprache des Philosophen"）兩篇論文寫於二〇年代末和三〇年代初，收入 Gesammelte Schriften I, Francfort: Suhrkamp, 1973。

【5】 在《理性辯證》裡，評論乃是藉 Ulysse、奴隸與美人魚三者關係，揭開「無個性之我」與「同一性之我」之對立面，從而批判「同一性之我」原來是統治階級製造的價值系統。

【6】 阿多諾指出詮釋學的問題：「作者之激情，往往被這類分析的客觀內容所刪去。此類分析緊閉於精神現象的意義豐富性，其內容只限於主體所收受到的；揭開其面紗，這種主體想像之自發性所抓到的，其實只是以客觀為名。詮釋無法體現那些被它忽略掉的東西。」（NL 7）

【7】 以前衛作品為例，作品之臨現涉及媒材的物質表現範疇，此範疇也是阿多諾論述藝術家創作過程的對象。

【8】「當實證主義者大膽在科學裡展現，語言因此受其束縛而類似裝飾藝術，那麼美學最正直的研究者將以否定的方式造語言的反；不低估話語（parole）於恣意發揮的層面，他寧願形象的，毫不保留地承認意識物化（réification de la conscience），就此找到可表達某種東西的語言——語言就是形式，而不必藝術的辯護。當然，藝術一直以來是那麼緊密地混融於知識進步之優勢思潮，其技術自古以來不斷獲益於科學。〔…〕如果技術在藝術作品裡成為絕對，如果結構成為藝術全部，那麼破壞藝術的形成原因和反對結構，就是表現〔…〕。直到目前，藝術僅有一種作用，就是對抗意義。」（NL 10）

【9】〈並置〉發表於一九六三年的赫德林協會（隔年 *Neue Rundschau* 刊出），為阿多諾論赫德林作品之烏托邦源頭最重要的一篇論文。

【10】「在赫德林處，詩的運動動搖了意義範疇。後者為合成的統一體之語言表現〔…〕。赫德林意圖找回遭遵循慣例威脅的語言〔…〕。語言實踐逼使重新考量統合之幻象，極端的從語言自身出發；它修正了主體優先。」（NL 337）

【11】 維科的批評觀念融合亞里斯多德的「智慧」（強調直覺）和啟蒙運動的「科學認識論」（強調觀察和實證），傾向於如何學習到好的批評能力，以及批評的好奇和時效性：「為了避免智慧與科學認識論兩者缺一，我教導年輕人兼顧藝術與科學，培育他們宏觀的判斷，以及具備豐富的知識。〔…〕以自己的判斷力判斷新的事物，學習新的事物，練習智慧與科學認識論之論題，將之理性化。」（Vico 1981:229）

【12】 啟蒙運動時期狄特羅的藝術批評，其功能是教育性的。當時藝術批評者最主要的目的，在於解釋藝術價值給外行者，如果用現在的說法，即教導大眾的藝術鑑賞能力。此種文化教育，早存在於包姆加登和康德哲學的美感判斷意識裡，就向美學成為啟蒙運動時期重要的指標

一樣。在《公共空間》裡,哈伯瑪斯指出:「這是透過哲學、文學和藝術的經驗吸收,大眾獲得啟明,並且促成啟蒙運動的活潑過程。」(Habermas 1988:52)

【13】《文學評論》反對過度的「社會表態」,贊同藝術模擬的形象顛覆性,但在稍晚的《美學理論》裡,阿多諾做了一些修正,不再那麼反對藝術家直接投入社會問題。他體認到藝術與環境的合流,為藝術永保活力之源。

【14】 另一重要哲學著作《形而上沉思》(*Méditatons métaphysiques*)出版於四年後。

【15】 笛卡兒認為:「急促所以是缺失,乃在於知性尚未達成全面之明晰之前,便下判斷」(Descartes 1992:69)。

【16】 阿多諾提到模擬過程為知識條件:「事物本身之所以能夠意味某些東西,並非實在和直接地展示於那兒,讓人容易取得;想要抓住那些意味,必須思索更多,更深刻的多樣綜合參照點,而非只有一種思考。這是說,事物本身並不產生思想,而較是思想形成於(主體)非同一性貫穿同一性。此非同一性並非觀念,而是(主體)添加上去的。思想經驗之主體便發揮於(毀滅於)其中。真理因此誕生於主體毀滅。這種毀滅在方法學裡乃是一種模擬——針對科學方法的逃避,就主體性之獨特而言,此毀滅為客觀化主體之最大榮耀。」(DN 150)

【17】 什麼是複雜的知識呢?笛卡兒認為:「觀念排列成系列,每個系列在演繹秩序之後重新做了改變。一種觀念是絕對的或單純的,是就它在演繹秩序之前而言;一種觀念是相對的和複雜的,是就它在演繹秩序裡越過單純觀念而言。〔…〕至於在假定問題裡,區分單純和複雜,這是由智識去取得,而非是應用方法。我們所以取得複雜知識,在於觀察同時是單純和豐富的例子;例如:按照算數級數考量排列過的數目系列,可取得比例理論〔…〕」(Descartes 1992:120)。

【18】 參見《文學評論》的〈瓦雷里之偏離〉("Les écarts de Valéry"),NL 117-118。

【19】「我思」(Cogito)為笛卡兒界定靈魂的主要品質,他說:「我認為思想是我的品質:它是唯一不能從我身上拿掉的東西。我存在,我有價值:這是確定的;如何以時間衡量呢?其時間正如我思想的時間;因為〔…〕如果我停止思想,我便同時停止存在或有價值。」(Descartes 1996:41)

【20】 茲總括如下:1. 關於評論/美學理論作為藝術之第二反思:評論本身

需要一種持續批判的思考置於原則之上。此種第二反思，可以抵擋不負責任、欠缺合理的理論。從品質看，評論／美學理論的媒介確實不同於藝術作品。對藝術作品而言，它們的成果直接擺於觀者之前，通過概念的方法是表達它們訴求的必要手段。但評論／美學理論仍不可能完全表達，惟真實投入作品與之互動，則另當別論。今後，評論／美學理論的精神化身於混合的、矛盾狀態和質疑態度裡，透過藝術作品的暗示，允許我們瞥見「藝術是什麼，什麼是藝術」。2. 現代藝術性質：真正的藝術體質必然是結晶多面的，通常處於對社會的矛盾或懷疑上。現代藝術的創作動力根源，來自於解決問題，同時又再現新問題的一連串辯證。如果瓦雷里說的沒錯：新之最佳部分符合舊的需要，那麼「可靠的藝術作品便是過去作品之批判」（TE 456）。將現代藝術性質界定為「過去之裂斷」，最直接的說法見於《新音樂哲學》（*Philosophie de la nouvelle musique*）：「今天唯一可算是作品的，是那些非作品的東西」（Adorno 1962:42）。

【21】在《否定辯證法》裡，阿多諾提及黑格爾辯證法是不容許脫序的：「黑格爾在他的形而上學開頭，並不那麼強調穩固性，此穩固性是在形而上學之最後部分湧現的，〔…〕這是為什麼他的邏輯範疇具有顯著的二元（dualité）特徵。此邏輯範疇會自我克制，先驗上是不變的結構」（NL 37）。

【22】在《邏輯學》裡，黑格爾是從既孤立，又發生關係，來界定主、客體的：「客體並非固定、沒有變動過程的東西，相反的，其過程在於顯示出主體運作其中，此過程促成了理念之推進。由於不理解主體性與客體性之親密關係，而想要抽象地堅持他們的孤立，那麼這些抽象範疇在察覺之前，便會眼睜睜地看著溜走〔…〕」（Hegel 1993SL:609）。

【23】「大家總是心甘情願地把概念說成能掌握對象之意義體，然而，從一開始概念就是辯證思想之產物。在辯證思想中，每一事物有其本義，但同時也被轉化為非其本義。這便是觀念自事物所分離出的客觀定義之原初形式；此觀念在荷馬史詩已發展完備〔…〕」（Adorno 1989:33）。

【24】阿多諾的評論，建立在批判唯心主義（idéalisme）和傳統哲學之「超驗主體」（sujet transcendantal），以及概念和思想之同一性主體（sujet identifié au concept, à la pensée）上，他說：「主體是偽造的，因為它以無條件之自我控制為名，拒絕客觀界定；主體想擺脫此偽造，在於能揭開覆蓋於同一性的遮蓋物」（DN 216-217）。

【25】「客體之中介不應以教條方式和靜態的實體化看待，而是客體只有與主

體性牽連才被意識到；所謂主體之中介，如果沒有客體性時刻，則它什麼都不是。」（DN 148）

【26】 從主體跳到客體，又從客體拉回主體，此種來回往返的認識動力，黑格爾不像阿多諾歸因於現實社會，而是歸因於主體的先驗能力。這在《精神現象學》裡是非常鮮明的。他說：「這個精神實體，乃是從自身到自為之過程；只有自身反思形成的變化，才是真正的精神。此精神本身便是認識的運動，——便是從這個自身轉化為自為，從實體轉化為主體，由意識之對象轉化為自我意義之對象，也就是，此刻客體完全遭揚棄，或者說已轉變為概念」（Hegel 1993PL:686-687）

【27】 儘管阿多諾把藝術的自治性與社會意識視為一體兩面，同時認為第二階段的所謂社會意識之延伸論述，可以回頭更豐碩作品本身的敏感元素，讓作品更動人心弦，但我認為對阿多諾美學的批判，會不管阿多諾所處的時代問題，關鍵在於將前衛作品直接看成「反歷史、反社會和反文化」的問題性，乃至「看成哲學起死回生的靈藥」，這破壞了大家對藝術的美好想像。

【28】 比格引起歐美理論界的注意，是一九七四年所出版的《前衛理論》（*Théorie de l'avant-garde*）（台灣中譯本書名譯為《前衛藝術理論》）。生於一九三六年，為不來梅大學的文學理論教授，他初期的思想主要奠基在超現實主義上，之後，專注於二十世紀的前衛理論及啟蒙思想研究，受到班雅明、阿多諾、馬庫色及哈伯瑪斯等第一代新馬影響很深。從他著名的四本論文：《前衛理論》、《唯心美學的批判》（*Critique de l'esthétique idéaliste*, 1983）、《後現代：譬喻與前衛》（*Postmoderne: Allagorie und Avant-garde*, 1987）與《現代性的散文》（*La prose de la modernit*, 1988）等，可以看出其美學思想與新馬的社會批判、文化批判關係密切。《現代性的散文》為比格新近之作。他的理論重心，在於透過十九及二十世紀的文學作品，揭露存於他們作品內部懷疑的、矛盾的現代性情懷，以之對照黑格爾、謝林、阿多諾、班雅明的現代性見解，歸納出兩個主要觀點：

1. 自治性和前衛藝術的衝突。借鑑於馬克思思想，尤其是馬克思對宗教的批判，比格把歐洲從傳統的、古老的神話傳說時期過渡到以人為本的現代時期，歸因於基督教的原罪的自我批判精神。康德以主觀主義的審美「自治性」，啟開歐洲批判的現代時期的序幕，不過他的作法太強調主體美感之「自治性」，自身欠缺基督教那種可自我批判的因質。由此所形成的自治性藝術體制根本不含有自我異化的動力因質，也無法

對時代變遷做出回應。所以達達與超現實等具歷史意義的前衛運動，仰賴的是十九世紀後半及二十世紀初工商技術激化下的社會張力。比格下了結論：前衛的動機，是源自社會因素，而非康德或黑格爾思想的啟發，更非出自藝術因素。

以達達及超現實主義前衛理論的根據，比格一方面批評姚斯懷舊的「感受」審美太不合時宜，另一方面則批評阿多諾將作品外貌蘊涵的真理、幸福諾言及烏托邦，詮釋為一種社會實踐。他採取的立場是，正面的去注視前衛作品的外貌異化所涵意的真理、烏托邦憧憬的美感現象，發展出與姚斯接受美學、阿多諾否定美學不同的方向。

2. 前衛藝術的異化。比格的外貌異化，意味了前衛藝術以放棄「自治性」，來彰顯其社會性。這種由社會性主導，呈現新的、未定的「自治性」，便就是比格的「前衛」見解。他這樣的見解，恰好突出了阿多諾與哈伯瑪斯理論之間基本的區別：前衛藝術以瓦解自治性和參與社會為其動機。

最後，他得出如下結論：現代性在思想層次上的堅定與猶豫、狂熱與非幻象的對立性格，它的矛盾、懷疑及異質的性格，恰由前衛作品的外貌異化完全模擬出來。

平心而論，比格的《前衛理論》有很大的程度贊同了阿多諾視藝術自治性與社會意識為一體兩面的觀點。側重作品外貌，但特徵並非比格探索的目標，而是從前衛藝術的異化來解釋社會性與自治性之間的聯繫。他將藝術真理—社會意識，界定為前衛作品與理論者間有著歷史視野的思想啟蒙性質。而前衛作品呈顯的物質性、模擬、幸福憧憬等自治性敏感元素，是創作者傳達其社會情感的手段、媒介，理論者在自治性與社會意識之間搭起了橋樑。

【29】姚斯在反阿多諾的德國理論家中，最年長也成名較早。一九七二年，他出版《美學經驗的小辯護》（ *Petite apologie de l'expérience esthétique* ），提出「感受」（ réception ）的美學理論，揭開批判阿多諾美學的序幕。身為康斯坦斯大學的文學教授，致力於德國中世紀浪漫主義文學的研究，若斯主要受到加達默以「詮釋哲學」（ philosophie heméneutique ）為基礎的「美學經驗」之啟發，以及俄國形式主義的影響。基本上，加達默與俄國形式主義，都把文藝發展及演化動力，歸因於「藝術世界」純粹的「內在」（ immanent ）因素。他們都強調文學或藝術的演化動因，關鍵來自「藝術內因」（ intra-artistique ），而不是受社會變動決定的「藝術外因」（ extra-artistique ）。認定藝術成因及演化是藝術本身的

問題，進而把美學理論的重心放在藝術作品的「美學經驗」上。總括《美學經驗的小辯護》及《朝向一種感受的美學》（*Pour une esthétique de la reception*），姚斯的「感受」美學理論主要是環繞在如下三個論點來發展的：

1. 藝術的創造性內涵。姚斯主張在面對藝術作品時，應透過可溝通的語言邏輯來表達美學過程引起的快樂感受，而這種快樂感受，是先受到藝術或藝術作品的創造性內涵的感覺刺激。能刺激觀賞者的心靈，讓觀賞者印象深刻，原因則起於作品本身涵意追溯性質的文化歷史隱喻；藝術作品有魅力，這是「感受」的起點，而其追溯性質的文化歷史隱喻，則是「感受」的美學過程。對於藝術的創造性內涵的文化歷史暗示的解析，可以得到形式演變的蛛絲馬跡，這是「感受」美學的第一個階段，也是最具關鍵的階段。

2. 美感。美學的誘因，來自「藝術的創造性內涵」，而美感的形成，是由於作品本身具有文化歷史的追憶與記錄性質，感受到它們，就是美學形成的保證。姚斯把藝術作品的追憶及記錄功能，所引起觀者的敏感，稱之為美學的「感受性」（reception）。即觀者從藝術作品取得「敏感性」時，和取得作品暗示的文化歷史涵意時，美學經驗於焉發生。

3. 淨化。觀者從「藝術的創造性內涵」，感受到文化歷史暗示，由於心靈受到刺激，得到飽滿的美學經驗，而忘掉現實的不愉快，在姚斯看來，這種美學經驗之所以可以淨化自我的靈魂，以及提升知識層次，在於透過文藝作品與歷史、文化和社會的溝通功能。所以，姚斯的「感受」美學理論，一個先決條件，就是受注意的藝術作品，必須有豐富的敏感性或魅力（濃烈的文化歷史隱喻），足以刺激觀者。按他的說法，可靠的藝術作品，必然是我們在日常生活中不可能出現的領域，提供有文化歷史隱喻的遊戲的、間雜的及非現實的影像。

【30】具體而言，感受藝術的兩個過程為：第一階段，首先接受者已擁有藝術對象相關的一些文化知識——包括藝術史和文化史，當接受者和新穎的藝術作品發生接觸時，他會搜尋記憶中的藝術知識，進行感受的比對體驗；第二階段，接受者進入當下——藝術知識——感受追憶等交往過程，此兩個過程，姚斯認為將激發我們的感受力和理解力的擴張。姚斯主張的感性和知性的擴張範疇，並不同於博萊強調心醉神迷的美感狀態。

參、

【1】 「概念的論述」便是阿多諾在《否定辯證法》裡，所說的「論證的思想」（argumentatives Denken）。

【2】 形而上、人和世界。

【3】 針對概念、理性主義為主旨的論述危機，海德格（Martin Heidegger 1889-1976）致力於詞源學之本體論的建立，而阿多諾則將理論重心放在前衛作品上，他們的思想介入點雖然南轅北轍，但卻導出影響深遠的兩種語言範疇：本體論範疇和藝術模擬範疇。

【4】 席勒認為藝術所以是藝術，正因為它表達的是社會的共同記憶、信仰和品味：「不論個人或整個民族，只要從藝術外貌之自治性，便可推斷出共同相近的精神、品味和所有優秀品質。」（Schiller 1943:347）

【5】 「笛卡兒的古典時期，相當有威力地指向兩個層面：繪畫的透視，音樂的音調節奏（tonalité），哲學集中於我思（Cogito），皆側重於兩個極端：透過『觀念表現』觸及客體／自然（科學範疇，伽利略）以及透過「影像表現」觸及客體／自然（藝術範疇，普珊）；另外從上帝的真實性，保證我們判斷力的合法性，這個古典時期隨著萊布尼茲和黑格爾哲學裡的表現系統的普及，而達到頂點。它由一個深刻的大動亂而發生動搖，引出虛無主義，並造成歐洲形而上思想的沒落。」見 José Lavand, *Grands courants artistiques et esthétiques depuis la Renaissance*, Paris: Ellipses, 1996, p.122。

【6】 歐洲藝術的理智化，起自蘇格拉底和柏拉圖。柏拉圖的思想結構存在著兩個相互對立的系統：一邊是無限、瘋的（非理性）和有罪的（應受懲罰），一邊則是限制、典型和公正。這兩個敵對面端賴哲學家和藝術家居中調和，將節制引入混沌，或在秩序加入混亂，使之符合統一及和諧的精神，這便是均衡、理想、恰當和理智的古希臘古典主義，為古典藝術的主要美學精神。

【7】 La constellation des moments ne peut être ramenée à une essence singulière; en elle réside ce qui soi-même n'est pas essence.

【8】 Il rend plutôt justice au hasard en tâtonnant dans la voie obscure de sa nécessité. Plus il la suit fidèlement, moins il est transparent à lui-même. Il s'obscurcit.

【9】 《人性，太人性》一開始，尼采提醒我們：「很有可能宗教、倫理和美感感覺之東西，同樣僅屬於事務之表象，相對的，人卻心甘情願地相信

他觸及到世界核心；他產生了幻象，因為這些事物給予他如此深刻的福樂，以及一種如此深刻的不幸〔…〕」（Nietzsche 1995: 36-37；§4）這種可能性將很快地變成確信：「〔…〕透過宗教、藝術和倫理，我們無法觸及世界本質自身；我們處於再現領域，任何直覺都不能把我們帶向前〔…〕」（40；§10）接著，他以宗教和藝術對抗科學，明確指出：「確實如此，宗教和藝術乃是一種世界繁榮，作為立足點，它們絕對沒有更靠近世界根源：決不能從它們取得一種世界本質之最佳智慧，儘管幾乎大家都相信。這是錯誤的，認為能使人更深刻、敏銳和具創造性，從宗教和藝術的這種繁榮，汲取活力。」（59）那麼誰能揭開世界本質，提供我們全部最令人不快的幻滅呢？當然「不是世界本質自身，而是世界作為再現（如同錯誤），後者的意義是如此豐富、如此深刻、如此美妙，於其深處包含幸和不幸。」（59; §29）上述的看法堪稱整個推翻了《悲劇的誕生》的思想成果。

【10】尼采由幻象開展出來的真理觀念，是以現象的如其所是，進行真理價值的批判，正如在《人性，太人性》的第三部〈旅行者與其陰影〉，我們可以讀到：「我們應該重新成為距此最近事物的好鄰居，不要讓我們視覺輕忽地任其滑過，而僅注意暗夜的傳說怪物和虛幻事物。」（Nietzsche 1995:538; III, §16）類似如此關注到現象本身的看法，並且反覆地形塑「現象的如其所是」相同的觀點，充斥於《人性，太人性》（1876-1879）、《曙光》（1879-1881）和《快樂知識》（1881-1882）。這個觀點就是，真理只流露在現實事物的如其所是，因為這個世界是唯一存在的，而非形於上的理想世界。這樣的世界，是怎樣的世界呢？它是不停變化起伏的，是以人的身體接觸到的最接近事物的空間性的世界，而不是由文化意識形態所決定的形而上世界。

【11】正如德勒茲眼中「概念人物」的尼采，批判「語言」的「白痴」（Idiot）行徑：「哲學的發動器也是一種第三人稱的話語行為，而且那是以一種概念的人物來說我：我，以身為白癡來思想，我以查拉圖斯特拉想望，我以酒神舞蹈〔…〕」（QP 63）。

【12】L'expression des oeuvres d'art est le non-subjectif dans le sujet, moins son expression que son empreinte.

【13】參見 Max Weber, *Essai sur la théorie de la science*, traduit de l'allemand par Julien Freund, Paris: Presses Pocket, 1992, pp.144-147。此外，也可在 *L'ethique protestante et l'esprit du capitalisme*, Paris, 1964, pp.248-249。找到相似的論點。

【14】「至今，自然科學和哲學科學，都忽視了人的活動對思想的影響。它們以分開方式認識自然和思想。然而，自然的轉化，卻正是人在其中的作用，並沒有所謂如其本樣的自然在那兒；此自然的轉化，乃人的思想最直接和最主要之處，人的智識保證了學習轉化自然的範圍。」（Jusqu'ici la science de la nature, et de même la philosophie, ont absolument négligé l'influence de l'activité de l'homme sur sa pensée. Elles ne connaissent d'un côté que la nature, de l'autre que la pensée. Or, c'est précisément la transformation de la nature par homme, et non la nature seule en tant que telle, qui est le fondement le plus essentiel et le plus direct de la pensée humaine, et l'intelligence de l'homme a grandi dans la mesure où il a appris à transformer la nature.）

【15】阿多諾宣稱，前衛藝術的模擬語言讓我們看到工業社會裡，一種全新的內在性，他稱之為「一個雜交混合且充滿異質不均衡的主體性」（TE 156），那是一種「主體意志不斷挫折時的呻吟」，那是針對「生活的社會關係之平衡」的擺脫。面對工業社會體制，人的挫折和呻吟，需要從藝術工作的「模擬之創作狀態」獲得補償，獲得救贖。因為主體在模擬語言裡，是不自主的，不起作用的，而且「淹沒於表現中」（156）。「主體靠模擬狀態，免除了自己被物化，同時，對模擬狀態之需求或渴望，也真正體現了生活情境的破碎、殘缺之實狀。」（156）

肆、

【1】二十世紀西方最激烈的前衛運動，大致發生於這個時期。從七十年代以後的前衛觀念，也都源自這個時期。另外，在《美學理論》裡，阿多諾關注的現代藝術，也指這個時期。本文使用的「現代藝術」（art moderne）或「前衛藝術」（art avant-garde），也指這個時期。

【2】參見 Plinio Walder Prado Jr., 〈Notes sur la résistance artistique〉, *Revue des Sciences Humaines*, No:229, 1993-1, Lille :PU Lille III, p.229.

【3】阿多諾與班雅明的認識，始於一九二三年，當時是克拉科耶（Siegfried Kracauer 1889-1966）居間介紹。而阿多諾受到班雅明藝術觀念的影響，則在一九二七年以後，當時阿多諾為了音樂研究，常往返於法蘭克福與柏林。見 Rolf Willggershaus, *l'Ecole de Francfort*: *histoire, développement, signification*, Paris : PUF, 1993, pp.81-91.

【4】「彼俄提亞人」為古希臘阿提喀（Attique）西北的居民，以底比斯城（Thèbes）為首府。

【5】 汪達爾人，Vantale，為 Oder 地區日耳曼人原始人之一支。

【6】 阿多諾說：「今天唯一可算是作品的，是那些非作品的東西。」（Les seules oeuvres qui comptent aujourd'hui sont celles qui ne sont plus des oeuvres.）（Adorno 1962:42）

【7】 在《美學理論》裡，依然可見阿多諾批判海德格的現象學理論，像：「反對藝術現象學，也就是對整個現象學直接觸及本質之杜撰提出異議，較不由於現象學是反感官經驗，而較由於現象學凝結在思想經驗上。」（TE 162）

【8】 姚斯從啟蒙運動時期、浪漫主義時期與現代時期，得出文藝作品的詮釋，不能忽視詮釋者之當下政治要求之結論：過去任何文藝時期，之所以不斷為不同時代詮釋者的詮釋而意味深長，正在於它為不同時代的詮釋者經由不同的政治要求而重建。所以，在姚斯的眼裡，整個文藝史及文藝理論，事實上就是詮釋者之「前理解」主導下的結果。參見 Hans Robert Jauss, *Pour une herméneutique littéraire*, traduit de l'allemand par Maurice Jacob, Paris: Gallimard, 1988, pp.357-369.

【9】 此書德文為 *Das Passagen — Werk* 於一九八二年由 Suhrkamp Verlag, Frankfurt am Main 出版，法譯本由 Les Editions du Cerf 於一九八八年出版，書名為《巴黎：十九世紀首都》。

【10】 他犀利地提到：「傳統藝術自願遵循擬古原則，藝術作品常態保有一貫的嚴肅主義——教化、信仰和美感，不斷自我鞏固，導致前衛藝術的猛烈，全面的精神錯亂。」（TE 165）

【11】「問題之典範」（idéal du problème），意指呈現哲學統一體之問題的範例；班雅明使用這概念，指出前衛作品的俗化、解構、非一致性和獨一無二特徵，對照出哲學統一體的自我封閉與疏離現實。

伍、

【1】 摘要：本章旨在闡明阿多諾的形象自身視野。前言，指出形象自身在阿多諾美學裡的重要性。第一節，認為形象自身視野的形成，受黑格爾文字風格的影響，但彼此的美學觀卻又南轅北轍。第二節列出形象自身所意涵的詩之主體、靈光消逝和新藝術視野。第三節，從阿多諾論前衛作品之實例，剖析現象自身具有直接性、解構、貧乏、野蠻、主體瓦解與去神話等表現性。最後，歸納出阿多諾以「顯現」和「表現」兩個階段，塑造形象自身視野，同時強調形象自身不只在於提出無國家和去文化標記的前衛藝術理論，其實它主要是阿多諾開展哲學

與藝術哲學的依據。

【2】 同樣的觀點，請參閱：「建立在估高美感概念上的理論（les théories fondées sur une conception de surenchère esthétique），是以知識和真理的所混融的概念為出發點——認定成功的藝術作品一定有其必不可少的訴求，否決作品有特殊美感安排的存在。因此，在那兒，絕對沒有特殊的美感判斷邏輯，可區別其它的判斷形式，畢竟美感經驗是一種誇張的、特權的知識形式。捍衛這立場的，除了青年謝林、青年黑格爾外，也包括海德格和加達默（稍後，黑格爾將美感，推向精練的不同解讀，但不妨礙他的美學仍為一種估高理論，儘管美感遭到貶低）。建立在剝除美感概念的理論（les théories fondées sur une conception privative de l'esthétique），是感覺進入忘我之純粹狀態和難以描述之濃烈，擺脫認識力的理解和意義。凡物體能提供或激起這種經驗，都可視為成功的、美的和崇高的。因此，在那兒，絕對不能有美感論辯之特殊邏輯，用來區別其他的合法模式，因為像這樣藉由一些理由的證明過程，會將美感物化簡為一種既定範圍之工具，並回過頭來否定敏感物所釋放出來的外貌光芒，後者為美感迷人的在場中介。尼采、瓦雷里、巴泰伊，最近的比普那（Rüdiger Bubner, 1941- ）均是這立場的捍衛者——康德的美感判斷力之分析，非常強調美感愉悅的不同時刻之不可界定，也屬之。」（Seel 1993 :46-47）「估高美感」的美學，傾向理念主張，「剝除美感的認識概念，進入忘我之純粹狀態和難以描述之濃烈」的美學，傾向救贖觀，同樣的論點也見於羅斯里茲的〈真理含量〉（Teneur de vérité）的論文裡，參見 Rochlitz 1993:27.

【3】 《美學理論》所指的前衛藝術或現代藝術，泛指十九世紀下半到二十世紀上半之藝術運動。

【4】 在《美學理論》裡，描述前衛藝術之形象自身特質，最鮮明的例如：「破碎在作品裡，是死亡的闖入。它破壞暗喻的同時，也損壞了外貌。」（TE 459）；又如：「藝術作品之所以有生命力，是因為它拒絕以自然物之方式表達，也因為它擺脫形塑它的主體，更因為它以它自己獨特的形象講話。」（20）

【5】 在笛卡兒和黑格爾之間，首度規劃「感性知識」之領域的哲學家是包姆加登（Alexander Gottlieb Baumgarten 1714-1762）。他除了仔細區分理性知識與感性知識各擁有自己的領域之外，也界定感性知識為一種美感真理，是一種說不清楚的美感知識。

【6】 阿多諾對十九世紀下半和二十世紀上半前衛運動的觀察，只集中在一

部分藝術家及其作品上，就像比格（Peter Bürger, 1936-）在〈現代性美學：一種追溯〉（L'Esthétique de la modernité — une rétrospective）所批評的：在阿多諾美學思想裡，藝術體制是沒有歷史的；為保有這個藝術體制，必須不停地攻擊擬古的影響或繼承。指出論據反駁黑格爾美學所發展出來的藝術死亡之理論，阿多諾所構想的現代性之作品就像一種非意識表現出來的形象，是那種歷史主義的當下視野，要達成如此觀點，勢必造成某種走捷徑方式，如以歷史主義的主觀化強制藝術表現，而且設定在每個固定的時刻僅有單一一種藝術主題，後者必須是當下的、時髦的。從那 ，形成的結果，造成能符合如此原則的作品數量就變得極端狹窄，如阿多諾式的現代性文學幾乎被簡化成如下數人：普魯斯特、卡夫卡、喬伊斯和貝克特（Bürger 1996:86-87）。不過，這也正是法蘭克福學派的批判理論之主張，不只阿多諾如此，馬庫色也如此，後者明確以部分（菁英）作為歷史代言，他著名論點「整體是虛假」（le tout est faux）（Marcuse 1968:50），強調的是：蒐羅全部並不代表是那段歷史的全部。

【7】　應該說，阿多諾的形象自身觀念所含意的歷史、文化和社會之否定，與班雅明的靈光消逝概念是一致的。《美學理論》指出靈光消」與現代藝術同義：「關於班雅明為什麼提出靈光消逝這一點，主要這個概念避開了祭儀，擁有批判的距離來針對現實的意識形態表象。現代藝術正是譴責靈光的最佳參照。」（TE 82）

【8】　班雅明在《神話與暴力》裡的〈超現實主義〉（"Le surréalisme"）憂心地提及：「自從以來，歐洲缺乏一種自由之激進觀念。超現實主義擁有這樣的觀念。（…）為革命取得醺醉力量，這是超現實主義在它所有的文字書寫和它所有的行動所意圖的。可以說，這是它獨特的任務。為了實踐這任務，一種強烈的醺醉感，就像我們已說過，是不足以擔負這整個革命行動的。超現實運動因與無政府主義的混同，而顯得模糊不清。尤其，太全面往這方面強調，將完全傷害革命朝向社會實踐之紀律和方法」。（Benjamin 1971MV :310-311）

【9】　在《神話與暴力》（mythe et violence），班雅明一邊讚揚超現實主義（surréalisme）的計畫，其解放性格懷有對極權社會的革命動機，但一邊也流露出對超現實運動融入生活的不足感到失望，——太趨向「無政府主義」（anarchisme）與「醺醉狀態」（ivresse），前衛藝術訴求隨後埋葬在第二次世界大戰裡。班雅明所看到超現實運動的失敗，不是從其他的思潮比較得來，而是源於他濃厚唯物的「社會實踐」（praxis）

思想。新一代的理論家比格（Peter Bürger 1936-）的看法更深入：
「藝術迫於社會情勢而表態，但卻達不到應有的效果。超現實主義的
重要性一點也不應被高估，並非因為它創造了最完美的藝術，而是因
為它觸及了現代藝術運動的秘密。那就是從十八世紀末藝術自治化
（autonomisation），一直到藍博（Arthur Rimbaud），假使藝術是希望
空間（espace de l'espoir），有能力實踐另類東西，那麼前衛主義計畫
之失敗暴露了藝術的社會實踐之希望，將永遠處於未完成的狀態。藝
術往後是沒有希望的希望，或者說，它只是一種追憶，追憶某一時刻
的希望是存在的。」（Bürger 1996 :84-85）事實上，在《機械複製時代
的藝術作品》（*L'oeuvre d'art à l'époque de la reproduction mécanique*）
裡，班雅明憧憬著一種社會實踐的前衛藝術計畫；但稍後，在《論波
特萊爾》（*Sur Baudelaire*）裡，則抱有前衛藝術計畫完全沒有可能性
的想法。因此，可以發覺他使自己進到一個全新的藝術認知範疇，這
就是：藝術是破除虛幻的，而且它仍不能沒有魅力。當然，作品魅力
不來自形式美感，而是來自作品噪音對歷史的美感外貌之撞擊。也
是基於此點，班雅明將超現實主義喻為「歐洲智慧之最後的瞬間」
（le dernier instantané de l'intelligence européenne）（Benjamin 1971PR：
298）。

【10】在《最低限道德》裡，以卡夫卡和超現實主義為例，他提到了「存在」
之支離破碎面貌：「卡夫卡是齊克果思想勤勉的閱讀者，但他僅從遭蹂
躪的存在層面看待其存在哲學。超現實主義砸碎了幸福允諾（promesse
du bonheur）。它為了真理的追求，犧牲了可傳達幸福的美感外貌。」
（Adorno 1991 :208）既然藝術可以解答個體在現代時期的謎樣存在
狀態，那麼藝術問題的澄清，將是存在問題的澄清。這樣的推論，成
為阿多諾在「主體自治性範疇」（catégories de l'autonomie du sujet）
和「形式之客觀性格」（caractère objectif de la forme）（Rochlitz 1993：
40）之間的聯結基礎。

【11】謎樣的形象自身，因此意味著藝術分歧性之必然，這種多元的價值觀
之並存，說明很難將之簡化為單一的普遍認知。《美學理論》的藝術
「形象自身」之觀點並不孤單，現代詮釋學之所以突顯主體的理解經
驗，便是以存在自身為前提，均可說為詮釋問題（也是語言問題），一
個強調感官經驗（empirique），一個投入思想經驗（expérience），拉開
了二十世紀兩條不同的理論路線。

【12】對阿多諾而言，前衛作品為一閉鎖性的自體存在，它本身處於靜默狀

態，其形象語言是「不變化」的（non-métamorphose）（TE 167）。它沒有任何莊嚴的意義，其內容或意義就是形象自身。正是從藝術的模擬狀態，──藝術家藉媒材擬造烏托邦世界，於其中投入了包括身體、情緒和莫名的感覺──，阿多諾提出了超越唯心主義美學的「藝術當下性」，這就是說人的日常生活經驗、情感、非意識、非理性等整體感覺，全然烙印在作品的形象上，那裡隱藏著個體與工業社會糾葛的複雜狀態。阿多諾認定現代作品的奇形怪狀之形象，映射著工業社會人的真實之存在狀態：「藝術成為謎，因為它所顯現的，解答了存在之謎。」（167）

【13】 在針對激烈的前衛藝術現象上，他有所感的指出，過去的文化批評，對新藝術的悲觀論調實讓人喘不過氣來，最具代表性的像「黑格爾在一百五十年宣稱藝術進入終結時期」；而「韓波（Arthur Rimbaud, 1854-1891）在一百年前發出驚人之語，預言由於藝術的沈默，以及服從體制，將引出自為的新藝術史」（18）。

【14】 這些他所偏愛的，或者說是他眼裡的現代性藝術家，為《美學理論》最重要的論述中心。

【15】 現代藝術的解構運動所引爆的文化問題，為歐洲語言與思想危機的一環。最直接提到二十世紀的三十、四十年代之概念危機和意識形態衝突的，莫過於沙特（Jean-Paul Sartre, 1905-1980）了。在〈Brice Parain〉裡，沙特談及當時病態文字組成的語言，例如「和平」意味侵略，「自由」反映壓迫，而「社會主義則被形容為不公平的社會原則」（Sartre 1947:236）。在〈人與事物〉（L'homme et les choses）裡，甚至說語言危機，最終以對語意不感興趣收場：「特別是在那個社會背景裡，文字已不再有意義，一些文字像自由、批判、科學，摻入矛盾、不調和的意義之後，已沒有意義可言。」（302）意識形態衝突下的語言，根本是社會衝突的見證。如同阿多諾所言，這些語言最終將時代帶入「意義危機」（crise du sens）之中，而「意義危機為整個藝術的共同問題性」（TE 200）。尼采應該是歐洲思想家中最早看出古老形而上哲學的二分法（dichotomie），讓文字表達陷於雙重性格裡。病態語言所傳達的語言概念危機，不僅是意識形態的語言溫床，而且也是哲學懷疑論興起的主因。

【16】 此論文收集於《文學評論》（Notes sur la littérature），總集於一九七四年出版。

【17】 正如《美學理論》的評述，閱讀者很容易在它的小說中，找到穿插其中

的小寓言，——最著名的例子肯定就是嵌入《審判》（*Le procès*）中的寓言，門房的事在 Josef K. 向修士解釋時越來越模糊；這種透過適度和客觀的語調，但又坑坑窪窪、面容毀損的寓言，與所敘述的東西形成強烈的對比，然而，恰是這藝術的間離效果，準確地使客觀的物化顯現出來，而造就了相當獨特的「當下性」（immédiateté）。

〔18〕「L'immanence de la société dans l'oeuvre est le rapport social essentiel de l'art, non pas l'immanence de l'art dans la société」（參見 TE 296）。

〔19〕Plinio Walder Prado Jr. 在它的〈藝術異議之筆記〉裡，認為《美學理論》應該是獻給貝克特的。參閱 Prado Jr. 1993:171.

陸、

〔1〕被選定的作品具有推動藝術轉折性格。

〔2〕如同在《前衛藝術理論》（*Théorie des avant-gardes*），比格所提到的：「多虧歷史前衛運動的出現，提供了藝術的自我批判。」（Bürger 1984:27）

〔3〕「美的藝術只是一種解放之台階，而非至高無上的解放自身」（Hegel 1994 III: 350；§562）

〔4〕前一篇，分析本能與文明之間的衝突原因；後一篇討論本能遭壓制後所形成的所有權（propriété）、支配（domination）、勞動分工（division du travail）和傳統（tradition）等問題。

〔5〕華格納作品。

〔6〕一條從席勒經波特萊爾到尼采的反 Logos 的「本能」開展系統，另一條從黑格爾到馬克思的社會批判系統。

柒、

〔1〕「為了不只是單純的世界，藝術家必須賦予素材某種形態。為了不只是單純的形式，他必須使自己的質素現實化。當他將自己的質素現實化，而創造了時間，他使變與不變相對應，使自我之永恆統一與世界之多樣性相對立。當他把素材形塑成形式而去除了時間，也將變化固定在不變之中，也將世界的多樣化納向自我的統一體中。」（Schiller 1943:179）

捌、

〔1〕參閱 Menke 1992 :95：「美學前衛者發展的藝術觀念，透過不可化簡的雙重界定，將藝術理論置於一個史無前例的位置上。一邊，他們追求

鞏固藝術表現方法之自治性，到不懷疑的地步——如同以形式主義的論說，將注意力集中在藝術家解放出來的技術和步驟上。另一邊，美學前衛者允諾鋪展藝術表現方法之有效性，到不懷疑的地步，——如同以革命性論說做見證，強調藝術家之察覺和態度的轉變。透過顛覆與藝術自治性之雙重觀點，美學前衛者匯聚這些範例，於其中，現代藝術理論在隔離兩者之下，從來進行描繪藝術場域。這些範例的第一個，平行於其他類型之思想經驗和論說，將藝術併入現代性可區分的理性，相對的，第二個則將藝術限定在一種超越非美感論說之潛能。」

〔2〕 阿多諾指出，儘管黑格爾辯證法，相當程度強調差異精神，但其非同一性思想，其實是「被構思在非同一的同一性（identité avec non-identique）」範圍裡（TE 147）。哈伯瑪斯批評「黑格爾辯證法本身並不涉及個體獨特的特異反應（idiosyncrasie de la singularité individuée）」（Habermas 1990 :250），則準確點出黑格爾思想的非同一性有相當的唯心成分，欠缺具體論據，惟提及黑格爾辯證法啟發了阿多諾非同一性思想的前期發展。關於哈伯瑪斯的說法，阿多諾在《對黑格爾的三個研究》（*Trois études sur Hegel*）裡是承認的，參閱 Adorno 1979 :121-122。

〔3〕 如同哈伯瑪斯對《最低限道德》的評價：「《最低限道德》之所以值得被視為不朽，便在於它的語體及所涉及書寫者複雜思緒，針對同一性思想的激昂拒絕。大部分阿多諾的批判者，將之視為其著作之屈辱，而他卻是以這本著作為榮的，這是阿多諾思想的代表作。〔…〕在過往的哲學傳統，從來沒有像《最低限道德》能穿入某些事物核心，那是觸動主體思想迴響，這樣的思想當然不與支配性邏輯相關聯。」（Habermas 1990 :234）

〔4〕 轉引自羅斯里茲（Rainer Rochlitz 1946-2002）〈美學與理性——從阿多諾到哈伯瑪斯〉（Rochlitz 1985:59-60）。或見 "Resignation", dans *Kritik, Kleine Schriften zur Gesellschaft*, Francfort : Suhrkamp, 1971, p.150.

〔5〕 阿多諾指出亞里斯多德是歐洲理論界，首度以模擬觀，一種感性擬造的藝術本質，區別「藝術知識」（connaissance artistique）與「概念知識」（connaissance conceptuelle）的哲學家（參閱 TE 166）。

〔6〕 「內美感」（intra-esthétique），指的是理論上強調藝術美感出自本能與直覺，而引發狂喜或醺醉狀態，例如尼采的「藝術生理學」（physiologie de l'art）；與「內美感」相對的「超美感」（extra-esthétique），則可以康德的美感判斷為例，主張美感不出自本能和直覺，而是在本能和直覺之上，有種「綜合主體能力之超感覺基質」，能形塑某種形而上的美感

　　狀態。這種形而上的美感狀態，依賴的是文化體悟、文化追溯或象徵聯想，例如中國人看到山水畫中的竹子會有高風亮節的象徵共鳴感。

【7】 古典的外貌概念，仍以亞里斯多德的「敏感世界之外貌」（apparence du monde sensible）為認知基礎，其根本觀念在於視「外貌的敏感性」和「和諧」為同義，並強調作品之和諧美感可導引觀者，進入「沈思」（contemplation）狀態。為什麼外貌會令人感受到美感呢？阿多諾認為那是由於：1. 藝術外貌承繼過去藝術美之原則，後者為「社會的共同記憶」；2. 觀者腦中的藝術教養和傳承過去的藝術外貌產生共鳴。「可見和諧是一種人為建構，〔…〕那是由（擬古的）精神所決定。」（TE 145）所以古典的外貌概念，因此和本質、精神、真實是同義的。

【8】 以伏爾泰（Voltaire 1694-1778）為代表，在理性的絕對主義綱領下，他要求文化藝術需服從特定的規範。所以，在理性體制已成形的歐洲資產階級社會裡，思想界提出美感狀態及其自由想像，已含有個體意識和社會集體意識之間無法消弭的衝突情勢，為十九、二十世紀的思想和藝術埋下革命的種子。

【9】 轉引自 Zima 1985:110。

【10】 吉姆內茲(Marc Jimenez)在《什麼是美學？》（Qu'est-ce que l'esthétique?）裡，認為《美學理論》點出了現代性（modernité）與困境(aporie)的關聯性，同時也認為阿多諾思想為十九世紀後半歐洲資產階級主體性瓦解，衍生衰亡情境的延續，大意為：《美學理論》出版於阿多諾去世後一年），這本著作見證了歐洲美學從自治性美學，轉折到政治美學的激烈過程。不同於黑格爾《美學課程》（Cours d'esthétique）的明確與建設性，《美學理論》可說集所有二十世紀藝術、思想和理論疑難於一身，正如現代時期前衛藝術於跌跌撞撞與不確定的過程中茁壯一樣。造成理論的「疑難」，是因為作者在融入前衛藝術的經驗之同時，一邊追溯文化歷史，另一邊以辯證態度詮釋藝術問題，試圖藉前衛藝術之表現，揭發歷史、文化、社會之矇蔽性。結果：前衛藝術之爆裂性格和表現模式——折射現實社會的對立矛盾，展現模糊不清和雜亂的文體。（Jimenez 1997:382-395）

【11】 阿多諾確信同一性原則源自於工業社會商品交換，所形成的一種「普遍的支配」（domination universelle）。他的認知是：「交換提供資產階級社會之社會學典型，幸虧交換讓個體存在及其非同一性成為可度量，〔…〕。交換原則發揮作用，將整體世界化約為同一性，化約為整體性（totalité）。」交換是以具體真實的方式，執行抽象的行為。介於

同一性思想與交換原則之間，彼此在根本上具同源關係或親屬關係。現代藝術之非同一性外貌之作用，也便是在拒絕這個「普遍的支配」，由此遂行其社會實踐。

【12】這種以否定方式解釋前衛藝術「造外貌的反」，在這本論文裡俯拾即是：「現代藝術之辯證，是在寬廣意志下擺脫外貌特徵，就像動物磨其角一樣。藝術的歷史運動之困境，讓藝術繼續存之可能性蒙上陰影。反寫實主義運動如表現主義運動，也加入造外貌的反之行列。反對複製外在世界，表現主義赤裸裸的打開精神狀態，貼近心理紀錄（psychogramme）。然而，造外貌的反之結果，造成藝術作品退化為純事物性（chosalité）中，這是意圖越出藝術之懲罰。」（TE 138-139）

【13】尼采拋棄黑格爾在外貌與真理之間所建立的關係，同時也撇開歷史準則（critère de l'histoire）。尼采此舉符合不具實體化的「外貌體現本有的樣子」。對尼采來說，為使得美感經驗不單一化，他賦予「外貌自身」意涵，即「外貌就是外貌」，同時，主張人與外貌之間，是一種鏡子效果的外貌之外貌。後者屬於可以想像或夢幻之境的範疇。

【14】「造外貌的反」的創作邏輯，導致現代作品不再具有往昔應有的「真、善、美」三位一體的美感教化意義，只以「否定」為其活力依據，這便是現代作品「目的性缺席」（l'absence de finalité）（TE 137）特徵。

【15】吉姆內茲（Marc Jimenez）指出阿多諾為歐洲美學從自治性階段轉到政治（tournant politique）之代表人物。他對近代美學思想的轉變趨向有相當細膩的描述：「在災難來臨之前，理論界那種資產階級式的樂觀與積極，很快地轉變成對當下的憂心與對未來的沮喪。大多數人物對歐洲文明作了悲觀的總結；他們毫不猶豫地認定這個文明之沒落，起於紀元前五世紀有名的希臘黃金時期；持這種論點的，有盧卡奇與海德格。而班雅明、馬庫色與阿多諾則指責自啟蒙時期開始理性之腐化，尤其他們追溯理性本質的病態始於荷馬。

這種針對世界狀態之思想破滅與苦味的診斷，至少引起兩種結果。一方面，他激起某些思想家融入意識形態，藉意識形態賦予沈淪的個體一種希望，同時允諾集體性的美好未來：海德格在國家社會主義運動內部的偉大性，一種拯救德意志民族的偉大性，相對的，就盧卡奇來說，惟有馬克思主義的歷史哲學可確定一個人道主義的可能前途；布洛斯指望共產主義可具體化於藝術之烏托邦世界；至於而班雅明、馬庫色與阿多諾，受馬克思主義的歷史哲學影響，但又激烈反對實踐於政治與歷史上的教條馬克思主義，他們期望──儘管做不到，動搖資本

主義社會的結構，意圖終止當代生活之物化。

另一方面，從文明沒落的相同診斷，引起對現代藝術角色之不同估價。可明確指出，這些理論態度均集中於，以美學的政治轉折特徵表現出來。或視現代藝術及其拆毀傳統形式為西方社會衰敗之反射，或在現代藝術裡看到一種優惠的表現模式，藝術家藉由它，採用一種批判立場面對現實，以及準確顯示藝術家轉化世界之希望。（Jimenez 1997 : 334-335）」

玖、

【1】 本文所謂的前衛藝術家或前衛作品，其指涉在阿多諾的《美學理論》裡是相當具體且明確的。

【2】 阿多諾美學之所以是當代推動藝術知識的轉動的主要代表，便在於形象自身的藝術否定性。他的物的理論構成了二戰之後客體優先的知識論工程主要範式之一；而「藝術創作過程」閱讀理論，則藉佛洛伊德理論開啟作品中心論，此藝術理論的新範疇基本上有別於十九世紀樸素的藝術社會學，將藝術史和藝術理論方法論推向新的里程碑。（第一階段傾向藝術家傳記——代表者十六世紀的瓦薩里，第二階段傾向風格和語言分析——代表者十八世紀的溫克爾曼，第三階段連結藝術與社會的藝術社會者——代表者十九世紀上半的黑格爾。）

【3】 主要的理論者包括：Constance 大學姚斯教授（Hans Robert Jauss 1921-）、Brême 大學比格教授（Peter Bürger 1936-）、Bielefeld 大學博萊教授（Karl Heinz Bohrer 1935-）等三位文藝理論專業，Tübingen 大學比普納教授（Rüdiger Bubner 1941-）、Constance 大學魏默教授（Albrecht Wellmer 1933-）等兩位哲學專業。

【4】 Christoph Menke 認為阿多諾美學循著兩種途徑交錯鋪陳，一為「批評觀念」（conception critique），一為「純粹觀念」（conception purist），前者以前衛作品為論據，進行社會、文化和歷史的否定，後者以「純粹觀念」批判唯美主義（Menke 1993:18-19）。

後記

【1】 所謂悖論，指的是前衛藝術以攻擊藝術為其活力的模式。

略 語

CMP : Chemins qui ne menent nulle part.

DN: Dialectique négative / Negative dialektik.

EH : Trois études sur Hegel / Drei Studien zu Hegel.

FB : Francis Bacon: Logique de la sensation.

K : Kafka- pour une littérature mineure.

LS : Logique du sens.

MM : Minima Moralia.

MP : Mille Plateaux : capitalisme et schizophrénie 2.

MVR : Le monde comme volonté et comme représentation

NL : Notes sur Littérature / Noten zur Literatur.

P : Pourparlers 1972-1990.

PA : Philosophie de l'art.

QP : Qu'est-ce que la philosophie?

TE : Théorie esthétique / Ästhetische theorie.

引用書目

Adorno, Theodor. *Autour de la Théorie Esthétique : Paralimomena et introduction premier.* traduit de l'allemand par Marc Jimenez et Eliane Kaufholz, Paris: Klincksieck, 1976.

Adorno, Theodor W. *Philosophie de la nouvelle musique.* traduit de l'allemand par Hildenbrand et Alex Lindenberg, Paris : Gallimard, 1962. (*Philosophie der neuen musik.* Köln : Europäische Verlagsanstalt Köln, 1958).

Adorno, Theodor W. *Dialectique négative.* traduit de l'allemand par le groupe de traduction du Collège de philosophie, Postface de Hans-Günter Holl, Paris: Payot, 1972. (*Negative dialektik.* Francfort-sur-le-Main : Suhrkamp Verlag, 1966) .

Adorno, Theodor W. *Théorie esthétique.* traduit de l'allemand par Marc Jimenez, Paris: Klincksieck, 1989. (*Ästhetische theorie.* Francfort-sur-le-Main : Suhrkamp Verlag, 1970) .

Adorno, Theodor. *Essai sur Wagner.* Traduit de l'allemand par Hans Hildenbrand et Alex Lindenberg, Paris: Gallimard, 1966.

Adorno, Theodor W. *Minima Moralia − Réflexion sur la vie mutilée.* traduit de l'allemand par Eliane Kaufholz et Jean-René Ladmiral, Paris : Payot, 1991. (*Minima Moralia.* Francfort-sur-le-Main : Suhrkamp Verlag, 1951) .

Adorno, Theodor W. *Jargon de l'authenticité.* préface et traduction d'Eliane Escoubas, postface de Guy Petitdemange, Paris :Payot, 1989. (*Jargon der digentlichkeit : zur deutschen ideologie.* Francfort-sur-le-Main : Suhrkamp Verlag, 1964) .

Adorno, Theodor W. *Notes sur la littérature.* traduit de l'allemand par Sibylle Muller, Paris : Gallimard, 1984. (*Noten zur Literatur.* Francfort-sur-le-Main : Suhrkamp Verlag, 1958,1961,1965,1974) .

Adorno, Theodor W. et Horkheimer, Max. *La dialectique de la raison.* traduit de l'allemend par Eliane Kaufholz, Paris: Gallimard, 1989. (*Dialektik der Aufklärung. Philosophische fragmente.* Francfort-sur-le-Main : S. Fischer Verlag GmbH, 1969) .

Adorno, Theodor W. *Kierkegaard.* traduit de l'allemand par Eliane Escoubas, Paris: Payot, 1995. (*Kierkegaard.* Gesammelte Schriften II, Francfort-sur-le-Main : Suhrkamp Verlag, 1979) .

Adorno, Theodor. *Quasi una fantasia.* traduit de l'allemand par J.-L. Leleu, Paris : Gallimard, 1982.

Adorno, Theodor. *Trois études sur Hegel.* traduit de l'allemand par Le séminaire de traduction du Collège de Philosophie, Paris : Payot, 1979.

Adorno, Theodor. " Bach défendu contre ses amateurs" et " Arnold Schönberg". dans *Prismes*. Traduit de l'allemand par G. Et R. Rochlitz, Paris : Payot, 1986.

Adorno, Theodor. *Philosophische Frühschriften*. *Gesammelte Schriften I*. Francfort: Suhrkamp, 1973.

Adorno, Theodor. *Sur quelques relations entre musique et peinture*. traduit de l'allemand par Peter Szendy, avec la collaboration de Jean Lauxerois, Paris: la caserne, 1995.

Adorno, Theodor. "Philosophisch Frühschriften". *Gesammelte Schriften I*. Francfort: Suhrkamp, 1973.

Adorno, Theodor. *Über Walter Benjamin*. Francfort: Suhrkamp, 1970.

Adorno, Theodor W. *Prismes : Critique de la culture et société*. traduit de l'allemand par Genevière et Rainer Rochlitz, Paris : Payot, 2003.

Aristote, *Poétique*. introduction, traduction nouvelle et Annotation de Michel Magnien, Paris: Librairie Générale Française, 1990.

Bataille, Georges. *L'expérience intérieure*. Paris :Gallimard, 1994.

Bataille, Georges. "La structure psychologique du fascisme". section VI : "La souveraineté"（1933-1934）. dans *Oeuvres complètes*, t.I, *Premiers écrits 1922-1940*. Paris :Gallimard, 1987.

Baudelaire, Charles. *Critique d'art*. Paris: Gallimard, 1995.

Baudrillard, Jean. *La transparence du mal*. Paris: Galilée, 1990.

Benjamin, Walter. *Le Concept de critique esthétique dans le romantisme allemand*. traduit de l'allemand par Ph. Lacoue-Labarthe et A.M. Lang, Paris: Gallimard, 1986.

Benjamin, Walter. *Mythe et violence*. traduit de l'allemand par M. De Gandillac, Paris : Denoël, 1971.

Benjamin, Walter. *Origine du drame baroque allemand*. traduit de l'allemand par Sibylle Muller, Paris : Flammarion, 1985.

Benjamin, Walter. *Ecrits autobiographiques*. traduit de l'allemand par Christophe Jouanlanne et Jean-François Poirier , Paris : Bourgois, 1990.

Benjamin, Walter. *Charles Baudelaire*. traduit de l'allemand par Jean Locoste, Paris: Payot, 1974.

Benjamin, Walter. "L'oeuvre d'art à l'époque de sa reproduction mécanisée". dans *Ecrits français*. Présentés et introduits par Jean-Maurice Monnoyer, Paris: Gallimard, 1991, pp.140-171.

Benjamin, Walter. *Paris-Capitale du XIXe siécle-le livre des passages*. traduit de l'allemand par Jean Lacoste d'après l'édition originale établie par Rolf Tiedemann, Paris: Cerf, 1989.

Benjamin, Walter. *Poésie et révolution*. traduit de l'allemand par Maurice de Gandillac, Paris : Denoël, 1971.

Benjamin, Walter. "*Les Affinités électives* de Goethe". dans *Mythe et Violence*. traduit de l'allemend par Maurice de Gandillac, Paris : Denoël,1971.

Benjamin, Walter. "L'oeuvre d'art à l'époque de sa reproduction mécanisée".

dans *Ecrits français*. présenté et introduit par Jean-Maurice Monnoyer, Paris: Gallimard, 1991, pp.140-171.

Bohrer, Karl Heinz."Esthétique et historisme-le concept nietzschéen d'apparence". dans *Théories esthétiques après Adorno*. traduit de l'allemand par Rainer Rochlitz et Christian Bouchindhomme, Paris: Actes Sud, 1990, pp.129-169.

Bohrer, Karl Heinz. "Nach der Natur". dans *Merkur*. août, 1987.

Bruaire, Claude. *La dialectique*. Paris: PUF, 1985.

Bubner, Rüdiger. "De quelques conditions devant être remplie par une esthétique contemporaine". dans *Théories esthétiques après Adorno*. traduit de l'allemand par Rainer Rochlitz, Paris: Actes Sud, 1990, pp.79-122.

Bürger, Rudolf. "De la volonté du sublime". dans *Revue des Sciences Humaines*. No :229, 1993-1, Lille : PU Lille, 1993 , pp. 61-80.

Bürger, Peter. *La prose de la modernité*. traduit de l'allemand par Marc Jimenez, Paris: klincksieck, 1995.

Bürger, Peter. "L'anti-avant-gardisme dans l'esthétique d'Adorno". dans *Revue d'Esthétique*. No: 8, Paris: Privat, 1985, pp.85-94.

Bürger, Peter. "L'esthétique de la modernité − une rétrospective". traduit de l'allemand par Rainer Rochlitz, dans *Esthétique des philosophes*. les Rencontres Place Publique, Paris : Editions Dis Voir, 1996, pp.81-90.

Bürger, Peter. "Pour une critique de l'esthétique idéaliste". dans *Théories esthétiques après Adorno*. traduit de l'allemend par Rainer Rochlitz et Christian Bouchindhomme, Paris : Actes Sud, 1990, pp.171-246.

Bürger, Peter. *Theory of the Avant-Garde*. translation from the German by Michael Shaw, University of Minnesota Press, 1984.

Bürger, Rudolf. "De la volonté du sublime". dans *Adorno*. ﹙textes réunis par Andreas Pfersmann﹚ Lille : P.U. Lille, 1993, pp.61-80.

Chateau, Dominique. *La Question de la question de l'art*. Paris :PUVincennes, 1994.

Descartes, René. *Discours de la méthode*. Paris : Librairie philosophique J. Vrin, 1992.

Descartes, René. *Méditations métaphysiques*. Paris : PUF, 1996.

Deleuze, Gilles. *Francis Bacon: Logique de la sensation*. Paris : Seuil, 2002.

Deleuze, Gilles. *Cinéma 1 − L'image-mouvement*. Paris :Les éditions de Minuit, 1983.

Deleuse, Gilles. *La philosophie critique de kant*. Paris: PUF, 1963.

Deleuse, Gilles. *Logique du sens*. Paris : Les éditions de Minuit, 2005.

Deleuze, Gilles. *Pourparlers 1972-1990*. Paris :Les éditions de Minuit, 1990.

Deleuze, Gilles. Guattari, Felix. *L'Anti-OEdipe*. Paris: Les Editions de Minuit, 1972.

Deleuze, Gilles. Guattari, Felix. *Mille Plateaux : capitalisme et schizophrénie 2*. Paris : Les éditions de Minuit, 2001.

Deleuze, Gilles. Guattari, Felix. *Kafka- pour une littérature mineure*. Paris : Les éditions de Minuit, 2005.

Deleuze, Gilles. Guattari, Felix. *Qu'est-ce que la philosophie⬚* Paris :Les éditions de Minuit, 2001.

Derrida, Jacques. *L' écriture et la différence*. Paris: Editions du Seuil, 1967.

Diderot, Denis. "Essais sur la peinture". dans *Oeuvres esthétiques*. Paris : Classiques Garnier, 1994.

Engels, Friedrich. *Dialectique de la nature*. traduit de l'allemand par Emile Bottigelli, Paris: Editions sociales, 1952.

Ferrier, Jean-Louis. *L'aventure de l'art aux XXe siècle*. sous la direction de Jean-Louis Ferrier avec la collaboration de Yanne Le Pichon, Paris : Editions du Chêne,1988.

Habermas, Jürgen. *Profils philosophiques et politiques*. traduit de l'allemend par Françoise Dastur, Jean-Réne Ladmiral et Marc B. De Launay, préface de Jean-Réne Ladmiral , Paris: Gallimard, 1971.

Habermas, Jürgen. *L'Espace publique*. traduit de l'allemand par M.B. de Launay, Paris : Payot, 1988.

Habermas, Jürgen. *Théorie de l'agir communicationnel* : *Critique de la raison fonctionnaliste*. Tome I, Tome II, traduit de l'allemand par Jean-Louis Schlegel, Paris: Fayard, 1987.

Heidegger, Martin. "L'origine de l'oeuvre d'art". dans *Chemins qui ne menent nulle part*. traduit de l'allemand par W. Brokmeier, Paris: Gallimard, 1962.

Heidegger, Martin. *Approche de Hölderlin*. traduit de l'allemend par Henry Corbin, Michel Deguy, François Fédier et Jean Launay, Paris : Gallimard, 2001.

Heidegger, Martin. *Nietzsche I*. traduit de l'allemand par Pierre Klossowski, Paris :Gallimard, 2004.

Hegel, G.W.F. *La science de la logique*. texte intégral présenté, traduit et annoté par Bernard Bourgeois, Paris :J. Vrin, 1994.

Hegel, G.W.F. *Phénoménologie de l'esprit*. présentation, traduction et notes par Gwendoline Jarczyk et Pierre-Jean Labarrière, Paris: Gallimard, 1993.

Hegel, G.W.F. *Cours d'esthétique*. volume I, traduit de l'allemend par Jean-Pierre Lefebvre et Veronika von Schench, Paris : Aubier, 1995.

Hegel, G.W.F. *Cours d'esthétique*. Volume II, traduit de l'allemand par Jean-Pierre Lefebvre et Veronika von Schench, Paris: Aubier, 1996.

Hegel, G.W.F.*Cours d'esthétique*. Volume III, traduit de l'allemand par Jean-Pierre Lefebvre et Veronika von Schench, Paris: Aubier, 1997.

Hegel, G.W.F. *Phénoménologie de l'esprit*. présentation, traductions et notes par Gwendoline Jarczyk et Piere-Jean Labarrière, Paris : Gallimard, 1993.

Hegel, G.W.F. *Leçon sur l'histoire de la philosophie II*. traduit de l'allemend par J. Gibelin, Paris : Gallimard, 1991.

Hegel, G.W.F. *Esthétique des arts plastiques*. texte intégral Présenté, traduit de l'allemend par Bernard Teyssèdre, Paris: Hermann, éditeurs des sciences et des arts, 1993

Hofer, Wolfgang. "Adorno et Kafka — remarques sur une constellation", dans *Revue des Sciences Humaines*. No :229, Lille :P.U. Lille III, 1993. pp.145-162.

Jauss, Hans Robert. *Pour une herméneutique littéraire*. traduit de l'allemand par Maurice Jacob, Paris : Gallimard, 1988.

Jauss, Hans Robert. "Esthetique de la réception et communication littéraire". in *Critique*. No.413, Paris : Editions de Minuit, Octobre 1981.

Jauss, Hans Robert. " Le Modernisme- son processu littéraire de Rousseau à Adorno". dans *Théories esthétiques après Adorno*. traduit de l'allemand par Rainer Rochlitz et Christian Bouchindhomme, Paris: Actes Sud, 1990, pp.31-71.

Jimenez, Marc. *La Critique- crise de l'art ou consensus culturel ?* Paris : Klincksiek, 1995.

Jimenez, Marc. *Adorno et la modernité-vers une esthétique négative*. Paris : Klincksiek, 1986.

Kant, Emmanuel *Critique de la faculté de juger*. traduit de l'allemand par Alain Renaut, Paris: Aubier, 1995.

Kant, Emmanuel. *Critique de la raison pure*. traduit de l'allemand par Allexandre J.-L. Delamarre et François Marty à partir de la traduction de Jules Barni, Paris: Gallimard, 1980.

Kant, Emmanuel. *Annonce de la prochaine conclusion d'un traité de paix en philosophie*. traduits de l'allemand par F. Proust et J.-F. Poirier, Paris : Flammarion, 1991.

Klee, Paul. *Théorie de l'art moderne*. Paris :Denoël, 2003.

Lyotard, J.-F. "Le sublime et l'avant-garde". dans *L'inhumain*. causeries sur le temps, Paris : Galilée, 1988 .

Marcuse, Herbert. *Raison et révolution : Hegel et la naissance de la théorie sociale*. presentation de Robert Castel, traduits de l'allemand par Robert Castel et Piere-Henri Gonthier, Paris : Les Editions de Minuit, 1968.

Marcuse, Herbert. *Contre-révolution et révolte*. traduits de l'anglais par D. Coste, Paris : Seuil, 1973.

Marx, Karl. *Principes d'une critique de l'économie politique*. traduit de l'allemand par Jean Malaquais et Maximilien Rubel, Paris: Gallimard, 1968.

Marx et Engels, *Sur la littérature et l'art*. textes choisis, précédés d'une introduction de Mauris Thorez et d'une étude de Jean Freville, Paris : Editions Sociales, 1954.

Marx et Engels, *L'idéologie allemande*. présentée et annotée par Gilbert Badia, traduits de l'allemand par Henri Auger, Gilbert Badia, Jean Baudrillard et Renée Cartelle, Paris : Editions Sociales, 1976.

Menke, Christoph. *La souveraineté de l'art − L'expérience esthétique après Adorno Derrida.* traduit de l'allemand par Pierre Rusch, Paris : Armand Colin, 1993.

Menke, Christoph. "Esquisse d'une esthétique de la négativité", dans *L'art sans compas.* Paris : Cerf, 1992, pp.95-122.

Meschonnic, Henri. "Le langage chez Adorno ou presque comme dans la musique". dans *Revue des Sciences Humaines.* No :229, Lille :P.U. Lille III, 1993. pp. 81-116.

Merleau-Ponty, Jacques. *L'OEil et l'esprit.* Paris: Gallimard, 1961.

Merleau-Ponty, Jacques. *Le Visible et l'Invisible.* Paris: Gallimard, 1964.

Nietzsche, Frédéric. *Les philosophes préplatoniciens.* traduit de l'allemand par Nathalie ferrand, Paris: Léchat, 1994.

Nietzsche, Frédéric. *Aurore. Pensée sur les préjugés moraux: Fragments posthumes Début 1880-Printemps 1881.* traduit de l'allemand par Julien Hervier, Paris: Gallimard, 1980.

Nietzsche, Frédéric. *La naissance de la tragédie. Fragments posthumes Automne 1869-Printemps 1872.* traduit de l'allemand par Michel Haar, Philippe Lacoue-Labarthe et Jean-Luc Nancy, Paris: Gallimard, 1977.

Nietzsche, Frédéric. *Le Gai Savoir. Fragments posthumes. été 1881-été 1882.* traduit de l'allemand par Pierre Klossowski, Paris: Gallimard, 1982.

Nietzsche, Frédéric. *Humain, trop humain.* traduit de l'allemand par A.–M. Desrousseaux, Paris: Le livre de Poche, 1995.

Nietzsche, Frédéric. *La volonté de puissance. Essai d'une transmutation de toutes les valeurs.* traduit de l'allemand par Henri Albert, Paris: Librairie Générale Française, 1991.

Nietzsche, Frédéric. *Fragments posthumes. Automne 1884-automne 1885.* traduit de l'allemand par Michel Haar et Marc B. de Launay, Paris: Gallimard, 1982.

Nietzsche, Frédéric. *Fragments posthumes. Automne 1887-automne 1888.* XIII, traduit de l'allemand par Pierre Klossowski, Paris: Gallimard, 1986.

Nietzsche, Frédéric. *Le cas Wagner.Crépuscule des Idoles. L'Antéchrist. Ecce Homo. Nietzsche contre Wagner.* traduits de l´allemand par Jean-claude Hémery, Paris : Gallimard, 1974.

Platon, *La Republique.* traduction par Robert Baccou, Paris: Flammarion, 1966.

Prado Jr, Plinio Walder. "Notes sur la résistance artistique". dans *Revue des Sciences Humaines.* No :229, 1993-1, Lille : PU Lille, 1993. pp.163-177.

Rimbaud. Arthur. *Oeuvres.* Paris :Suzanne Bernard, 1960.

Rochlitz, Rainer. "Esthétique et Rationalité: D'Adorno à Habermas". dans *Revue d'Esthétique.* No.8, Paris: Privat, 1985, pp.59-68.

Rochlitz, Rainer. "Lecture d'un philosophe musicien". dans *Critique.* 457-458, Paris : Edition de Minuit, 1985, pp.607-617.

Rochlitz, Rainer. "Teneur de vérité". dans *Revue des Sciences Humaines*. No :229, Paris, 1993, pp.27-60

Rosset, Clement. *L'esthétique de Schopenhauer*. Paris : PUF, 1969.

Rousseau, Jean-Jacques. *Discours sur les Sciences et les arts*. Paris : Gallimard, 1992.

Rousseau, Jean-Jacques. *Du Contrat social*, Paris : Gallimard, 1993.

Schaeffer, Jean-Marie. *L'art de l'âge moderne*. Paris :Gallimard, 1992.

Schiller, Friedrich von. *Lettres sur l'éducation esthétique de l'homme. quatorzième lettre*. traduit de l'allemand par Robert Leroux, Paris: Aubier, 1943.

Schelling, Friedrich Wilhelm Joseph. *Textes esthétiques*. traduit de l'allemend par Alain Pernet, présentés par Xavier Tilliette, Paris : Klincksieck, 1978.

Schelling, Friedrich Wilhelm Joseph. *Philosophie de l'art*. traduits de l'allemand par Caroline Sulzer et Alain Pernet, présentation et notes par Caroline Sulzer, Paris : Jérôme Millon, 1999.

Schopenhauer, Arthur. *Le monde comme volonté et comme représentation*. traduit de l'allemand par A. Burdeau, Paris: PUF, 1906,1992.

Seel, Martin. *L'Art de diviser- le concept de rationalité esthétique*. traduit de l'allemend par Claude Hary-Schaeffer, Paris : Armand Colin, 1993.

Shusterman, Richard. *L'art à l'état vif — la pensée pragmatiste et l'esthétique populaire*. traduit de l'américain par Christine Noille, Paris : Les Editions de Minuit, 1991.

Tiedemann, Rolf. *Etudes sur la philosophie de Walter Benjamin*. préface de Théodor W. Adorno, traduits de l'allemand par Rainer Rochlitz, Paris :Actes Sud, 1987.

Valéry, Paul. "Tel quel", dans *Oeuvres complètes*. tome II, Paris : Gallimard, 1960. pp.473-571

Valéry, Paul. "Rhumbs", dans *Oeuvres complètes*. tome II, Paris : Gallimard, 1960. pp.597-750.

Vico, Giambattista. *Vie de Giambattista Vico écrite par lui-même*. traduit de l'italien par A. Pon, Paris : Nagel, 1981.

Weber, Max. *Essai sur la théorie de la science*. traduit de l'allemand par Julien Freund, Paris : Presses Pocket, 1992.

Wellmer, Albrecht. "Vérité-apparence-réconciliation: Adorno et sauvetage esthétique de la modernité", dans *Théories esthétiques après Adorno*. traduit de l'allemand par Rainer Rochlitz, Paris: Actes Sud, 1990, pp.247-294.

Wiggershaus, Rolf. *L'Ecole de Francfort — histoire, développement, signification*. traduit de l'allemand par Lilyane Deroche-Gurcel, Paris : PUF, 1993.

Zima, Pierre V. "Adorno et la crise du langage : pour une critique de la parataxie". dans *Adorno. Revue d'Esthétique*. No8, Paris : Privat, 1985 , pp.105-125.

附錄一：阿多諾主要的活動與著作

1903　九月十一日出生於德國法蘭克福。家境富裕。父親 Wiesengrund Adorno，為猶太移民；母親 Maria Calvelli Adorno 為天主教徒，原籍法國科西嘉貴族，祖籍 gênois。

1909-21　學習鋼琴。結識 Siegfried Kracauer，並且來往密切。閱讀康德、布洛斯（如《烏拖邦精神》）和盧卡奇（如《小說理論》）的著作。

1921　認識霍克海默。

1924　在 H. Cornelius 指導下，獲法蘭克福大學哲學博士學位，博士論文：《胡塞爾現象學的思維和客體之超驗性》（*Die Transzendenz des Dinglichen und Noematischen in Husserls Phänomenologie*）。
　　　認識 Alban Berg 於法蘭克福，接觸荀白克與馬勒音樂。

1925　前往維也納。參與荀白克的音樂活動；向 Berg 學習作曲，向 E. Steuermann 學習鋼琴技巧。
　　　出席 Karl Kraus 的系列講座。

1926　擬定大學講師資格論文大綱，論文題目：《超驗的靈魂學說中的非意識觀》（*Der Begriff des Unbewussten in der transzendentalen Seelenlehre*）。
　　　論文遭 H. Cornelius 拒絕。

1927　來回於法蘭克福與柏林之間，與班雅明、布洛斯、布萊希特、Kurt Weill 與 Lotte Lenya 等交往。
　　　班雅明對阿多諾的影響逐漸取代 Kracauer。

1928　於維也納主編 *Anbruch* 雜誌，致力於前衛音樂。

193　通過大學講師資格論文，論文題目：《齊克果：美學建構》（*Kierkegaard. Konstruktion des Aesthetischen*）。

1931　任法蘭克福大學講師（Privatdozent）。

1932　〈音樂的社會因素〉發表於《社會研究期刊》（*Zeitschrift für Sozialforschung*）創刊號。

1933　出版《齊克果：美學建構》。（阿多諾第一本重要的早期著作）

1934　前往英格蘭。進牛津大學 Merton College 研究。

1935　開始與班雅明密集通信。

1937　首度前往美國（做短暫的停留）。

1938　成為社會科學院正式會員。
　　　流亡美國。
　　　〈音樂的偶像崇拜特徵與聽覺退化〉發表於《社會研究期刊》。
　　　在 Paul Lazarsfelds 推薦下，共同主持 Princeton Office of Radio Research。

1939　完成《論華格納》草稿，部分發表於《社會研究期刊》。

1940　認識作曲家 Hanns Eisler。

整理舊稿，以《稜鏡》（*Prismen*）為標題。

完成《新音樂哲學》草稿。

1942　與社會科學院同事合作，進行反猶太主義研究。

1946　撰寫〈精神分析之社會學思潮與社會科學〉。

1947　出版《理性辯證》（與霍克海默合著）。

1949　完成《獨裁的人格》草稿。

出版《新音樂哲學》。

1949-50　回到法蘭克福。重返法蘭克福大學。

出版《獨裁的人格》。

1951　出版《最低限道德》。

1952　出版《論華格納》。

1953　前往美國，停留數月。

1955　出版《稜鏡》。

1955-56　在法蘭克福大學開設「美學」課程。

完成〈認識論之後設批評〉。

1956　出版《不協調》。

1957　出版《對黑格爾的三個研究》。

1958　出版《文學評論》第一冊。

1959　開始規劃《美學理論》一書。獲 Peter Suhrkamp 出版者的支持與贊助。

出版《聲調形象》。

1960　出版《馬勒》。

1961　因德國社會學學會（於杜賓根）的工作，阿多諾與 Karl R. Popper 有所接觸。開始實證主義論戰，參與學者包括：阿多諾、哈伯馬斯、Karl R. Popper 與 H. Albert。

完成《美學理論》初稿。

出版《文學評論》第二冊。

1962　出版《音樂社會學導言》。

1963　出版《干預：新批評類型》。

出版《Quasi una Fantasia》。

1965　出版《文學評論》第三冊。

1966　中斷《美學理論》的撰寫，進行《否定辯證法》的修改與出版。

1967　恢復《美學理論》的撰寫。

1968　在德國社會學學會第十六屆常會發表演說，講題：《工業社會抑或後期資本主義》，並談論「實證主義論戰」。

草擬《貝多芬》。

與德國「新左翼」發生激烈論戰。

1969　八月六日去世。

1970　Suhrkamp 出版社規劃與發行《阿多諾全集》（由 Rolf Tiedemann 主

編）。

出版阿多諾晚期代表作《美學理論》。

出版《論班雅明》。

1973　出版《哲學術語Ⅰ》。

1974　出版《哲學術語Ⅱ》。

出版《文學評論》第四冊。

1975　出版《社會理論與文化批評》。

附錄二：Suhrkamp 出版社的《阿多諾全集》

從一九七〇年開始，Suhrkamp 出版社規劃總計二十三冊的《阿多諾全集》，逐年出版，由 Rolf Tiedemann 主編，此二十三冊的內容為：

第一冊：《早期哲學論集》*Philosophische Frühschriften.*
Die Transzendenz des Dinglichen und Noematischen in Husserls Phänomenologie. Der Begriff des unbewussten in der transzendentalen Seelenlehre. Vorträge und Thesen: Die Aktualität der Philosophie. Die Idee der Naturgeschichte. Thesen über die Sprache des Philosophen. Anhang : Résumé der Dissertation.

第二冊：《齊克果：美學建構》*Kierkegaard. Konstruktion des Aesthetischen.*

第三冊：《理性辯證：哲學碎片》（阿多諾與霍克海默合著）Max Horkheimer und Theodor Adorno, *Dialektik der Aufklärung. Philosophische Fragmente.*

第四冊：《最低限道德：殘缺生活之反思》*Minima Moralia. Reflexionen aus dem beschädigten Leben.*

第五冊：《認識論之後設批評》、《對黑格爾的三個研究》*Zur Metakritik der Erkenntnistheorie. Drei Studien zu Hegel.*

第六冊：《否定辯證法》、《脫序語言之可靠性：德國的意識形態》*Negative Dialektik. Jargon der Eigentlichkeit. Zur deutschen Ideologie.*

第七冊：《美學理論》*Aesthetische Theorie.*

第八冊：《社會學論集 I 》*Soziologische Schriften I.*
Gesellschaft. Die revidierte Psychoanalyse. Zum Verhältnis von Soziologie und Psychologie. Postscriptum. Theorie der Halbbildung. Kultur und Verwaltung. Alberglaube aus zweiter Hand. Anmerkungen zum sozialen Konflikt heute. Soziologie Kategorien. Notiz über sozialwissenschaftliche Objektivität. Einleitung zu Emile Durkheim, 《Soziologie und Philosophie》. Einleitung zum 《Positivismusstreit in der deutschen Soziologie》. Spätkapitalismus oder Industriegesellschaft? Freudian Theory and the Pattern of fascist Propaganda. Bermekungen über Politik und Neurose. Individuum und Organisation. Beitrag zur Ideologienlehre. Zur gegenwärtigen Stellung der empirischen Sozialforschung in deutschlang. Teamwork in der Sozialforschung. Zum gegenwärtigen Stang der deutschen Soziologie. Meinungsforschung und öffentlichkeit. Gesellschaftstheorie und empirischen Forschung. Zur Logik der Sozialwissenschaften. Anhang: Einleitung zu 《Gesellschaft》. Einleitung zur 《Theorie der Halbbildung》. Diskussionsbeitrag zu 《Spätkapitalismus oder

Industriegesellschaft?》.

第九之一冊：《社會學論集 II》 *Soziologische Schriften II.*
The Psychological Technic of Martin Luther Thomas' Radio Addresses. Studies in the Authoritarian Personality.

第九之二冊：《社會學論集 II》 *Soziologische Schriften II.*
The Star Down to Earth. Schuld und Abwehr. Anhang : Empirische Sozialforschung. Vorurteil und Charakter. Starrheit und Integration. Replik zu Hostätters Kritik des 《Gruppenexperimente》. Vorwort zu Manglods 《Gegenstand und Methode des Gruppendiskussionsverfahrens》.

第十之一冊：《文化批評與社會 I》《稜鏡》 *Kulturkritik und Gesellschaft I. Prismen.*
Das Bewusstsein der Wissenschaftsoziologie. Spengler nach dem Untergang. Veblens Angriff auf die Kultur. Aldous Huxley und die Utopie. Zeitlose Mode. Zum Jazz. Bach gegen seine Liebhaber verteidigt. Arnold Schönberg. Valéry Proust Museum. George und Hofmansthal. Zum Briefwechsel. Charakteristik Walter Benjamins. Aufzeichnungen zu Kafka. Ohne Leitbild. Parva Aesthetica : Ohne Leitbild. Amorbach. Über Tradition. Im Jeu de Paume gekritzelt. Aus Sils Maria. Vorschlag zur Ungüte. Résumé über Kulturindustrie. Nachruf auf einen Organisator. Filmtransparente. Zweimal Chaplin. Thesen über Kunstsoziologie. Fonktionalismus heute. Luccheser Memorial. Der missbrauchte Barock. Wien, nach Ostern 1967. Die Kunst und die Künste.

第十之二冊：《文化批評與社會 II》、《干預：新批評類型》 *Kulturkritik und Gesellschaft II. Eingriffe. Neun kritische Modelle.*
Wozu noch Philosophie. Philosophie und Lehrer. Notiz über Geisteswissenschaft und Bildung. Jene zwanziger Jahre. Prolog zum Fernsehen. Fersehen als Ideologie. Sexualtabus und Recht heute. Was bedeutet : Aufarbeitung der Vergangenheit. Meinung, Wahn, Gesellschaft. *Stichworte. Kritische Modelle 2*: Anmerkungen zum philosophischen Denken. Vernunft und Offenbarung. Fortschritt. Glosse über Persönnlichkeit. Freizeit. Tabus über dem Lehrberuf. Erziehung nach Auschwitz. Auf die Frage : was ist deutsch. Wissenschaftliche Erfahrungen in Amerika. Dialektische Epilegomena : Zu Subjekt und Objekt. Marginalien zu Theorie und Praxis. *Kritische Modelle 3: Kritik*. Anhang I: Vorwort zu einer Übersetzung der 《Prismen》. Replik zu einer Kritik der 《zeitlose Mode》. Schlusswort zu einer Kontroverse über Kunstsoziologie. Einleitung zum Vortrag 《Was

bedeutet: Aufarbeitung der Vergangenheit》. Anhang II: Nachweise zu den 《Prismen》.

第十一冊：《文學評論》 *Noten zur Literatur.*

I: Der Essay als Form. Über epische Naïvetät. Standort des Erzählers im zeitgenössischen Roman. Rede über Lyrik und Gesellschaft. Zum Gedächtnis Eichendorffs. Die Wunde Heine. Rückblickend auf den Surrealismus. Satzzeichen. Der Artist als Statthalter.

II: Zur Schlusszene des Faust. Balzac-Lektüre. Valéry Abweichungen. Kleine Proust Kommentare. Wörter aus der Fremde. Blochs Spuren. Erpresste Versöhnung. Versuch das Endspiel zu verstehen.

III: Titel. Zu einem Porträt Thomas Manns. Bibliographische Grillen. Rede über ein imaginäres Feuilleton. Sittlichkeit und Kriminalität. Der wunderliche Realist. Engagement. Voraussetzungen. Parataxis.

IV: Zum Klassizismus von Goethes Iphigenie. Rede über den Raritätenladen von Charles Dickens. George. Die beschworene Sprache. Henkel, Krug und frühe Erfahrung. Einleitung zu Benjamins Schriften. Benjamin, der Briefschreiber. Offener Brief an Rolf Hochhut. Ist die Kunst heiter？ Anhang: Expressionismus und künstlerische Wahrhaftigkeit. 《Platz》. Zu Fritz von Unruhs Spiel. Frank Wedeking und seine Sittengemälde 《Musik》. Über den Nachlass Frank Wedekinds. Physiologische Romantik. Wirtschaftskrise als Idyll. Über den Gebrauch von Fremdwörten. Theses Upon Art and Religion Today. Ein Titel. Unrat und Engel. Zur Krisis der Literatur kritik. Bei Gelegenheit von Wilhelm Lehmanns 《Bemerkungen zur Kunst des Gedichts》. Zu Proust：1. 《In Swanns Welt》； 2. 《Im Schatten junger Mädchenblüte》. Aus einem Brief über die 《betrogene》 an Thomas Mann. Benjamins 《Einbahnstrasse》. Zu Benjamin Briefbuch 《Deutsche Menschen》. Reflexionen über das Volksstück.

第十二冊：《新音樂哲學》 *Philosophie der neuen Musik.*

第十三冊：*Die musikalischen Monographien.*

Versuch über Wagner. Mahler. Eine musikalische Physionomie. Berg. Der Meister des kleinsten Übergangs. Anhang：Zum 《Versuch Über Wagner》.

第十四冊：《音樂社會學導言》 *Dissonanzen. Einleitung in die Musiksoziologie.*

Dissonanzen. Musik in der verwalteten Welt: über den Fetischcharakter in der Musik und die Regression des Hörens. Die gegängelte Musik. Kritik des Musikanten. Zur Musikpädagogik. Tradition. Das Altern der neuen Musik. Einleitung in die Musiksoziologie. Zwölf theoretische Vorlesungen.

第十五冊：T.W. Adorno und Hanns Eisler, *Komposition für den Film.*

T.W. Adorno, Der getreue Korrepetitor. Lehrschriften zur musikalischen Praxis : die gewürdigte Musik. Anweisungen zum Hören neuer Musik. Interpretationsanalysen neuer Musik（Webern, Schönberg, Berg）. Über die musikalischen Verwendungen des Radios.

第十六冊：*Musikalische Schriften I-III.*

I: Ideen zur Musiksoziologie. Bürgerliche Oper. Neue Musik, Interpretation, Publikum. Die Meisterschaft des Maestro. Zur Vorgeschichte der Reihenkomposition. Alban Berg. Die Instrumentation von Bergs Frühen Liedern. Anton von Webern. Klassik, Romantik, neue Musik. Die funktion des Kontrapunkts in der neuen Musik. Kriterien der neuen Musik. Musik und Technik. Quasi una fantasia.

II: Frgment über Musik und Sprache. Improvisationen： Motive. Musikalische Warenanalysen. Fantasia sopra Carmen. Naturgeschichte des Theaters. Vergenwärtigungen: Mahler. Zemlinsky. Schreker. Stravinsky. Ein dialektisches Bild. Finale: Bergs Kompositionstechnische Funde. Wien. Sakrales Fragment. Über Schönbergs Moses und Aron. Musik und neue Musik. Vers une musique informelle.

III: Wagners Aktualität. Richard Strauss. Form in der neuen Musik. Über einige Relationen zwischen Musik und Malerei.

第十七冊：*Musikalische Schriften IV.*

收集了阿多諾寫於一九二八年到一九六二年之間的音樂評論。

第十八冊：*Musikalische Schriften V.*

第十九冊：*Musikalische Schriften VI.*

第二十冊：*Miszellen*

第二十一冊：Fragmente 1: *Beethoven. Philosophie der Musik.*

第二十二冊：Fragmente 2: *Theorie der musikalischen Reproduktion.*

第二十三冊：Fragmente 3: *Current of Musik. Elements of a Radio Theory.*

1D29

阿多諾美學論：雙重的作品政治（第三版）

作　　者　陳瑞文
發 行 人　楊榮川
總 經 理　楊士清
總 編 輯　楊秀麗
副總編輯　張毓芬
責任編輯　邱紫綾
封面設計　王璽安、姚孝慈
出　　版　五南圖書出版股份有限公司
地　　址　106台北市大安區和平東路二段339號4F
電　　話　（02）2705-5066（代表號）
傳　　真　（02）2706-6100
劃撥帳號　01068953
戶　　名　五南圖書出版股份有限公司
網　　址　https://www.wunan.com.tw
電子郵件　wunan@wunan.com.tw
法律顧問　林勝安律師
出版日期　2010年4月初版一刷（共二刷）
　　　　　2014年4月二版一刷
　　　　　2024年7月三版一刷
定　　價　新台幣480元

國家圖書館出版品預行編目（CIP）資料

阿多諾美學論：雙重的作品政治／陳瑞文
著. -- 三版. -- 臺北市：五南圖書出版股
份有限公司, 2024.07
面；　公分
ISBN 978-626-366-946-8(平裝)

1.CST: 阿多諾（Adorno, Theodor W.,
1903-1969）2.CST: 學術思想 3.CST: 美學

180　　　　　　　　　　　　　　112022312